"*El Niño Desincronizado* se ha convertido en la biblia de los padres para el Trastorno de Procesamiento Sensorial".
—The New York Times

"¡Este libro es maravilloso! Es una verdadera contribución para los padres de muchos niños difíciles de entender. Los padres dejarán de culparse...y les ayudará a enfrentar las dificultades fundamentales del niño".
—T. Berry Brazelton, MD, fundador, Fundación Brazelton, Touchpoints Center, Children's Hospital para Niños, Boston

"Carol Stock Kranowitz ha ayudado a muchos padres entender más acerca de (desorden de procesamiento sensorial) y como esto se manifiesta en niños."
— Sunday News (Lancaster, PA)

"Kranowitz escribe inteligentemente acerca de un tema desconcertante.... En conciso, con capítulos muy bien organizados, Kranowitz revela como el sentido táctil, vestibular (perteneciente a la gravedad y movimiento) y propioceptivos (pertenecientes a las articulaciones, músculos y ligamentos) operan... (Ella) ayuda a aclarar el camino para que las familias comprendan un desorden que pueden estar sospechando pero no han podido determinar con precisión."
—Publishers Weekly

"Es un libro que desmitifica (el desorden de procesamiento sensorial). Como maestra de música, movimiento y drama, (Kranowitz) ha desarrollado un currículo con propósito que integra actividades sensorio-motrices al día del preescolar."
—The Ithaca Journal (Ithaca, NY)

"Cálido y sabio acertado, este libro traerá esperanza y ayuda práctica a los padres que se preguntan por qué su hijo no 'encaja' ".
—Jane M. Healy, PhD, especialista en aprendizaje y autora de *Your Child's Growing Mind*

"*El Niño Desincronizado* hace un trabajo magistral al describir las diferentes maneras en que los niños reaccionan a las sensaciones e integran sus respuestas al mundo integran y reaccionan a las sensaciones ambientales.

continuado...

El libro provee información detallada, información práctica que ayudará a los padres y práctica que le ayuda a los padres a entender cómo funciona el sistema nervioso".
—Stanley I. Greenspan, MD, psiquiatra infantil y autor (con Serena Wieder) de *El Niño con Necesidades Especiales*

"Comprensivo y a la vez fácil de entender"...herramientas útiles dirigidas a los padres para promover una integración saludable.

"*El Niño Desincronizado* está escrito para y puede ser fácilmente comprendido por padres y no profesionales. La descripción de Carol Stock Kranowitz y discusión de (el desorden de procesamiento sensorial) da una imagen clara y concisa de la discapacidad. Este libro es un modelo para tomar una discapacidad poco conocida y frecuentemente pasada por alto, y hacerla accesible a las personas con mayor necesidad de esta información.

"Kranowitz provee de excelentes ejemplos de indicadores típicos que pueden alertar a los padres (o cuidadores) que un (desorden de procesamiento sensorial) puede estar presente... (Ella también) le provee al lector de información concreta y una lista de cotejo y revisión para ayudar a evaluar si el niño pudiera tener un (desorden de integración sensorial).

"Este es un excelente libro y es un libro que debes leer para cualquier padre que piensa que su hijo puede tener dificultades conductuales inusuales. Kranowitz evita lenguaje y explicaciones con tecnicismos. A cambio, su abordaje sobre los problemas de integración sensorial se basa en sentido común y ejemplos claros. El libro está tan bien escrito que los lectores estarán tentados a utilizar el abordaje analítico de Kranowitz cuando lean de otras condiciones de conducta o discapacidades del aprendizaje. Su tono en calma y abordaje sin sentido da a los padres el poder de positivamente abordar la condición de (desorden del procesamiento sensorial) de sus hijos.
—Exceptional Parent

"Uno de los diez mejores libros sobre la crianza de niños con discapacidades."
—Brain, Child Magazine

EL NIÑO DESINCRONIZADO

Reconociendo y Enfrentando

el Trastorno de Procesamiento Sensorial

Primera Edición en Español

Revisada y Actualizada

de

CAROL STOCK KRANOWITZ, M.A.

El Niño Desincronizado:

Reconociendo y Enfrentando El Trastorno de Procesamiento Sensorial

Todos los derechos de comercialización y publicación garantizados y reservados por:

FUTURE HORIZONS INC.

(800) 489-0727

(817) 277-0727

(817) 277-2270 (fax)

E-mail: info@fhautism.com

www.fhautism.com

© 2020 Carol Stock Kranowitz

Ilustraciones interiores de T. J. Wylie y David Brown Diseño interior y maquetación de David Brown

Sitio web: https://out-of-sync-child.com

Todo derechos reservados.

Impreso en Estados Unidos.

La investigación sobre el trastorno del procesamiento sensorial está en curso y sujeta a interpretación. Aunque se han hecho todos los esfuerzos razonables para incluir la información más actualizada y precisa en este libro, no puede garantizarse que lo que sabemos sobre este tema complejo no cambie. Los lectores con inquietudes sobre el desarrollo neurológico de sus hijos deben consultar a un profesional calificado. Ni el editor, el autor ni el productor asumen ninguna responsabilidad por las posibles consecuencias de cualquier tratamiento o acción por parte de cualquier persona que lea o siga la información de este libro.

Si bien el autor ha hecho todo lo posible para proporcionar números de teléfono precisos, direcciones de Internet y otra información de contacto en el momento de la publicación, ni el editor ni el autor asumen responsabilidad alguna por errores o cambios que ocurran después de la publicación. Además, el editor no tiene ningún control y no asume ninguna responsabilidad por los sitios web de autores o terceros o su contenido.

CONTENIDO

Prefacio   ix
Prólogo   xiii
Reconocimientos   xix
Introducción   xxiii
Cómo Utilizar Este Libro   xxxi

PARTE I: RECONOCIENDO EL TRASTORNO DE
PROCESAMIENTO SENSORIAL   1

1: ¿Tiene Su Niño un Trastorno de Procesamiento Sensorial?   3
  Cuatro Niños Desincronizadosen Casa y en la Escuela   4
  Trastorno de Procesamiento Sensorial: una Breve Definición   9
  Cómo el Procesamiento Sensorial Ineficiente Lleva
    a Aprender Ineficientemente   12
  Síntomas Comunes del TPS   13
  Lo Que No Es TPS: Síntomas Parecidos   21
  Problemas Asociados   21
  Posibles Causas del TPS   43
  ¿Quién Tiene Transtorno de Procesamiento Sensorial?   44
  Acaso ¿No Todos Presentamos Algunos Problemas de
    Procesamiento Sensorial?   46
  Ejemplo del Cuestionario de Historial Sensoriomotor   47
  La Esperanza Está a la Mano   53

2: Entendiendo el Procesamiento Sensorial—
  y Lo Que Puede Salir Mal   58
  Los Sentidos   58
  ¿Qué Es el Procesmiento Sensorial?   62
  El Típico Desarrollo del Procesamiento Sensorial
    de los Bebés y los Niños   73
  Entonces, ¿Qué Es el Trastorno de Procesamiento
    Sensorial?   75
  Seis Advertencias Importantes   84

Contenido

3: *Cómo Saber Si Su Niño Tiene Problemas con el Sentido del Tacto*   87
Tres Alumnos del Jardín de Niños   87
El Buen Funcionamiento del Sentido del Tacto   89
El Sentido del Tacto Desincronizado   91
Cómo el Sentido Táctil Afecta las Destrezas Cotidianas   98
Características de la Disfunción Táctil   108

4: *Cómo Saber Si Su Niño Tiene un Problema con el Sentido Vestibular*   116
Dos Alumnos de Primer Año en el Parque de Diversiones   116
El Buen Funcionamiento del Sentido Vestibular   119
El Sentido Vestibular Desincronizado   122
Cómo el Sentido Vestibular Afecta
las Destrezas Contidians   129
Características de la Disfunción Vestibular   136

5: *Cómo Saber Si Su Niño Tiene un Problema con el Sentido Propioceptivo*   141
Un Niño de Nueve Años en la Picina   141
El Buen Funcionamiento del Sentido Propioceptivo   143
El Sentido Propioceptivo Desincronizado   146
Cómo Afecta el Sentido Propioceptivo las Destrezas
Cotidianas   151
Características de Disfunción Propioceptiva   155

6: *Cómo Saber Si Su Niño Tiene un Problema con el Sentido Visual*   158
Dos Niños de Séptimo Año en la Escuela   158
El Buen Funcionamiento del Sentido Visual   161
Sentido Visual Desincronizado   167
Características de la Disfunción Visual   175

7: *Cómo Saber Si Su Niño Tiene un Problema con el Sentido Auditivo*   180
Un Niño de Tercer Año en las Clase de Música   180
El Buen Funcionamiento del Sentido Auditivo   182
El Sentido Auditivo Desincronizado   186
Características del Trastorno Auditivo   192

Contenido

PARTE II: LIDIANDO CON EL TRASTORNO
DEPROCESAMIENTO SENSORIAL 197

8: *Diagnóstico y Tratamiento* 199
   La Búsqueda de Repuestas de los Padres 199
   Reconociendo Cuando Su Niño Necesita
      Ayuda Profesional 201
   Documentando la Conducta de Su Niño 205
   Diagnosticando el Problema 219
   Diferentes Terapias, Diferentes Enfoques 228
   Reuniendo al Terapeuta y al Niño 234
   Manteniendo el Record 235

9: *Su Niño En Casa* 237
   La Revelación de un Padre 237
   Un Estilo de Vida Sensorial 238
   Promoviendo El Procesamiento Sensorial
      Saludable en Casa 241

10: *Su Niño en la Escuela* 254
   ¡Qué Gran Diferencia Hace la Comunicación! 254
   Si Tan Sólo la Escuela Fuera Como Casa 255
   Decidir a Quién Decirle 258
   Una Buena Escuela Compatible con el Niño 259
   Fomentando el Éxito de Su Niño en la Escuela 261

11: *Lidiando con las Emociones de Su Niño* 272
   Una Mañana Típicamente Espantosa 272
   Consejos de Otros Expertos 274
   Qué Hacer y No Hacer Para Hacerle Frente
      a las Situaciones 279

12: *Viendo a Su Niño Desde una Nueva Perspectiva* 285
   Epifanía de un Padre 285
   Empezando a Comprender 287
   Las Palabras de Aliento de un Padre 292

Contenido

Apéndice A: La Máquina de Procesamiento Sensorial   295
   El Sistema Nervioso Sincronizado   295
   Tres Componentes del Sistema Nervioso Central   296
   Cuatro Partes del Cerebro Que Se Usan
      en el Procesamiento Sensorial   301
   El Procesamiento de la Máquina Sensorial: Resumen   309

Apéndice B: Los Cuatros Niveles de Integración Sensorial
   de la Dra. Ayres   310
   Nivel Uno (Los Sistema Sensoriales Primarios)   310
   Nivel Dos (Destrezas Sensoriomotrices)   311
   Nivel Tres (Habilidades Perceptuales-Motoras)   313
   Nivel Cuatro (Preparación Académica)   313

Glosario   315

Recursos Seleccionados   331

Bibliografía Selecta   335

Índece   338

Acerca Del Autor   347

PREFACIO

Por Lucy Jane Miller, PhD, OTR

En 1955 la Dra. A. Jean Ayres escribió su primer artículo relacionado a la teoría de integración sensorial; en 1972, su primer libro fue publicado y todo un campo hizo su lanzamiento. Basado en su trabajo, Carol Kranowitz, una educadora de preescolar por 25 años ayudó a docenas de niños que manifestaron "disfunción de integración sensorial" en consulta con una terapeuta ocupacional (TO) quien había sido entrenada por la Dra. Ayres. La Dra. Ayres falleció en 1988 llevándose consigo la base del conocimiento en esta área y la energía que sólo la fundadora de una nueva visión puede tener. Aunque los TO aún practicaban e impartían cursos de integración sensorial, este campo había perdido a su líder.

En 1998, Carol publicó *El Niño Desincronizado*, un libro escrito para padres y maestros. El libro era una explicación sensata de: 1) la compleja teoría de integración sensorial, 2) el tratamiento llamado terapia ocupacional (TO) con un enfoque en integración sensorial y 3) el trastorno, hoy en día llamado Trastorno de Procesamiento Sensorial. *El Niño Desincronizado* revitalizó al mundo de la integración sensorial. Los padres, con el libro de Carol en mano, consultaban con pediatras y clínicas de terapia ocupacional diciendo: "Este es mi hijo. Necesitamos terapia ocupacional". La meta de Carol era escribir un libro guía comprensible para los padres cuyos niños exhibían trastornos de procesamiento sensorial. La popularidad de este best-seller demuestra dos ambas cosas, su éxito para lograr esta meta y la necesidad urgente de tener un libro de este tipo. *El Niño Desincronizado* ayuda a los padres a descubrir la pieza que falta en el rompecabezas que son sus hijos—la pieza sensorial. Una vez aliviados, los padres pueden ver que la conducta perturbadora de sus niños o las habilidades motrices desorganizadas están relacionadas con los problemas de procesamiento sensorial; como lo planteó un padre de familia: "El problema es físico, no es por la crianza que le dieron los padres".

Los padres se preguntan: "¿Cómo es que el problema de mi hijo pasó desapercibido por tanto tiempo?" La respuesta es que muy pocos profesionales, aparte de los Terapeutas Ocupacionales (TO), tenían conocimiento acerca del trastorno de procesamiento sensorial. La percepción cambio cuando se lanzó el libro de Carol. *El Niño Desincronizado* está en todas las listas de libros de necesidades especiales y en el currículo de muchos programas educativos. Es el primer libro que he entregado a los padres que se encuentran desconcertados y frustrados cuando vienen a mi oficina en busca de respuestas.

Ahora tenemos la segunda edición de *El Niño Desincronizado*. Este recurso incluye terminología actualizada, información sobre los niños dentro del espectro autista y capítulos nuevos sobre la visión y audición. Las explicaciones sobre el Trastorno de Modulación Sensorial, Trastorno de Discriminación Sensorial y Trastorno Motriz basado en el desarrollo sensorial (incluyendo dispraxia) proporcionan la aclaración tan necesaria de los subtipos de trastorno de procesamiento sensorial. La meta de Carol— escribir para quienes no son científicos –sigue siendo la misma. Y, ¡lo ha logrado con éxito otra vez!

En esta década, pronostico que veremos más publicaciones científicas acerca del trastorno de procesamiento sensorial, la inclusión en manuales de diagnóstico estándar, y así más niños recibirán un diagnóstico correcto y un tratamiento adecuado. Seremos testigos de una generación de niños con Trastorno de Procesamiento Sensorial creciendo aptos y exitosamente en el hogar y en la escuela. Veremos el tratamiento de TO con un enfoque de integración sensorial que será aceptado por la profesión médica y los profesionales de la educación.

La contribución de Carol en este campo ha sido incalculable. Con su libro vino la comprensión y la esperanza donde no la había antes, para miles de padres. Esperanza...y acción...y niños con futuros más brillantes y vidas más completas. ¿Qué puede tener más valor que esto?

— Lucy Jane Miller, PhD, OTR
   Fundador del Instituto STAR para SPD
   Profesor Clínico, Departamento de Pediatría,
      Universidad de Colorado Denver
   Profesor de Pediatría, Universidad de
   Rocky Mountain

PRÓLOGO

por Larry B. Silver, MD

El cerebro y la mente se entretejen maravillosamente. Nuestros sentimientos, pensamientos y acciones sólo pueden ocurrir por medio de las complejas operaciones del cerebro. Cualquier cambio en el cerebro, aún cambios sutiles, puede tener un gran impacto en nuestros sentimientos, pensamientos y acciones. Los profesionales ya no pueden comprender más la psicología sin entender la biología del cerebro. Lo que es igualmente verdad es que los padres de niños y adolescentes con "conexiones" modificadas o dañadas en el cerebro, no pueden comprender completamente a su hijo o hija sin entender plenamente los cambios fundamentales en el cerebro y el impacto que estos cambios tienen en la mente.

Para mí, este despertar empezó en los años 60. Mi entrenamiento en la Psiquiatría de Niños y Adolescentes solamente se enfocaba en la Psicología de la menta. La explosión de la investigación del cerebro proporcionó entendimiento sobre varios trastornos encontrados en niños y adolescentes debido a cambios microscópicos o químicos en el cerebro.

Conforme fuimos adquiriendo nuevo conocimiento acerca de las Discapacidades de Aprendizaje y del Lenguaje, aprendimos como estos problemas interfieren con la lectura, escritura, matemáticas y las destrezas de organización. Aprendimos que estos problemas interfieren no sólo con el progreso académico, sino también con el éxito en los deportes, interacciones sociales, y la vida en familia. Nuestra comprensión cada vez mayor, nos llevó a los ámbitos de la educación especial y la terapia del habla y del lenguaje, las cuales se enfocan en ayudar a individuos a superar o a compensar por sus discapacidades.

Los individuos con estos cambios se ven normales. Aun así, áreas sutiles de su sistema nervioso no están funcionando como deberían. Estos cambios resultan en conductas que confunden, frustran y enfadan a los padres y maestros. Se preguntan por qué carecen de destrezas de autoayuda, se vuelven agresivos o por qué se reúsan a participar en actividades o en deportes.

Además de problemas de aprendizaje y de lenguaje, estos niños pueden tener problemas para desarrollar la capacidad de procesar la información que reciben por medio de sus sentidos. Estos niños y adolescentes pueden también tener problemas para interpretar lo que ven, los sonidos y las sensaciones táctiles y de movimiento. Pueden molestarse de manera inusual al ver luces brillantes, oír sonidos fuertes, o al ser tocados o movidos inesperadamente.

Puede ser que también tengan problemas para controlar, orquestar y usar sus músculos efectivamente. Cuando les es difícil coordinar grupos de músculos grandes (motricidad gruesa) y/o los músculos pequeños (motricidad fina), pueden tener problemas para dominar destrezas como correr, brincar, saltar, o escalar. Quizá tengan dificultad para abotonarse, subirse el cierre, o amarrarse (los zapatos), al colorear, cortar o escribir. Esta dificultad en hacer que sus manos y cuerpo hagan lo que su cabeza está pensando les crea problemas para atrapar y lanzar pelotas, al usar los tenedores, lápices, peines, y con muchas otras habilidades esenciales de la vida diaria.

La Dra. A. Jean Ayres estudió a estos niños con problemas sensoriales y motrices. Ella expandió nuestro pensamiento para ver todo el proceso de integración necesario para que el cerebro le comunique a nuestro cuerpo que hacer. ¿Cómo sabe un niño la manera de poner en práctica una tarea tan compleja y consecutiva como brincar o escalar? ¿Cómo adquiere un niño las habilidades complejas de amarrarse la cinta de los zapatos o escribir sus pensamientos en un papel? La Dra. Ayres integró nuestro pensamiento con muchos sistemas sensoriales que deben de trabajar independientemente y en equipo para realizar estas y muchas otras tareas. Describió el rol esencial que nuestro sistema táctil y vestibular juegan en el proceso de coordinar la información sensorial con la actividad motriz.

La comprensión de la integración sensorial llevó a intervenciones para ayudar a estos niños. La Terapia de Integración Sensorial se enfoca en corregir, mejorar y/o compensar los trastornos de integración sensorial, al igual que la terapia de educación especial se enfoca en las Dificultades de Aprendizaje, y la terapia del habla y del lenguaje se enfoca en las Discapacidades del Lenguaje. Ahora tenemos un nivel mayor de comprensión acerca de estas discapacidades de aprendizaje, lenguaje, y sensoriomotor. Aun así, muy frecuentemente, los problemas subyacentes pasan desapercibidos hasta que el nivel de frustración que experimenta el niño o adolescente, los padres, la familia, la escuela y maestros resulta en problemas emocionales, sociales y familiares. Tristemente, aun con más frecuencia, los profesionales de la educación, salud mental y física se enfocan en los problemas emocionales, sociales y de la familia como si estos fueran el problema primario, pasando por alto el hecho de que en realidad son secundarios a los problemas neurológicos subyacentes.

Permítame ilustrarle. Recientemente, evalué a un niño de cuatro años porque sus papás pensaban que necesitaba medicamento o psicoterapia. También solicitaron consejería para ayudarse a manejar a su hijo de una mejor manera. Él era un "monstruo" en casa y en la guardería. Claramente, se encontraban abrumados.

Sus padres se encontraban enojados por su conducta inmadura y explosiva. No se vestía solo, insistiendo en que su madre lo vistiera. Comía con los dedos. No jugaba bien con otros niños porque era muy mandón e insistía en que hicieran lo que él quería. Ningún niño jugaba con él. Su actividad favorita era sentarse en el columpio en su patio trasero y mecerse "eternamente". El pediatra les dijo a sus padres que establecieran límites más firmes y que esperaran una conducta mejor. Su maestro se encontraba enfadado porque su conducta era disruptiva. Nunca ponía atención a las instrucciones y nunca hacia lo que debía de hacer. Los padres se sentían culpables porque el pediatra y el maestro los culpaban por la conducta de su hijo. Aun así, no sabían que más hacer. El padre a menudo sugería que si la madre fuese más estricta, los problemas de su hijo se solucionarían.

Yo estaba sorprendida por lo agradable que se veía este niño cuando lo veía a solas. Luego, lo observé en su programa de preescolar. En la escuela, pude ver lo que el maestro y los padres describían. Se rodaba por el piso y con frecuencia se iba encima de otro niño, tocándolo o abrazándolo. Ese otro niño se apartaba y el maestro le gritaba al niño que yo estaba observando.

Cuando era hora de ponerse en círculo se ponía a caminar alrededor del salón, se rehusaba a sentarse en el círculo. Cuando jugaba, si otro niño pasaba y se rosaba con él, lo empujaba. Noté que tan deficientemente caminaba y corría, que tan torpe era cuando usaba los cubos y cuan inmaduros eran sus dibujos. Al final del programa escolar que duraba todo el día, parecía que estaba cansado e irritable, lloraba por cualquier decepción.

Sabiendo de la Disfunción de Integración Sensorial, hice arreglos para que un terapeuta ocupacional le hiciera una evaluación. Las discapacidades subyacentes que tenía con la coordinación motora, la sensibilidad al tacto y la inseguridad vestibular fueron documentadas. Se inició la terapia ocupacional, no la medicación o la psicoterapia.

Este niño no necesitaba "cambiar su conducta". Nosotros necesitábamos comprender sus conductas y lo que ellos sugerían como las probables razones subyacentes de su comportamiento. Necesitábamos recordar que la conducta es un mensaje, un síntoma—no un diagnóstico.

Si los profesionales no ven debajo de la superficie de los problemas y entienden las causas primordiales de los mismos, las intervenciones no funcionan. Las emociones, conducta social, y los problemas familiares no van a mejorar a menos de que los problemas subyacentes sean abordados. Nuestra tarea es no reaccionar a la conducta con las mismas frustraciones y sentimientos fallidos por los que el niño está pasando. Nuestra tarea es entender las conductas. Sólo entendiéndolas podremos saber cómo ayudar.

Como profesional que ve a muchos niños y adolescentes con problemas de aprendizaje, lenguaje e integración sensorial, puedo ver claramente que para que haya algún progreso, es indispensable ayudar a los padres a entender los problemas neurológicos subyacentes. Sin el conocimiento de las dificultades del cerebro y los problemas que resultan en la escuela y las habilidades de la vida diaria, no pueden entender o ayudar a su hijo o hija tanto como quisieran.

Hay buenos libros para padres acerca de las Discapacidades de Aprendizaje y el Lenguaje. Mi frustración ha sido que no ha habido un buen libro para los padres acerca de la Disfunción de Integración Sensorial, que ahora se conoce como Trastorno de Procesamiento Sensorial.

Ahora existe uno. Carol Kranowitz ha hecho un excelente trabajo al tomar información complicada y presentarla de una manera que se pueda entender—y usar. Los padres que lean este libro entenderán los problemas de planificación motriz, así como las dificultades de sensibilidad al tacto y vestibular propioceptivas. El formato del libro va más allá de esta comprensión, ofrece ideas creativas para ayudar al niño o adolescente a abordar los retos dentro de la familia, con los compañeros, y en la escuela. Ella ayuda a los padres a comprender que ayuda se necesita y cómo obtener esta ayuda.

El conocimiento es empoderamiento y *El Niño Desincronizado* empodera a los adultos para ser los padres exitosos y productivos que quieren ser. Gracias Carol, por escribir este libro. Muchas familias y sus niños se beneficiarán.

— Larry B. Silver, MD
Profesor Clínico de Psiquiatría
Centro Médico Universitario Georgetown
Febrero de 1998

Reconocimientos

Principalmente, tengo un profundo agradecimiento a la fallecida A. Jean Ayres, PhD, OTR, a quien nunca conocí, pero a quien rendiré honor por siempre. Su trabajo me ha influenciado y movido para hacer todo lo que yo pueda por los niños con problemas sensoriales.

También les doy las gracias a todos aquellos quienes hicieron posible la primera edición de este libro:

A los Terapeutas ocupacionales Lynn A. Balzer-Martin, Georgia deGangi, Sheri Present, Susanne Smith Roley y Trude Turnquist.

A los especialistas y a los que abogan por la Educación Temprana: T. Berry Brazelton, Barbara Browne, Donna Carter, Michael Castleberry, Elizabeth Dyson, Stanley Greenspan, Jane Healy, Anne Kendall, Jack Kleinmann, Patricia Lemer, Larry Silver y Karen Strimple.

"A los padres SI" Chris Bridgeman, Catherine y Ron Butler, Deborah Thommasen, Linda Finkel y Vivek Talvadkar, Jacquie y Paul London, Mary Eager, y Denise McMillen.

A los maestros y estudiantes de St. Columba's Nursery School en Washington, DC; Lynn Sonberg y Meg Schneider de Skylight Press; Sheila Curry Oakes, mi primer editor Perigee; T.J. Wylie, ilustrador; y a mi familia.

Por esta edición, mi infinito aprecio y las gracias a Lucy Jane Miller, PhD, OTR, FAOTA, quien gentilmente ha guiado mis pensamientos y ha elevado mi nivel de entendimiento acerca del procesamiento sensorial. Adicionalmente, doy las gracias a los maravillosos profesionales por su sabiduría y apoyo:

Terapeutas Ocupacionales: Marie Anzalone, Paula Aquilla, Erna Blanche, June Bunch, Anita Bundy, Sharon Cermak, Ellen Cohn, Valerie Dejean, Marie DiMatties, Winnie Dunn, Anne Fisher, Sheila Frick, Kimberly Geary, Tara Glennon, Jill Spokojny Guz, Barbara Hanft, Anne Henderson, Diana Henry, Lois Hickman, Jan Hollenbeck, Catherine Hostetler, Genevieve Jereb, Lorna Jean King, Nancy Kashman, Moya Kinnealey, Jane Koomar, Cara Koscinski, Lawrene Kovalenko, Aubrey Lande, Shelly Lane, Barbara Lindner, Zoe Mailloux, Teresa May-Benson, Heather Miller-Kuhaneck, Myania Moses, Elizabeth Murray, Patricia Oetter, Beth Osten, Diane Parham, Charlane Pehoski, Norma Quirk, Sharon Ray, Judith Reisman, Eileen Richter, Roseann Schaaf, Colleen Schneck, Sherry Shellenberger, Shirley Sutton, Stacey Szklut, Sandy Wainman, Rondalyn Whitney, Sue Wilkinson, Mary Sue Williams, Janet Wright y Ellen Yack.

Optometristas de Desarrollo: Sanford Cohen, Kenneth Lane y Charles Shidlofsky; Nutrióloga Kelly Dorfman; Médicos Fernette y Brock Eide; Psicóloga Sharon Heller; Patólogas del habla y lenguaje Laura Glaser, Joanne Hanson, Janet Mora y Kathleen Morris; otras personas que influyeron, incluyendo a Julia Berry, Julie Starbuck, Temple Grandin, Stephen Shore, David Brown, Mark Zweig y mi actual editor en Tarcher/Perigee, Marian Lizzi.

Mi más sincero agradecimiento por esta versión en español a seis extraordinarios maestros en su ramo: Guadalupe Girón, especialista en traducción e interpretación, por traducir este libro de manera tan cuidadosa; Licda. Bárbara Mejía, psicóloga bilingüe dedicada a desarrollo infantil así como a la evaluación psicoeducativa, quien también ha sido entrenada en integración sensorial; Janet Mora, patóloga bilingüe del habla y lenguaje, y una experta en el TPS; Rondalyn Whitney, PhD, OTR/L, FAOTA, una experta en muchas discapacidades de desarrollo, como guía acerca de *DSM-5*®; Jan Hollenbeck, un terapeuta ocupacional escolar, por actualizar la información sobre el diagnóstico y tratamiento;

y David Brown, por su continua asesoría. Con su ayuda, *El Niño Desincronizado, Reconociendo y Enfrentando El Trastorno de Procesamiento Sensorial* finalmente es entendible en todo el mundo de habla hispana.

Estoy eternamente en deuda con ustedes.

— Carol Kranowitz
Bethesda, Maryland
Abril de 2020

Introducción

Por veinticinco años, impartí clases en St. Columba's Nursery School en Washington, DC. La mayoría de los preescolares amaban mis clases con música, movimiento, y jugar a dramatizar. A diario, pequeños grupos de niños de tres-, cuatro-, y cinco –años de edad venían a mi salón a jugar, moverse, y aprender. Felizmente golpeaban los tambores y las marimbas, cantaban y aplaudían, bailaban y retozaban. Sacudían saquitos de semillas, manipulaban títeres, y actuaban cuentos de hadas. Mecían el paracaídas, jugaban juegos musicales de seguir al líder, y pasaban por pistas de obstáculos. Ellos imitaban la caída de papalotes, pisoteaban como elefantes, y se derretían como muñecos de nieve.

La mayoría de los niños disfrutan actividades como estas porque tienen un procesamiento sensorial eficaz - capaz de organizar información sensorial para utilizarla en su diario vivir. Asimilan sensaciones de tacto, movimiento, visión, y el sonido que proviene de sus cuerpos y del mundo a su alrededor, y responden de una manera regulada.

Más sin embargo, algunos niños, como Andrés, Benjamín y Alicia, no disfrutaban de venir a mi salón. Confrontados al reto de experiencias sensoriales-motrices, se ponían tensos, descontentos, y confundidos. Se rehusaban a participar de las actividades, o lo hacían ineficazmente, y su conducta interrumpía la diversión de sus compañeros. Ellos son los niños para quienes está escrito este libro.

Durante mi carrera como maestra (1976-2001), trabajé con más de mil niños pequeños. Fuera de la escuela, impartí clases de música en mi casa a nivel preescolar. Hice coreografía de bailes de niños que tenían presentaciones en la comunidad. Dirigí docenas de fiestas de cumpleaños con música. Fui madre de grado, líder de los Cachorros de los Niños Exploradores, y directora de quipo en la escuela de mis hijos y grupos deportivos.

Muchos años de trabajar con niños me enseñó que todos los niños gustan actividades interesantes y animadas. Todos quieren ser parte de la diversión—pero algunos no participan. ¿Por qué no? ¿Es por qué no quieren—o por qué no pueden?

Cuando empecé a enseñar, los que no participaban me desconcertaban. ¿Por qué? Me preguntaba: ¿Por qué era tan difícil llegar a ellos? ¿Por qué ellos se desmoronaban cuando era hora de unirse a la diversión?

¿Por qué Andrés zumbaba alrededor del perímetro del salón mientras que sus compañeros de clase, sentados en la alfombra, cantaban: "Las Ruedas del Autobús"?

¿Por qué Benjamín palpaba, palpaba, palpaba sus hombros cuando las instrucciones musicales eran palpar, palpar, palpar sus rodillas?

¿Por qué Alicia se dejaba caer de estómago, "demasiado cansada" como para sentarse y golpear al mismo tiempo dos palillos rítmicos?

Al principio, estos niños me fastidiaban. Me hacían sentir una mala maestra. También me hacían sentir como una mala persona cuando su falta de atención o conducta disruptiva causaban que yo reaccionara negativamente. De hecho, en una lamentable ocasión, le dije a un niño que era una "simplemente grosero" voltearse y cubrirse los oídos cuando yo tocaba la guitarra. Ese día me fui a casa y me solté a llorar.

Cada tarde, mientras preparaba la cena o me ocupaba de mis hijos, reflexionaba acerca de estos estudiantes. No podía comprenderlos. No tenían necesidades especiales que se pudieran identificar. Ellos no carecían de afecto tampoco vivían en ambientes deficientes. Algunos parecían portarse mal a propósito, como cuando le ponían una zancadilla a un compañero del salón, mientras que otros parecían moverse sin ningún propósito, sin rumbo o indiferentes. Poco podía catalogarse de su conducta, excepto por la incapacidad de gozar de las actividades que los niños tradicionalmente disfrutan.

Yo no era la única que se encontraba desconcertada. Karen Strimple, la directora de la Guardería St. Columba, y otros maestros estaban igualmente confundidos por los mismos niños. Los padres de los niños se preocupaban frecuentemente, especialmente cuando comparaban la conducta de sus hijos con la de sus otros retoños más "normales". Y si los padres cariñosos y maestros estaban frustrados, ¿Cómo se sentían los mismos niños?

Ellos se sentían fracasados.

Y nosotros los maestros sentíamos como si les fallamos a ellos. Sabíamos que podíamos mejorar las cosas. Después de todo, desde los años 70 St. Columba había estado integrando a un grupo de niños identificados con necesidades especiales dentro de su programa escolar regular. Fuimos extremadamente exitosos con estos niños. ¿Por qué teníamos menos éxito al enseñar a ciertos niños "regulares" con problemas sutiles, no identificados? Queríamos una respuesta.

La respuesta la recibimos de Lynn A. Balzer-Martin, PhD, OTR, una madre y terapeuta ocupacional para niños de St. Columba. Desde los años 70, Lynn había sido la asesora educativa para nuestro programa de aula integrada– hoy en día llamada inclusión. No obstante, su trabajo principal era diagnosticar y trabajar con niños pequeños que tenían problemas académicos y de conducta originados por una ineficiencia neurológica—en aquel entonces llamada: "Disfunción de Integración Sensorial".

Jean Ayres, PhD, una terapeuta ocupacional, fue la pionera que describió primero el problema. Hace como cincuenta años la Dra. Ayres formuló una teoría de disfunción de integración sensorial y dirigió a otros terapeutas ocupacionales a desarrollar estrategias de intervención. Su libro, *Integración Sensorial y el Niño*, presenta una explicación completa de este malentendido problema que debe ser leído por quienes estén interesados en comprender sus tecnicismos.

La disfunción de integración sensorial, ahora conocida como Trastorno de Procesamiento Sensorial (TPS), no es un problema nuevo. Es una nueva definición de un viejo problema. TPS puede causar una variedad de síntomas desconcertantes. Cuando sus sistemas nerviosos procesan información sensorial ineficazmente, los niños batallan para funcionar adecuadamente en el diario vivir. Los niños pueden verse bien y tener una inteligencia superior, pero pueden ser extraños y torpes, miedosos y retraídos, u hostiles y agresivos. TPS puede afectar no sólo como se mueven y aprenden, sino también como se comportan, juegan y hacen amigos, y especialmente como se sienten acerca de sí mismos.

Muchos padres, educadores, médicos, y profesionales de salud mental tienen dificultades para reconocer TPS. Cuando no reconocen el problema, pueden confundir la conducta del niño, su baja autoestima, o su renuencia a participar en experiencias propias de la niñez con hiperactividad, problemas del aprendizaje o problemas emocionales. A menos que estén educados sobre TPS, pocas personas entienden que estas conductas desconcertantes pueden surgir a raíz de un deficiente funcionamiento del sistema nervioso.

La Dra. Lynn Balzer-Martin, así como otros estudiosos del trabajo de la Dra. Ayres, fue capacitada para reconocer y tratar problemas sensoriales. Su creciente preocupación era que muchos de sus clientes no eran enviados a ella para ser diagnosticados sino hasta mucho después de que ocurrieran problemas en la escuela o en la casa, a la edad de seis, siete u ocho años. Estaba ansiosa de poder identificar niños a más temprana edad porque el cerebro es más receptivo al cambio mientras se está desarrollando.

Los niños de edad preescolar, cuyos sistemas nerviosos todavía se están desarrollando rápidamente, tienen una gran posibilidad de beneficiarse de la intervención terapéutica. Lynn sabía que, si el TPS se detectaba a la edad de tres, cuatro o cinco años, estos niños podrían recibir un tratamiento individualizado que después podría prevenir obstáculos sociales y académicos.

El reto era encontrar la manera de identificar a niños de edad preescolar con TPS, porque las pruebas estandarizadas que están disponibles son inapropiados para estos "pequeños". Lynn ideó un tamizaje rápido y efectivo para ver si los niños muy pequeños tenían las bases neurológicas necesarias para desarrollarse en personas bien organizadas. Nos preguntó si estábamos interesados.

¡¿Qué si estábamos interesados?!
De esta manera, todo se concretó rápidamente. Queríamos aprender más acerca de nuestros estudiantes que nos preocupaban. Lynn quería probar su idea para detectarlos. La Fundación Katharine P. Maddux, la cual ya había financiado nuestro emblemático programa de integración al aula regular o bien aula integrada, insistía en que desarrolláramos más proyectos designados a mejorar la salud física, mental y emocional de los niños y sus familias.

La primera meta de Lynn era educarnos acerca del procesamiento sensorial y después, con nuestra ayuda, diseñar un programa de tamizaje que fuera adecuado para preescolares.

El proceso de tamizaje sería divertido para los niños. Sería lo suficientemente simple como para que muchas escuelas lo copiaran. Sería corto, pero, aun así, lo suficientemente profundo para que los educadores pudieran distinguir entre una inmadurez básica y un posible TPS en niños pequeños.

Lo más importante, aportaría información que alentaría a los padres a buscar intervención temprana para sus hijos con un profesional apto (como un terapeuta ocupacional, terapeuta físico, o algunas veces un psicólogo o un patólogo del lenguaje/habla). El propósito de la intervención temprana es ayudar a los niños a funcionar mejor -eficientemente - en sus salones, en sus hogares, y en su vida diaria.

En 1987, con el respaldo de la comunidad escolar y mi ávido apoyo, Lynn instituyó un programa en St. Columba en el cual todos los 130 estudiantes se sometieron a un tamizaje anual. Empezamos a guiar a niños ya identificados a terapia de intervención temprana. Y empezamos a ver resultados inmediatos, positivos, estimulantes, conforme las habilidades de estos niños mejoraban.

Bajo la guía de Lynn, estudié y aprendí todo lo que podía acerca del tema. Aprendí a tamizar a los niños y a recopilar los datos obtenidos de los maestros, padres y de observaciones directas. Aprendí a darle sentido a y comprender mejor la conducta desconcertante de estos niños.

Conforme aumentaba mi conocimiento, también mejoraban mis habilidades para enseñar. Aprendí a ayudar a mis compañeros maestros a entender porque estos niños marchan a un ritmo diferente. Impartí talleres en otras escuelas preescolares y de primaria para entrenar a los educadores a reconocer las señales de este sutil problema. Incorporé actividades en mi clase que promueven un desarrollo sensorial motor saludable para todos los niños.

Me alegré al ver los pasos agigantados que los niños como Andrés, Benjamín y Alicia dieron en un corto tiempo después de haber iniciado la terapia ocupacional. Increíblemente, al ir ellos adquiriendo habilidades sensoriales motoras más eficientes, se relajaron, se enfocaron, y empezaron a disfrutar de la escuela. Ahora, cuando llegaba a casa al final del día, ¡ya no era llorar –sino a celebración!

Mientras aumentaba mi pericia, aprendí que para explicar TPS a los padres, se requiere tiempo y habilidad. Cuando los niños que fueron tamizados mostraron una clara evidencia de disfunción, Karen y yo les pedíamos a los padres que vinieran a observarlos en el salón de clase, y en el recreo. Después nos sentábamos en reuniones privadas para conversar sobre nuestras observaciones.

En estas reuniones, describíamos el Trastorno de Procesamiento Sensorial y por qué sospechábamos que era una causa de las dificultades de su hijo. Explicábamos que el problema era tratable. Decíamos que si bien los niños más grandes e inclusive los adultos podían mejorar con tratamiento, la intervención temprana produce los resultados más sorprendentes. Intentábamos disipar el temor de los padres, asegurándoles que el TPS no significaba que su hijo tuviera una deficiencia mental, o que ellos fueran malos padres.

Entendimos que esta información inevitablemente causaba ansiedad, preguntas y malentendidos en los padres. Frecuentemente, iban de prisa con sus pediatras, quienes, sin estar familiarizados con TPS, erróneamente lo descartaban como un problema que el niño superaría con la edad.

Sabíamos que provocaríamos más preguntas de las que posiblemente era posible contestar en sesiones de media hora.

Por consiguiente, este libro fue creado para explicar el procesamiento sensorial y su contraparte, el Trastorno de Procesamiento Sensorial, a los padres, maestros y a otras personas que no son TOs que son principiantes en este campo. Esta segunda edición contiene información actualizada que también puede ayudar a aquellos que ya han pasado por la experiencia de atender a niños con otras discapacidades más visibles, muchas de las cuales se superponen con TPS. He intentado explicar de una forma fácil de entender para el lector. Esto les recordará o los introducirá a la terminología que los profesionales de la primera infancia utilizan comúnmente— terminología con la cual usted necesita estar familiarizado.

Esta perspectiva es para "enseñar" y puede diferir un poco con otros puntos de vista orientados a la investigación o al campo clínico. Entender TPS le permitirá comprender mejor a su hijo (o estudiante), y ese es el propósito principal del libro. Así estará usted preparado para proporcionar la ayuda que el niño necesita para ser lo más competente y seguro de sí mismo posible.

Cómo Utilizar Este Libro

Ya sea que su hijo ha sido o no diagnosticado, este libro le ayudará a entender y enfrentar el Trastorno de Procesamiento Sensorial (TPS), también conocido como Disfunción de Integración Sensorial. Este libro no es solamente para padres, también es para maestros, médicos, terapeutas ocupacionales, psicólogos, abuelos, niñeras, y demás que se preocupan por el niño desincronizado.

Como maestra, he sido testigo de cómo se manifiesta el TPS. He visto la conducta que los padres, pediatras y hasta los terapeutas no han tenido la oportunidad de observar. Por lo tanto, este libro, escrito desde la perspectiva de un maestro, ofrece el conocimiento que podría pasar desapercibido para un especialista en otro campo de desarrollo infantil.

Parte I: Incluye un repaso general del TPS y cómo afecta la conducta de los niños; una lista de cotejo y un cuestionario (para que usted marque) de los síntomas, problemas relacionados, y características de niños desincronizados; una guía del desarrollo neurológico típico; cómo funcionan los sentidos fundamentales, cómo influencian la vida diaria, y qué sucede cuando estos no son eficientes; anécdotas que contrastan las respuestas de los niños con y sin un procesamiento sensorial eficiente; y la esperanza de que la solución para las dificultades de su niño está a la mano.

Parte II incluye los criterios y la guía para obtener un diagnóstico y tratamiento; ejemplos de gráficas para documentar la conducta de su hijo; ideas para mantener un registro continuo; cómo ayuda la terapia ocupacional y un vistazo a otras terapias; sugerencias para una un estilo de vida sensorial y para mejorar las habilidades de su niño en casa; ideas para compartir con los maestros y ayudar a su hijo en la escuela; técnicas para hacer frente y manejar las emociones de su niño para mejorar la vida en familia; y para motivar y apoyar—¡usted y su hijo no están solos!.

El Niño Desincronizado concluye con dos Apéndices- la Máquina de Procesamiento Sensorial, para explicarle la función del sistema nervioso central, y los Cuatro Niveles de Integración Sensorial de la Dra. Ayres; Recursos para materiales y apoyo; una Bibliografía Selecta; un Glosario y un Índice.

Lea el libro de principio a fin para tener un panorama amplio del Trastorno de Procesamiento Sensorial. Utilícelo como una referencia para refrescar alguna área específica de disfunción. Con pluma en mano, utilícelo como libro de ejercicios. Manténgalo a la mano como un libro de actividades. Úselo para aprender acerca de su niño-y quizá también para aprender acerca de usted mismo.

Parte I:

Reconociendo

El Trastorno

De Procesamiento Sensorial

Capítulo Uno

¿Tiene Su Niño

un Trastorno de

Procesamiento Sensorial?

Seguramente, usted conoce a un niño que es demasiado sensible, torpe, quisquilloso, inquieto y que no está en sincronía. Ese niño puede ser su hijo o hija, su estudiante o Niño Explorador, su sobrino o vecino... o el niño que alguna vez fue usted. Ese niño puede tener Trastorno de Procesamiento Sensorial (TPS), un problema común pero malentendido, un problema que afecta la conducta de los niños, influenciando la manera que aprenden, se mueven, se relacionan con los demás y de cómo se sienten acerca de si mismos.

Para ilustrar como se manifiestan los problemas de procesamiento sensorial, en las siguientes páginas se presenta la historia de cuatro niños desincronizados y la batalla de los padres para criarlos. Usted también verá la lista de los síntomas comunes, los problemas relacionados y las posibles causas.

Esta información le ayudará a determinar si el TPS está afectando a su niño. Si tiene un problema significativo, la información lo impactará como un relámpago. Puede que usted reconozca las señales instantáneamente y se sienta aliviado porque finalmente tiene algunas respuestas. Aun si su niño tuviera un ligero problema, puede utilizar esta información para obtener mayor introspección de su conducta inexplicable.

Ya sea que el TPS sea grave o leve, el niño desincronizado necesita comprensión y ayuda, ningún niño puede sobrepasar estos obstáculos solo.

Cuatro Niños Desincronizados

en Casa y en la Escuela

Tomi es hijo único con dos padres que lo adoran. Ellos esperaron un largo tiempo antes de tener un niño y se alegraron con su llegada. Cuando finalmente lo tuvieron entre sus manos, recibieron más de lo esperado.

El día después de que nació, los padres fueron informados que no se podía quedar en el área de atención infantil del hospital porque su gemido molestaba a otros infantes. Una vez llegó a casa, raras veces dormía toda la noche. Aunque fue amamantado bien y creció rápidamente, se resistía firmemente a empezar a ingerir comida sólida y resistió vigorosamente el dejar de ser amamantado. Era un niño muy inquieto.

Hoy en día Tomi es un niño exigente de tres años. Llora porque sus zapatos están muy apretados o porque sus calcetines están muy abultados. Se los quita de un jalón y los tira.

Para evitar un berrinche, su madre lo deja que se ponga las pantuflas para ir a la escuela. Ha aprendido que, si no son los zapatos y los calcetines lo que le molesta ahora, algo más lo incomodará durante el día inevitablemente.

Sus papás hacen todo lo que pueden, pero complacer a su saludable y bonito niño es todo un reto. Todo lo atemoriza o lo hace sentirse miserable. Su reacción al mundo es: "¡Oh no!" Aborrece el patio de recreo, la playa y la bañera. Se rehúsa a usar gorras o guantes, aun en los días más fríos. Hacer que coma es una travesía.

Es una pesadilla hacer arreglos para que juegue con otros niños. Ir con el peluquero es un desastre. A donde quiera que van, la gente se voltea—o se le quedan viendo.

Su maestro reporta que evita pintar y hacer actividades que lo ensucien. Se pone inquieto a la hora de contar un cuento y no pone atención. Arremete contra sus compañeros sin una razón aparente. Sin embargo, es el mejor para construir figuras con cubos, mientras no se sienta aglomerado a su alrededor.

El pediátra de Tomi les dice a sus padres que no hay nada de malo con él, por lo tanto, debieran dejar de preocuparse y dejarlo crecer. Sus abuelos dicen que está consentido y que necesita una disciplina más estricta. Sus amistades sugieren que se vayan de vacaciones sin él.

Los papás de Tomi se preguntan si es sensato ceder a sus caprichos, pero es el único método que funciona. Están agotados, frustrados y estresados. No pueden entender qué es lo que lo provoca.

La dulce Verónica, una rechoncha de primer grado, con frecuencia está aturdida. Su reacción ante el mundo que zumba a su alrededor parece ser "ah, oh" (pasarle desapercibido). Parece no saber hacia dónde se dirige, por eso se topa con los muebles y se tropieza en el pasto. Cuando se cae, es lenta para meter el pie o la mano para evitar la caída. Parece ser que tampoco escucha los sonidos cotidianos. Otros niños de seis años quizá ya han desarrollado el sentido para detenerse, ver y escuchar, pero Verónica no. Hace caso omiso de la información sensorial importante que llega a ella de todos lados.

Además, Verónica se fatiga fácilmente. Un paseo con la familia o una vuelta al patio de recreo la cansa fácilmente. Dice suspirando: "Tu ve, yo no quiero ir. Estoy muy agotada"

Por su estado de letargo, sus padres se han dado cuenta que sacarla de la cama, pedirle que se ponga el abrigo, o maniobrar para subirla al automóvil es un verdadero tormento. Se toma mucho tiempo para llevar a cabo movimientos simples con los que ya está familiarizada. En cada situación, es como si dijese "¿Ah? ¿Cómo se supone que deba hacer esto?"

No obstante, quiere ser una bailarina cuando sea grande. A diario posa frente a la televisión para ver su video favorito: El Cascanueces. Cuando sus queridas Hadas de Azúcar empiezan a bailar, se jala para pararse y oscila su movimiento junto con ellas. Más sin embargo, sus movimientos no coordinan con el ritmo o cadencia musical. La coordinación oído-cuerpo no es su fuerte.

Verónica rogó para tomar clases de ballet, pero no ha ido muy bien. Ella ama su tutú morado, pero no puede ver la diferencia entre la parte de arriba y la de abajo, además, necesita ayuda para ponérselo. Una vez que está vestida en su tul, tiara y zapatillas, se deja caer. No tiene idea de cómo doblar las rodillas para hacer un plié o estirar las piernas para hacer un arabesco. En la academia de baile, Verónica siente miedo y como melcocha se cuelga de las piernas de su madre.

Los padres de Verónica no están de acuerdo en cuál sería la mejor manera de manejarla. Su padre la levanta y la pone en diferentes lugares—en la cama, en el automóvil, en una silla. También la viste, mientras que ella batalla para meter sus extremidades en la ropa. Se refiere a ella como su "pequeño fideo"

La madre de Verónica, por otro lado, cree que Verónica nunca aprenderá a moverse con seguridad, mucho menos logrará ser una bailarina si no aprende a independizarse. Su madre dice: "pienso que se quedaría en un sólo rincón todo el día si yo se lo permito".

A pesar de que a Verónica le falta "empuje" y definitivamente no toma la iniciativa, cierto tipo de movimientos la hacen ponerse de pie. Se anima más cuando se pone en posiciones inusuales -se mece hacia atrás y adelante cuando se pone a gatas (usa las cuatro extremidades), se cuelga de cabeza en la orilla de su cama, y se mece de pansa. Todavía no se ha dado cuenta de cómo impulsarse en un columpio. Le encanta que la empujen constantemente—y cuando cesa, a diferencia de otros niños que si puedan estarlo, nunca se marea.

A Verónica la estimula que la empujen pasivamente, al igual que si ella empuja activamente algo pesado. Ocasionalmente, Verónica atiborra de libros la carriola de su muñeca y le da empujones por toda la casa. Voluntariamente se ofrece a empujar el carrito del supermercado y a meter las bolsas a la casa. También disfruta empujar a su hermana mayor en el vagón. Después de jalar y empujar cargas pesadas le queda algo de energía como por media hora, y después se hunde de nuevo en su acostumbrado letargo.

En la escuela, Verónica permanece sentada la mayor parte del tiempo. Su maestra dice: "Verónica tiene dificultad para socializar y participar en las actividades del salón. Es como si sus baterías estuvieran bajas. Necesita empuje para activarse. Después pierde interés y se rinde fácilmente."

El comportamiento de Verónica desconcierta a sus padres. Las experiencias que han tenido con sus otros dos hijos que son activos no los han preparado para lidiar con el comportamiento atípico de Verónica.

Pablo es un niño extremadamente tímido, de nueve años. También se mueve torpemente, tiene una mala postura, mal balance y se cae frecuentemente. No sabe cómo jugar, y cuando está en grupo con otros niños, por lo general los observa tristemente o se retira arrastrando los pies. Un domingo por la tarde en casa de sus abuelos, el primo de Pablo de doce años, Leandro, lo invita a jugar a las canicas y a echar la pelota a la canasta. Pablo les pone pocas ganas a las actividades, encoge sus hombros y se aleja. "No puedo hacer eso", dice. "De cualquier manera, ¿Qué caso tiene?"

A Pablo no le gusta la escuela. A veces pide quedarse en casa y sus padres se lo permiten. Dice que no quiere ir a la escuela porque no hace nada bien y todos se ríen de él.

La maestra de Pablo nota que tiene largos periodos de atención y una capacidad en la lectura más allá del nivel promedio. Se pregunta por qué un niño con tanta información para compartir con los demás se paraliza cuando tiene que redactar algo. Es verdad, la escritura le es difícil, y sus papeles acaban arrugados y llenos de hoyos por los borrones. Es verdad, aprieta los lápices demasiado, apoya su codo en sus costillas, y saca la lengua cuando escribe. Es verdad, con frecuencia se resbala del asiento cuando se está concentrando arduamente en su trabajo escrito. Su aptitud para escribir—espera ella- mejorará con más práctica. Dice que él tan sólo necesita organizarse para poder poner más atención en sus tareas y hacer un trabajo más nítido.

Sus padres se preguntan por qué es un inadaptado en la escuela si siempre encaja bien en el estilo de vida apacible que llevan en casa. Pablo es un niño recatado, rara vez busca atención. Puede pasar horas tirado con sus tarjetas de béisbol, completamente ensimismado en esta actividad.

Los papás de Pablo piensan que es el niño perfecto. Observan que no es como otros niños, que hacen alboroto y se portan mal, nunca causa problemas. Es algo torpe, con frecuencia se le caen los trastes y quiebra los juguetes que requieren de una manipulación sencilla. Pero entonces, sus papás también de alguna manera son torpes y han llegado a creer que las destrezas físicas no son importantes. Les da gusto que su hijo sea calladito, de buenos modales y esté metido en sus libros, así como ellos.

Más, sin embargo, algo lo obstaculiza. Sus padres no tienen idea de lo que puede ser.

Sebastián de ocho años, se mueve constantemente. En la escuela, hojea rápidamente los libros, juega con los marcadores, golpea ligeramente las reglas y quiebra los lápices. Rechina los dientes y mastica el cuello de su ropa.

Sebastián hace rebotar sus rodillas, zapatea sus pies, la mirada se le va de un lado a otro, se soba los lóbulos con los dedos. Mueve la silla de su escritorio muy hacia atrás para luego enderezarla de un jalón. Se retuerce en su asiento, se sienta en sus pies o aprieta sus rodillas contra el pecho. Da un salto de su asiento en cada oportunidad que tiene para sacarle punta al lápiz o para aventar un papel arrugado al bote de la basura.

Su incesante actividad distrae a sus compañeros de clase y a su maestra. Tenía la costumbre de darle vueltas al cordón alrededor de su dedo donde lleva la llave de su casa. Una vez accidentalmente se le soltó y se fue girando hacia el otro lado del salón, dándole al pizarrón. Ahora le da el cordón con la llave a su maestra cada mañana para no molestar o lastimar a nadie.

Sebastián busca sensaciones: ¡"más, más, más"! Es el tipo de niño que "tiene que tocar", aun cuando debería estar claro que tocar es inapropiado.

Un día la maestra estaba preparando la lección de ciencias. Pone el pegamento blanco, el bórax de lavar ropa y el agua—son los ingredientes para hacer la substancia flexible llamada "Mezcla Elástica". Sebastián está interesado y se acerca, contrayendo los dedos y dando brincos de un pie a otro. La maestra dice: "Por favor no toquen nada hasta que los otros niños se unan con nosotros", pero él se inclina hacia adelante y tumba el frasco de pegamento que se desparrama por toda la mesa.

La maestra le dice: "¡Sebastián! ¡Lo hiciste otra vez!".

Sebastián llora y dice: "¡No quise hacerlo!". Sacude la cabeza vigorosamente de lado a lado y brinca. Gimiendo dice "oh", "¿Por qué siempre me meto en problemas?" "Oh", se lamenta la maestra, limpiando el desastre: ¿Qué voy a hacer contigo?"

¿Por qué Tomi, Verónica, Pablo y Sebastián están fuera de sincronía? Sus padres, maestros y pediatras no saben qué pensar. Los niños no tienen discapacidades que se puedan identificar, como parálisis cerebral o impedimentos de la vista. Parecen tener todo a su favor: están en buen estado de salud, son inteligentes y muy queridos. Aun así, batallan con las destrezas básicas para responder a sensaciones ordinarias, para planificar y organizar sus acciones, regular su atención y sus niveles de actividad. El problema en común es el Trastorno de Procesamiento Sensorial.

TRASTORNO DE PROCESAMIENTO SENSORIAL: UNA BREVE DEFINICIÓN

El Trastorno de Procesamiento Sensorial (TPS) es la inhabilidad de usar la información recibida por medio de los sentidos para poder funcionar eficientemente en la vida diaria. El TPS no es un Trastorno específico, como lo es la ceguera o la sordera, sino más bien es un término sombrilla que se utiliza para cubrir una variedad de discapacidades neurológicas. Al TPS también se le conoce como Disfunción de Integración Sensorial (Disfunción IS). El Capítulo Dos explica el TPS más a fondo.

La fallecida A. Jean Ayres, PhD, una terapeuta ocupacional, fue la primera en describir los problemas sensoriales como el resultado del procesamiento neurológico ineficiente. En los 50s y 60s, desarrolló una teoría de integración sensorial y enseñó a otros terapeutas ocupacionales a cómo evaluarla.

Muchos terapeutas ocupacionales brillantes—colegas y discípulos de la Dra. Ayres—han continuado con su trabajo. Durante décadas, al igual que otros profesionales en el campo de la salud, padres y educadores se han sintonizado sobre el tema, cierta terminología ha sido confundida, mal usada, o usada de manera conflictiva.

El uso inconsistente de la terminología daña al niño cuando los terapeutas, médicos, padres y las compañías de seguros se mal entienden entre sí y no están de acuerdo en cuál es el tratamiento adecuado. En el 2004, un grupo bajo el liderazgo de Lucy Jane Miller, PhD, incluyendo a Sharon Cermak, EdD, Shelly Lane, PhD, y Marie Anzalone, ScD, junto con Beth Osten y Stanley Greenspan, MD, propusieron aclarar la terminología para que todos los grupos estuvieran en sincronía cuando hablaran acerca de una persona con dificultades sensoriales. Utilizando los conceptos originales de la Dra. Ayres, el comité de la Dra. Miller clasificó a los grupos de diagnóstico del TPS en una versión actualizada. En esta clasificación, el Trastorno de Procesamiento Sensorial es un término global, que se compone de tres categorías (Trastorno de Modulación Sensorial, Trastorno de Discriminación Sensorial, y el Trastorno Motor con base Sensorial) y sus subtipos.

Las revisiones en esta edición de *El Niño Desincronizado* reflejan el trabajo de la Dra. Miller. Su maravilloso libro, *Niños Sensacionales: Esperanza y Ayuda para Niños con Trastorno de Procesamiento Sensorial* (Perigee, 2014), explica en detalle la terminología.

El TPS ocurre en el sistema nervioso central, en la "cabeza" el cual es el cerebro. Cuando se procesa de manera desordenada -cuando las sensaciones de varios sistemas sensoriales como tocar, movimiento y visión no se conectan el uno con el otro (ejemplo, integrar)- el cerebro no puede hacer su trabajo más importante, el de organizar los mensajes sensoriales. El niño no puede responder a la información sensorial y portarse de manera coherente y consistente. También puede tener dificultades al utilizar la información sensorial para planear y llevar a cabo acciones que él necesita realizar. Por ende, puede que no aprenda fácilmente.

El aprendizaje es un término muy amplio. A un tipo de aprendizaje se llama "comportamiento adaptativo", el cual es la capacidad de cambiar nuestro comportamiento para responder a nuevas circunstancias, como aprender a cumplir con las expectativas de diferentes maestros. El comportamiento adaptativo—o respuestas adaptativas- está dirigido a lograr una meta y tiene un propósito.

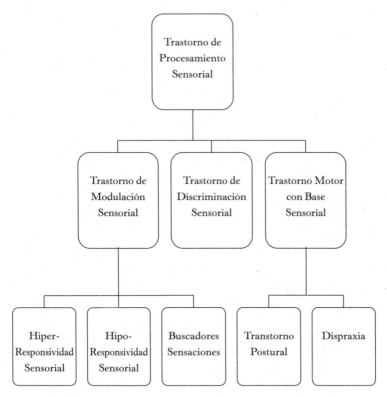

Categorías y Subtipos del Trastorno de Procesamiento Sensorial

Otro tipo de aprendizaje es el aprendizaje motor o motriz, que es la habilidad de desarrollar destrezas de movimientos cada vez más complejas después de haber dominado las simples. Algunos ejemplos: aprender a usar un lápiz después de haber aprendido a usar un crayón de color, o aprender a atrapar una pelota después de haber aprendido a lanzarla.

Una tercera forma de aprendizaje es el aprendizaje académico. Este es la habilidad de adquirir habilidades conceptuales, como leer, computación, y aplicar lo que uno aprende hoy a lo que aprendió ayer.

La conexión cerebro-conducta es tan fuerte que, debido a que el niño con TPS tiene un cerebro desorganizado, muchos aspectos de su conducta son desorganizados. Su desarrollo en general es desordenado y su participación en las experiencias de la niñez es irregular, reacia o inepta. Para el niño que no está en sincronía, hacer las tareas ordinarias y responder a los eventos diarios puede ser un enorme desafío.

La incapacidad de funcionar eficazmente no es porque el niño no quiera, sino porque no puede.

CÓMO EL PROCESAMIENTO SENSORIAL INEFICIENTE

LLEVA A APRENDER INEFICIENTEMENTE

Su niño le jala la cola al gato, y el gato gruñe, arquea la espalda, y babea. Normalmente, a través de la experiencia, un niño aprende a no repetir tan aterradora experiencia. Aprende a ser precavido. En el futuro, su conducta será más adaptativa.

El niño con TPS, sin embargo, podría tener dificultades para "captar las señales" verbales o no verbales, que provienen del medio ambiente. Quizá no pueda decodificar el mensaje auditivo del gruñido hostil del gato, el mensaje visual cuando el gato arquea la espalda, o el mensaje táctil de la escupida de saliva en su mejilla. Él no capta "la idea" y puede que no aprenda a tomar las precauciones adecuadas.

O el niño puede captar la reacción del gato, pero no puede cambiar su conducta y detenerse. Recibe la información sensorial, pero no la puede organizar para producir una respuesta adecuada o eficiente.

O el niño a veces puede tomar para sí las sensaciones, organizarlas, y responder apropiadamente—pero no hoy. Este pudiera ser uno de esos días cuando "no está bien".

Posibles Resultados:
* Puede ser que el niño nunca aprenda y sea arañado en repetidas ocasiones. Por lo tanto, podría continuar con esta arriesgada conducta hasta que alguien quite al gato o el gato aprenda a evadir al niño. El niño pierde la oportunidad de aprender a relacionarse positivamente con otros seres vivientes.

- El niño se vuelve temeroso del gato. Quizá no entienda el concepto de causa y efecto y esté desconcertado por lo que parece ser la conducta impredecible del gato. También puede llegar a sentir miedo de otros animales.

- Eventualmente, el niño puede aprender acerca de causa y efecto, puede aprender a grado sus movimientos, a tratar a los animales con delicadeza, y puede crecer amando los gatos—pero esto va a pasar sólo bastante esfuerzo consciente, después de mucho tiempo y muchos, muchos rasguños.

SÍNTOMAS COMUNES DEL TPS

Abajo hay cuatro listas de cotejo para marcar los síntomas comunes del TPS. La primera lista, "Problemas de Modulación Sensorial", tiene que ver en cómo el niño regula sus respuestas a las sensaciones. Algunos niños con modulación deficiente son principalmente hiper-responsivos, algunos son primariamente hipo-responsivos, algunos son primariamente de hipo-responsivos, algunos son buscadores de sensaciones, y otros fluctúan.

La segunda lista, "Problemas de Discriminación Sensorial", incluye ejemplos de cómo un niño puede tener dificultades para distinguir una sensación de otra.

La tercera lista, "Problemas Motores con Base Sensorial", contiene ejemplos de cómo un niño puede colocar su cuerpo de manera inusual, y tener dificultades para comprender qué acción debe tomar, planificar cómo organizarse, mover su cuerpo y llevar a cabo el plan.

La cuarta lista: "Problemas Asociados de Regulación y Conducta", tiene que ver con los problemas que pueden resultar de un procesamiento sensorial ineficiente, así como también por otros problemas de desarrollo. El niño con estos problemas no necesariamente tiene TPS.

Al ir marcando los síntomas que usted reconoce, por favor entienda que estos pueden variar de niño a niño, debido a que cada cerebro es único (así como cada huella dactilar es única). Ningún niño va a manifestar todos los síntomas. Aun así, si varias de las descripciones corresponden a su hijo o hija, existe la posibilidad de que él o ella tengan cierto grado de TPS.

Aun si el niño tiene una disfunción leve, moderada o severa, él o ella necesitan que usted lo entienda y lo ayude. Ignorar los problemas no los hará desaparecer.

Problemas de Modulación Sensorial

La primera y más importante categoría del TPS es el Trastorno de Modulación Sensorial. Esto se sospecha cuando el niño exhibe uno o más de los síntomas con frecuencia, intensidad y duración. Frecuencia quiere decir varias veces al día. Intensidad quiere decir que evita firmemente la estimulación sensorial, o arroja todo su cuerpo y alma para recibir la estimulación que necesita. Duración quiere decir que esta respuesta inusual dura varios minutos o más.

Estos cuadros le presentarán un repaso rápido de los problemas más comunes. En los siguientes capítulos se le proporcionarán más detalles.

Sensaciones	El Niño con Hiper-responsividad ("¡Oh, no!")	El Niño con Hipo-responsividad ("Oh, ujum.")	El Niño Buscador de Sensaciones ("¡Más!")
Tacto	☐ Evita tocar o que lo toquen objetos o personas. Reacciona peleando o huyendo al ensuciarse, a ciertas texturas de la ropa, a la comida, y a ser tocado ligeramente de manera inesperada.	☐ No nota si trae sucia la cara, las manos o la ropa, y quizá no sepa si lo han tocado. No percibe como se sienten las cosas y con frecuencia se le caen objetos. Le falta tener "motivación interna" para manipular los juguetes.	☐ Se revuelca en el lodo, voltea los contenedores de juguetes y rebusca sin propósito aparente, mastica objetos no comestibles como los puños de la camisa, se roza en las paredes o muebles, y choca con la gente.
Movimiento Y Balance	☐ Evita moverse o que lo muevan repentinamente. Es inseguro y se siente ansioso de caer o de perder el balance. Mantiene sus pies siempre firmes en el piso. Le dan náuseas cuando el automóvil está en marcha.	☐ No se da cuenta ni se opone a que lo muevan. No está consciente de que se puede caer y se protege de una manera deficiente. Generalmente no toma la iniciativa, pero una vez que lo hace, se columpia por mucho tiempo sin marearse.	☐ Desea tener movimiento giratorio y que sea rápido, y puede no marearse. Se mueve constantemente, es inquieto, se pone en posiciones con la cabeza hacia abajo, es audaz y toma riesgos atrevidos.
Posición Corporal y Control Muscular	☐ Puede ser rígido y descoordinado. Evita las actividades en el patio de recreo que le provean input sensorial fuerte en los músculos.	☐ Le falta motivación interna para moverse a jugar. Se pone más alerta después de empujar, jalar, levantar y mover cargas pesadas de forma activa.	☐ Busca abrazos fuertes (abrazos de oso), apretones y que lo apachurren. Busca trabajo pesado y actividades más vigorosas que otros niños, en el área de recreo.

15

Si bien las dificultades con el tacto, movimiento y la posición del cuerpo son señales indicadoras del TPS, el niño quizá también responda de manera atípica a lo que ve, oye, huele y prueba:

Sensaciones	El Niño con Hiper-responsividad ("¡Oh, no!")	El Niño con Hipo-responsividad ("Oh, ujum.")	El Niño Buscador de Sensasiones ("¡Más!")
Lo que ve	☐ Se sobre excita cuando hay mucho que ver (palabras, juguetes, o personas). Se cubre los ojos, su contacto visual es deficiente, es inatento a las tareas escolares, sobre-reacciona a la luz brillante. Siempre está alerta y atento.	☐ Ignora estímulos visuales novedosos, Ej.: obstáculos en su camino. Responde lentamente a objetos que se acercan. Puede que no pueda evitar ver la luz brillante. Mira fijamente y ve como atravesando las caras y los objetos.	☐ Busca paisajes con estimulantes visuales y los examina por largo tiempo. Le atraen los objetos luminosos que giren, la luz brillante y parpadeante como las luces estroboscópicas o la luz del sol cuando a través de persianas.
Sonidos	☐ Se cubre los oídos para bloquear sonidos o voces. Se queja del ruido que no molesta a los demás, como el de la aspiradora.	☐ Ignora los sonidos y las voces ordinarias, pero puede "reaccionar o prenderse" ante ritmos musicales exagerados o a los sonidos extremadamente fuertes, que estén cerca, o que sean repentinos.	☐ Le gustan los ruidos fuertes y el volumen alto de la televisión. Le encantan las aglomeraciones y los lugares ruidosos. Puede que hable con voz fuerte.
Olores	☐ Se queja de olores que otros no perciben, como el de un plátano maduro.	☐ Los olores desagradables pueden pasarle desapercibidos y quizá no pueda oler su comida.	☐ Busca los olores fuertes, hasta los inaceptables, olfatea la comida, la gente y los objetos.

16

Sensaciones	El Niño con Hiper-responsividad ("¡Oh, no!")	El Niño con Hipo-responsividad ("Oh, ujum.")	El Niño Buscador de Sensasiones ("¡Más!")
Sabores	☐ Se opone firmemente a ciertas texturas y a la temperatura de la comida. Puede ser que con frecuencia sienta ganas de vomitar cuando está comiendo.	☐ Puede comer alimentos muy picosos y no reaccionar.	☐ Puede lamer o probar objetos no comestibles, como la plastilina y los juguetes. Puede preferir alimentos muy picosos o muy calientes.

Problemas de Discriminación Sensorial

Otra categoría del Trastorno de Procesamiento Sensorial es el Trastorno de Discriminación Sensorial, el cual es la dificultad para distinguir una sensación de la otra, o de entender el significado de la misma. El niño con una discriminación deficiente puede tener problemas para protegerse así mismo o para aprender algo nuevo. Frecuentemente, también (reacciona menos de lo que debe) tiene una hipo-respuesta y un Trastorno Motor con Base Sensorial.

Sensaciones	El Niño con Trastorno de Discriminación Sensorial (" ¿Ah?")
Tacto	☐ No puede señalar en que parte del cuerpo lo/la han tocado. Tiene una conciencia corporal deficiente y no está "en contacto" con sus manos y pies. No puede distinguir los objetos con sólo tocarlos (sin verlos). Viste descuidadamente y por lo general es torpe al abotonarse y al usar pasadores para el cabello, etc. No es diestro para agarrar los cubiertos o los útiles escolares. También puede tener dificultad para procesar sensaciones de dolor y temperatura, ejem: medir que tan serio es un moretón y si el dolor mejora o empeora, o si tiene frío o calor.
Movimiento y Balance	☐ No siente si se va a caer, particularmente cuando tiene los ojos cerrados. Se confunde fácilmente cuando da vuelta, cambia de dirección, o volverse a poner de pie, o en posición de dos pies. Es posible que no pueda decir si se ha movido lo suficiente.

17

Sensaciones	El Niño con Trastorno de Discriminación Sensorial ("¿Ah?")
Posición Corporal y Control Muscular	☐ Puede no estar familiarizado con su propio cuerpo, le faltan "ojos internos". Es "torpe" y tiene dificultad para posicionar sus extremidades al vestirse o para pedalear una bicicleta. No puede graduar sus movimientos fácilmente, utiliza mucha fuerza o no la suficiente al agarrar los lápices y los juguetes, o cuando empuja las puertas para abrirlas y al patear las pelotas. Puede toparse, chocar, e "irse en picada" hacia otros al interactuar.
Lo que ve	☐ Si el problema es causado por el TPS (y no tiene miopía, por ejemplo), puede confundir las similitudes y las diferencias en las fotos, palabras escritas, objetos y caras. Puede tener dificultad con las expresiones y gestos de la gente en interacciones sociales. Tiene dificultad con las tareas visuales, como alinear columnas numéricas o para determinar dónde se encuentran las cosas en el espacio -él incluido- y cómo moverse para evitar toparse con objetos.
Sonidos	☐ Si el problema es causado por el TPS (y no por infecciones del oído o dislexia, por ejemplo), puede tener dificultad para reconocer las diferencias entre los sonidos, especialmente las consonantes al final de las palabras. No puede repetir o hacer rimas. Canta desafinado. Ve a otros para buscar señales, debido a que las instrucciones verbales pueden confundirlo. Tiene aptitudes auditivas deficientes, como distinguir la voz de su maestra en un ambiente con ruido, o poner atención a un sonido sin distraerse por otros.
Olor y Sabores	☐ No puede distinguir los diferentes olores entre limones, vinagre o jabón. No puede distinguir los sabores o decir cuando la comida está muy condimentada, salada o dulce. Puede escoger o rechazar alimentos basándose en cómo se ven.

Problemas Motores con Base Sensorial

La tercera categoría del TPS es el Trastorno Motor con Base Sensorial, el cual incluye dos tipos. Uno de ellos es el Trastorno Postural, que implica problemas con patrones de movimiento, balance y utilizar ambos lados del cuerpo a la vez (coordinación bilateral). El problema coexiste frecuentemente con hiporesponsividad y pobre discriminación sensorial.

Habilidades Motoras con Base Sensorial	El Niño con Trastorno Postural ("No quiero")
Componentes del Movimiento	☐ Puede estar tenso o tener un tono muscular "suelto y flácido", ser débil al agarrar objetos, y tener dificultad para ponerse y mantener una posición estable. Tiene problemas para flexionar y extender sus extremidades de forma completa. Se encorva y tiene una postura desgarbada. Tiene dificultad para alternar su peso al gatear y para girar su cuerpo al tirar la pelota.
Balance	☐ Fácilmente pierde el balance cuando camina o cambia de posición. Se tropieza de la nada.
Coordinación Bilateral	☐ Tiene dificultad usando ambos lados del cuerpo al mismo tiempo para brincar de manera simétrica, agarrar las pelotas, aplaudir, sujetar las cadenas del columpio y para columpiarse. Tiene dificultades usando una mano para ayudar a la otra, como cuando detiene un papel mientras lo corta, o sujeta una taza mientras la llena.
Coordinación Unilateral	☐ Puede no tener una preferencia manual. Puede usar cualquier mano para agarrar un objeto o para usar herramientas como plumas o tenedores. Puede cambiar objetos de la mano derecha a la izquierda mientras los manipula, comer con una mano pero dibuja con la otra, o manipular las tijeras utilizando ambas manos.
Cruzando la Línea Media	☐ Puede tener dificultad al usar una mano, un pie, o un ojo en el lado opuesto del cuerpo, como al utilizar una mano para pintar o al leer a lo largo de un renglón en un papel.

El segundo tipo del Trastorno Motor con Base Sensorial es Dispraxia, o dificultad con la praxis (término griego para "hacer, acción, práctica"). La praxis está basada en el procesamiento sensorial inconsciente, así como en el pensamiento consciente. El niño con dispraxia tiene problemas para ejecutar acciones coordinadas y voluntarias.

19

Habilidades Motoras Con Base Sensorial	El Niño con Dispraxia ("no puedo hacer eso")
Componentes de la Praxis	☐ Puede tener dificultad para: 1) comprender como hacer una tarea nueva y compleja, 2) secuenciar los pasos y organizar los movimientos corporales para hacerlo, y 3) llevar a cabo el plan motor de varios pasos. Puede ser inapropiado, torpe, aparentemente descuidado (hasta cuando intenta tener cuidado) y estar propenso a tener un accidente.
Planeamiento motor Grueso	☐ Puede tener una coordinación motora deficiente y ser torpe cuando se desplaza alrededor de los muebles, en una habitación amontonada o en un área de recreo aglomerada. Tiene problemas para subir escalones, en el campo de obstáculos, con los juegos del parque, y las actividades que requieren el uso de grandes grupos musculares como caminar, marchar, gatear y rodar. La capacidad de aprender nuevas aptitudes motrices, como la de saltar, puede desarrollársele considerablemente después en comparación de otras.
Planeamiento motor Fino: Manos	☐ Puede tener dificultad con las tareas manuales, esto incluye dibujar, escribir, abotonarse, abrir el paquete de bocadillos, usar utensilios de comida, hacer rompecabezas, jugar y recoger los cubos (Legos).
Planeamiento motor Fino: Ojos	☐ Puede tener dificultad para usar ambos ojos a la vez, rastrear objetos que se mueven, enfocarse, y desplazar la mirada de un punto lejano a uno cercano. Puede tener problemas al copiar del pizarrón, para mantener su lugar en un libro, y organizar el espacio sobre el escritorio. Puede escribir de manera descuidada y tener una coordinación deficiente de los ojos y las manos al dibujar, crear proyectos de arte, construir con cubos y al abrocharse los zapatos.
Planeamiento motor Fino: Boca	☐ Puede tener dificultad al succionar un pezón o popote, al comer, masticar y tragar; al soplar burbujas y respirar; al mantener la boca cerrada. Puede babear excesivamente. Quizá tenga problemas para articular los sonidos del lenguaje y hablar lo suficientemente claro para que lo entiendan (a la edad de tres años).

LO QUE NO ES TPS: SÍNTOMAS PARECIDOS

Muchos síntomas del TPS se parecen o se ven como síntomas de otras discapacidades comunes. De hecho, muchos de los síntomas se sobreponen o y puede ser difícil diferenciar una dificultad de la otra. Por ejemplo, si un niño es inatento y con frecuencia tiene dificultad para mantenerse enfocado en tareas o actividades de juego, puede tener TPS. De la misma manera, si el niño es hiperactivo, frecuentemente está inquieto o retorciéndose, puede tener TPS. Pero—¿Puede ser que algo más esté pasando? Si, efectivamente. Un diagnóstico alternativo puede ser que el niño tenga el Trastorno por Déficit de Atención/Trastorno con o sin presentación de Hiperactividad (TDAH), discapacidad de aprendizaje (LD por sus siglas en inglés), audición o discriminación visual deficiente, problemas del habla/lenguaje, alergias, deficiencias alimenticias, un problema emocional - ¡o que se está comportando como un niño común y corriente!

Algunos niños sólo tienen TPS. Otros tienen TPS además de una o más discapacidades, como TDAH y LD. Los círculos que se sobreponen en el diagrama en la siguiente pagina ilustran la relación de estos tres problemas comunes que pueden afectar la conducta de los niños. Por favor entienda que el TDAH y la LD son tan sólo dos de los muchos Trastornos, incluyendo autismo, con el cual el TPS se puede traslapar.

Entonces, ¿Cómo alguien puede determinar la diferencia entre el TPS y otras discapacidades? *Las señales de advertencia son las respuestas inusuales del niño al tocar y ser tocado o al moverse o ser movido.*

Las descripciones aquí abajo proporcionan información acerca de algunos otros problemas asociados al TPS.

PROBLEMAS ASOCIADOS

Un trastorno democrático, el TPS afecta a personas de todas las edades, razas, y habilidades cognitivas, alrededor del mundo. Poblaciones diversas incluyen aquellos con severas discapacidades neurológicas, parálisis cerebral leve y trastornos del espectro autista, bebés prematuros, niños deprivados sensorialmente en los orfanatos del Este de Europa, y gente superdotada. Aunque estos niños no parezcan tener mucho en común con frecuencia exhiben problemas similares al procesar sensaciones.

Aunque el TPS se manifieste individualmente, con frecuencia coexiste con otros trastornos, complicando así los síntomas principales de los mismos. Por ejemplo, casi todos los niños con TPS y cerca de la mitad de los niños con TDAH (ver abajo) tie-

CÓMO TRES PROBLEMAS COMUNES SE PUEDEN EMPALMAR

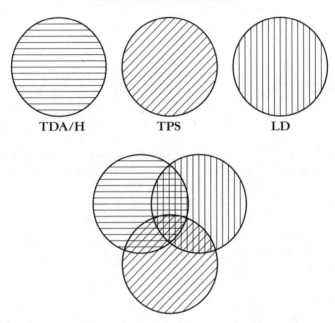

nen desafíos de procesamiento sensorial. Los desafíos no causan autismo pero si retrasan la capacidad del cerebro para organizar todos los mensajes sensoriales que van entrando. Entre más dificultad tenga un niño para hacer que la información sensorial tenga sentido, más probabilidades existen de que tenga dificultad para socializar, entrar a un cuarto con mucho bullicio, o para portarse como un buen amigo cuando lo tocan inesperadamente en vez de ¡golpear al otro niño! Como en todos los trastornos neurológicos, la capacidad de procesar información y regular nuestra respuesta a las sensaciones es única en cada individuo y esta ocurre a la par de una secuencia.

Favor de tener en cuenta que los problemas de los que hablamos a continuación pueden tener un componente de procesamiento sensorial—o pueden estar causados por otro problema de desarrollo distinto completamente.

Trastornos de Regulación

AUTO-REGULACIÓN

El niño puede tener dificultad para modular (ajustar) sus respuestas a las sensaciones. Su nivel de alerta puede estar desincronizado, haciendo más difícil "acelerarse", o calmarse una vez ha sido excitado (puesto en alerta o aumentado su respuesta sensorial) con sensaciones de su entorno. Fácilmente puede sentirse agobiado e irritable, o alejarse como si no tuviera interés. Puede tener dificultad para consolarse a sí mismo después de sentirse lastimado o haberse disgustado. Postergar la gratificación y tolerar las transiciones de una actividad a otra puede ser difícil. El niño puede funcionar de manera desigual: un día sin problemas, y el siguiente con dificultades.

Los adultos pueden hacer que los niños se sientan más seguros y que puedan explorar "adecuadamente" las experiencias sensoriales al reconocer las sensaciones que les molestan y decir, "Muchos amigos piensan que los escupitajos de perro son asquerosos. Vamos a encontrar un lavabo para enjuagarlo". O, "Algunas personas no se molestan por las etiquetas de la camisa, otras si, y podemos arreglar ese problema". La terapia, un estilo de vida sensorial, y los suplementos nutricionales son algunos de los tratamientos que pudieran ayudar (vea el Capítulo Nueve).

DURMIENDO

Quedarse dormido, permanecer dormido, y despertarse pueden ser un problema. El niño con TPS quizá puede necesitar una siesta larga por la tarde, o puede que nunca tome una siesta aun estando exhausto. Porque un problema de sueño es frecuentemente causado por un problema de separación, él quizá desee dormir con sus padres. Puede que tenga problemas para consolarse hasta quedarse dormido, o constantemente pueda despertar durante la noche.

Los problemas del sueño pueden estar asociados con una necesidad severa de movimiento. Si el niño no ha tenido su cuota de movimiento durante el día, sus niveles de alerta pueden fluctuar erráticamente y puede estar sobre sobre excitado de noche. La hipo- o hiper-responsividad sensorial también puede hacer que el niño se sienta incómodo en la cama. La pijama o las sábanas puede que se sientan ásperas. Puede que la funda de la almohada no huela bien, particularmente después de que el conocido olor al que él está acostumbrado se ha desvanecido. Puede ser que las cobijas estén muy pesadas o no lo suficientemente pesadas.

El tratamiento de integración sensorial se encarga del problema subyacente, la regulación deficiente de la excitación sensorial y la auto-calma, lo cual es el problema principal. Ahora bien, pensar en las experiencias sensoriales que ayudan o dificultan a conciliar el sueño pueden darle más estrategias a los padres. Toda la familia puede dormir mejor cuando se resuelven los problemas que causan la necesidad sensorial y se agregan soluciones sensoriales. Hasta que este asunto "no se resuelva", ponga en práctica estas sugerencias para ayudar a su niño a dormir y a permanecer dormido:

- Durante el día—bastante actividad, como columpiarse o trotar; trabajo pesado, como llevar libros; suplementos alimenticios que calmen el cerebro, como magnesio, ácidos grasos esenciales, y GABA (ácido gamma-amino butírico); no proveer alimentos con aditivos incluyendo aspartame, MSG y colorantes artificiales, los cuales excitan el cerebro.

- Antes de ir a la cama—un baño con agua tibia y luego directo a la cama; no televisión o computadora por un par de horas antes de irse a dormir.

- En la cama—leer un buen cuento; un masaje en la espalda y compresión profunda de articulaciones en los hombros, brazos y piernas; bien arropado y apretado bajo una cobija con peso; y decirle: "sólo haz como que estás durmiendo".

- Después de arroparlo—una lucecita de noche si el niño le tiene miedo a la obscuridad; música tranquila, ej.: los adagios de Bach o Mozart; ruido blanco como el sonido de las olas o la lluvia, y tus propias estrategias parentales.

- Leer sugerencias (en español) del sitio web de la Asociación Americana de Terapia Ocupacional (*American Occupational Therapy Association*): *www.aota.org/~/media/Corporate/Files/AboutOT/consumers/Youth/BedtimeTipSheetSpanish.pdf*

COMER

Calmarse para sentarse a comer puede ser un reto para el niño desincronizado. Una de las razones puede ser la hiper-respuesta a sensaciones táctiles. La textura y consistencia del puré de papas, el arroz con leche, el puré de manzana, o la hamburguesa de pavo pueden ser intolerables en una boca sensible. La hipersensibilidad al tacto en la boca también se conoce como: "defensividad oral".

Otra razón puede ser que la comida se ve, huele o sabe horrible. Cuando una persona es selectiva o melindrosa para comer tiene problemas para llevarse los alimentos a la boca ya que las sensaciones de procesamiento que provienen de los músculos (propiocepción) son ineficientes. O quizá puede necesitar concentrarse, no en comer, sino en quedarse sentado—esto es un gran desafío si él no puede procesar dónde se encuentra en el espacio y si está sentado o está cayéndose de la silla (sistema vestibular).

Aún otra razón puede ser que el niño no ha desarrollado un patrón sensomotriz básico que involucra la coordinación al chupar, tragar y respirar. Esto da como resultado aptitudes motrices orales ineficientes que afectan masticar y comer alimentos sólidos, probar alimentos nuevos, que los alimentos permanezcan en su trayectoria, digerir alimentos, y cosas así.

Cualquiera que sea la razón para comer de manera selectiva, el niño melindroso tiene preferencias alimenticias inusuales o un repertorio limitado de alimentos. Puede ser que sólo coma alimentos crujientes, como tocino y galletas saladas, o sólo alimentos blandos, como yogurt y macarrones con queso, o sólo alimentos fríos o alimentos calientes. Puede que se le antojen comidas agrias, como pepinillos escabechados, o cosas dulces, como aperitivos azucarados y jugo. Como resultado, los déficits nutricionales y los antojos pueden afectar su desarrollo, su peso y la resistencia física y causarle altas y bajas de conducta, algo así como un yo-yo.

Por lo general los ácidos grasos esenciales como las vitaminas B, los minerales y antioxidantes liposolubles están ausentes de la dieta del melindroso, y por lo tanto, del cuerpo y del cerebro. Un niño que rechaza la crema de maní (cacahuate), el brócoli, las espinacas, los frijoles y el camote, por ejemplo, puede tener una insuficiencia de magnesio, un mineral esencial. Una deficiencia de magnesio puede ocasionar daños auditivos, problemas en el procesamiento auditivo, espasmos musculares, dormir sin descansar, y problemas sensoriomotrices relacionados con infecciones frecuentes en el oído. Una deficiencia de zinc (que se encuentra en huevos, maníes (cacahuates), salvado, cocoa, etc.) puede afectar el sentido del gusto en el niño y, por lo tanto, su interés en la comida. Esto también puede llevar a tener bajo tono muscular, problemas auditivos y visuales, erupciones en la piel y cabello "electrizado".

Enseguida tenemos algunas sugerencias para mejorar la alimentación de su niño, ofrecido por la nutrióloga Kelly Dorfman, autor de *Cure a su Hijo con la Comida:*

• Deshágase de la comida chatarra.

• Provéale suplementos nutricionales, particularmente grasas con Omega-3 (se encuentran en las semillas de linaza, nuez de nogal y salmón), porque el sistema nervioso está compuesto del 60 % de grasas.

• Proporciónele un cepillo de dientes que vibre o un aparato de masajes para la cara/oral para desensibilizar los labios y la boca del niño. Provea presión profunda que aumente su capacidad para tolerar otra aportación sensorial,

• Lleve al niño a terapia de integración sensorial y provea un estilo de vida sensorial en casa (Vea capítulo nueve). Considere una evaluación y el tratamiento de un terapeuta ocupacional capacitado en técnicas de integración sensorial (TO-IS). Este profesional le puede ayudar a crear un estilo de vida sensorial que apoye el desarrollo de su hijo y su funcionamiento a diario.

DIGESTIÓN Y ELIMINACIÓN

Lo que entra y sale. Lo que no entra no sale. La persona que es melindrosa para comer, que rechaza los alimentos nutritivos de color brillante natural, con variedad en su textura y mucha fibra—la consistencia de las heces, si me lo permiten—puede resultar en casos de diarrea o estreñimiento crónico.

Aparte del problema con base sensorial al ser selectivo para comer, el TPS puede afectar la digestión y la eliminación de otras maneras. El niño puede que no reconozca las señales de tener sed, hambre y saciedad (estar lleno o satisfecho). Esta consciencia deficiente de los órganos internos es un problema de interocepción, la cual es sensible a los estímulos que vienen del interior del cuerpo. Otra causa de una mala digestión es la inactividad. El niño que es sedentario porque le cuesta mover su cuerpo también puede tener dificultades para evacuar.

Los problemas táctiles pueden contribuir a tener dificultad para ir al inodoro. El niño con hiper-responsividad puede evitar evacuar para no sentirse mojado y pegajoso. El niño con hipo-responsividad quizá no perciba la humedad y por lo tanto puede que no desarrolle un control eficiente de la vejiga. (¡Parte del problema son los pañales desechables gruesos que atrapan la humedad y mantienen al niño a gusto y seco!) Puede desarrollar enuresis y orinarse en la cama continuamente.

O, si el niño es un buscador de sensaciones, puede que de hecho le guste la sensación de traer puesto un pañal bien cargado o un par de calzoncillos. O, le pueden gustar los aromas.

Además, la propiocepción ineficiente (el "sentido de la posición del cuerpo", o la "sensación del músculo", que se discutirá en el Capítulo Cinco) puede afectar el tono muscular del niño y hacer difícil que "lo detenga". Un problema con el control de la postura puede hacer difícil que permanezca bien sentado en el asiento del inodoro. Un problema con el sentido vestibular puede hacer que el niño se sienta desbalanceado y que no está conectado a la tierra, como si se estuviera cayendo del inodoro, - o peor que eso—dentro de este.

Sugerencias:

* Bastante agua, fibra, y actividades físicas a lo largo del día.

- Caja o banquillo debajo de los pies del niño para que se sienta firme.

- Trabajar con un terapeuta ocupacional, nutricionista, u otro profesional que tenga la experiencia en trastornos alimenticios y procesamientos sensoriales.

NIVEL DE ALERTA, NIVEL DE ACTIVIDAD Y ATENCIÓN

Los niveles de alerta, actividad, y atención pueden ser problemas de auto regulación que coexisten frecuentemente con el TPS.

Nivel alto de alerta y actividad: El niño puede estar siempre activo, ser incansable, e inquieto. Puede moverse usando movimientos cortos y nerviosos, juega o trabaja sin ningún propósito, ser explosivo de carácter y excitable, le es imposible permanecer sentado.

- Nivel bajo de alerta y de actividad: El niño se mueve más despacio y parece estar aturdido, se fatiga fácilmente, le falta iniciativa y falta de "habilidad para mantenerse en la actividad", muestra poco interés en el mundo. Pudo haber sido una bebé fácil de manejar—de hecho, una bebé muy fácil de manejar, que se acurrucaba en los brazos de cualquier persona, pocas veces se quejaba, dormía más que otros niños, necesitaba que lo alimentaran y vistieran más tarde que a otros.

- Falta de atención: quizá debido a hiper-responsividad sensorial o por falta de la misma o hipo-responsividad sensorial, el niño puede tener un nivel de atención reducido, hasta para las actividades que disfruta. Puede ser olvidadizo y desorganizado poniéndole atención a todo menos a la tarea en cuestión. Si está sobrecargado, se puede desconectar, por ej., abrumarse rápidamente y necesitar un descanso.

- Impulsividad: Para obtener o evitar estimulación sensorial, el niño puede comportarse de manera despreocupada siendo muy activo e impetuoso. Un problema con la modulación significa que quizás le falte autocontrol y no pueda detenerse después de haber empezado alguna actividad porque, para cuando su sistema nervioso sienta que ha tenido lo suficiente, ha tenido demasiado. Por consiguiente, se puede sobrecalentar, puede verter el jugo hasta que se derrame, toparse apresurado con las personas, voltear contenedores de juguetes, y hablar sin esperar su turno.

FUNCIONAMIENTO SOCIAL Y EMOCIONAL

Otro problema coexistente de regulación puede ser cómo el niño se siente acerca de sí mismo y cómo se relaciona con otras personas.

- Poca adaptabilidad: Cuando intenta controlar lo que se torna abrumador el niño puede resistirse a conocer nuevas personas, a intentar jugar con juegos o juguetes nuevos o a probar diferentes alimentos. Puede tener dificultad para hacer la transición entre una y otra situación. El niño puede parecer terco y poco colaborador cuando es hora de salir de casa, venir a cenar, meterse y salirse de la bañera, o cambiar de una actividad de lectura a una de matemáticas. Pequeños cambios en su rutina lo hará sentirse molesto a este niño que no pareciera "ir con la corriente".

- Problema de apego: El niño puede tener ansiedad de separación, y mostrarse muy apegado y temeroso cuando se aparta de uno o dos de sus "seres queridos". O, cuando intenta manejar sensaciones (olfato, sonido, tacto) al estar enseguida de una persona, puede evadir a sus padres, maestros y otros en su círculo.

- Frustración: Debido a los desafíos sensoriales en su sistema nervioso, el niño puede tener dificultades en lograr hacer las tareas que sus compañeros hacen fácilmente. Puede ser perfeccionista y disgustarse cuando los proyectos de arte, dramatización o las tareas escolares no salen como él espera.

- Dificultad con amistades: Puede ser difícil llevarse bien con él cuando está esmerándose en controlar la aportación sensorial, se le dificulta hacer y mantener amigos. Insiste en poner todas las reglas y ser el ganador, el mejor, o el primero, puede no ser un buen compañero de juego. Puede tener necesidad de controlar el área que le rodea, estar en "el asiento del conductor", y tener problemas para compartir los juguetes.

- Dificultades de comunicación: Conforme va intentando procesar oportunamente las sensaciones de sonido, visión y movimiento, puede batallar para expresarse verbalmente, "sacarlas palabras", y escribir. Puede tener dificultad para expresar sus ideas, sentimientos y necesidades, no sólo verbalmente, sino también en formas no verbales como en el uso de gestos, lenguaje corporal, y expresiones faciales.

- Otros problemas emocionales: Puede ser inflexible, irracional y exageradamente sensible al cambio, al estrés y a sus sentimientos heridos. Al ser exigente y demandante, puede buscar atención de manera negativa. Puede estar triste, creyendo y diciendo que es tonto, loco, inútil, un fracasado y un fiasco. *Uno de los síntomas más obvios del Trastorno de Procesamiento Sensorial es la baja autoestima.*

- Problemas académicos: al estar ocurriendo al mismo tiempo que los desafíos sensoriales, el niño puede tener dificultad para aprender nuevas habilidades y conceptos. Aunque sea brillante, el niño puede ser percibido como una persona de bajo rendimiento.

El TPS es una prioridad. Muchos niños expresan sus desafíos de procesamiento sensorial adaptando cierto comportamiento para poder controlar su percepción el mundo. La intervención para el TPS reduce la falta de adaptación y ayuda al niño que no está sincronizado a "sincronizarse" para que pueda desarrollar estrategias de adaptación más maduras y conductas socialmente aceptables.

Recuerde que: Si bien varios niños con TPS tienen problemas de conducta, ¡la mayoría de los niños con problemas de conducta no tienen TPS! Todo niño ocasionalmente se encuentra fuera de sincronía. Es fundamental contar con un diagnóstico preciso para determinar qué síntomas están relacionados con problemas de procesamiento sensorial y cuáles no.

Déficit de Atención/ Trastorno de Hiperactividad (TDAH)

Si bien el TPS no es igual a su "parecido" TDAH, los dos trastornos pueden afectar simultáneamente al niño (o adulto). El Trastorno por Deficit de Atención con Hiperactividad es una de las condiciones de desarrollo más comunes (la otra es autismo). Sus síntomas son falta de atención y/o hiperactividad e impulsividad.

Veamos los síntomas de Déficit de Atención, enlistados en el *Manual de Diagnóstico y Estadística de Trastornos Mentales, 5ta edición,* o *DSM-5 (2013).*

A menudo, el niño:

- No pone atención a los detalles; hace su trabajo incorrectamente

- Batalla para mantener su atención en trabajos o actividades para jugar

- Parece no escuchar cuando le hablan directamente

- No sigue las instrucciones; no termina las tareas escolares ni sus deberes

- Batalla para organizar actividades, dar secuencia a las tareas, mantener los materiales y pertenencias en orden y para manejar el tiempo

- Evita el trabajo que requiera de un esfuerzo mental prolongado

- Pierde las cosas que son necesarias para los trabajos o actividades

- Se distrae fácilmente con los estímulos externos

- Es olvidadizo en las actividades de todos los días

Ahora, veamos los síntomas de hiperactividad e impulsividad. A menudo, el niño:

- Juguetea con, o golpetea con manos y pies; se retuerce en el asiento

- Se para cuando se espera que permanezca sentado

- Corre o brinca inoportunamente

- No puede jugar en silencio

- Siempre anda corriendo, como si fuera manejado por un motor; no puede estarse quieto, o se siente incómodo si está quieto por mucho tiempo; es inquieto o es difícil mantener su ritmo

- Habla mucho

- Se apresura a contestar antes de que la pregunta se termine

- Batalla para esperar su turno o estarse en la línea

- Interrumpe o se inmiscuye con los demás

Estos síntomas también se ven en los niños que tienen dificultades con el proceso sensorial, entonces, hagamos la siguiente pregunta, "¿Es TDHA—o TPS?" Cuando un niño se siente inquieto y quiere que el mundo se mueva más rápido... ¿tiene TDHA, o puede ser un deseo sensorial? Cuando se distrae fácilmente por los estímulos que están a su alrededor... ¿es TDAH o hiper-responsividad sensorial? Cuando no se puede estar quieto... ¿TDAH o tiene dificultad para discriminar las sensaciones auditivas?

Es importante determinar qué trastorno tiene el niño, porque el tratamiento para estos dos problemas es diferente. El TDAH a menudo incluye tratamiento cognitivo conductual (ayudar a un niño a pensar antes de actuar) y otros abordajes psicológicos, así como psicoestimulantes (para activar la parte no madura del cerebro) y medicinas para la ansiedad (ansiolíticos). La capacitación para los padres también es efectiva, ayuda a las madres y padres a criar a sus hijos con TDAH teniendo expectativas de no castigar, afectuosas y realistas. (Se habla sobre el tratamiento para el TPS en el Capítulo Nueve).

La Dra. Lucy Jane Miller, PhD, es la investigadora principal en el campo de estudio para el procesamiento sensorial, en el Hospital para niños de Denver. Colabora con otros terapeutas ocupacionales para definir los fundamentos neurológicos y fisiológicos subyacentes del TPS. La meta de esta rigurosa investigación incluye: 1) distinguir el TPS del TDAH y otras discapacidades y 2) determinar el mejor tratamiento para niños con diferentes tipos de TPS, ya que un tratamiento no sirve para todos.

Entre los resultados de las investigaciones se demostró que muchos niños con TPS son diferentes a los niños con TDAH por la manera en que responden a las sensaciones inesperadas, como ser tocado ligeramente, a los ruidos fuertes, las luces parpadeantes, olores fuertes, y al ser inclinados hacia atrás en una silla. Los niños con TDAH tienen la tendencia de mostrase alerta a estas nuevas sensaciones y luego, como la mayoría de las personas, se habitúan—ej.,: se acostumbran fácilmente - a esto. La vida sigue.

Algunos niños con TPS, sin embargo, pueden no se muestran alerta a estas sensaciones cotidianas. La vida no les afecta mucho. Otros niños con TPS pueden estar alerta continuamente y puede que no se acostumbren a estas sensaciones en lo absoluto. La vida les afecta demasiado.

Fuera del ámbito de la investigación, los padres y maestros pueden notar otras diferencias entre el TPS y el TDAH. Por ejemplo, muchos niños con TPS prefieren "siempre lo mismo" en un ambiente familiar y predecible, mientras que los niños con TDAH prefieren la novedad y lo variado. Muchos niños con TPS tienen coordinación motora deficiente, mientras que niños con TDAH, a con frecuencia sobresalen en los deportes. Muchos niños con TPS controlan sus impulsos adecuadamente menos de que las sensaciones los hagan sentirse molestos, mientras que los niños con TDAH a menudo tienen un control de impulsividad deficiente.

Otra diferencia es que la medicina que ayuda al niño con TDAH no reduce los problemas del TPS, debido a que estos trastornos son controlados por diferentes partes del cerebro. La terapia que se enfoca en la integración sensorial y un estilo de vida sensorial con de actividades productivas ayudan a ambos niños, pero pueden abordar distintas problemáticas.

Discapacidad de Aprendizaje

Una discapacidad de aprendizaje (DA) puede ser definida de muchas maneras.

1) Definición sencilla: una discapacidad de aprendizaje es difícil en lectura, escritura, aritmética, y en el área de relaciones.

2) Definición Clínica: Una discapacidad de aprendizaje es un problema neurológico al procesar la información que causa dificultades para dominar habilidades y estrategias académicas. Ocurre una ruptura o interrupción en uno de los cuatro pasos que conllevan al aprendizaje: recibir información (tomar información de los sentidos), integración (procesar e interpretar la información), memoria (usar, almacenar y recobrar la información), y salida (enviar la información por medio de actividades del lenguaje o actividades motrices).

3) Definición formal: En los Estados Unidos, nuestra ley federal, La Ley del 2004 para *Mejorar las Educación de las Personas con Discapacidades (IDEA 2004)*, define una discapacidad de aprendizaje específica como "un trastorno en uno o

más de los procesos psicológicos básicos que tienen que ver con comprender o usar el lenguaje, hablado o escrito, que se puede manifestar en una manera imperfecta para escuchar, pensar, hablar, leer, escribir, deletrear, o para hacer cálculos matemáticos".

A pesar de que el TPS afecta las habilidades auditivas, visuales y motrices, y la habilidad de procesar y secuenciar información, no es en este momento identificado de manera específica, como una discapacidad a la que se sea elegible o se pueda calificar para recibir servicios apropiados.

De acuerdo con esta definición formal, el TPS no es una discapacidad de aprendizaje. Más, sin embargo, el TPS indudablemente puede llevar a tener discapacidades de aprendizaje en el futuro cuando afecta las habilidades de audición, visión y motrices del niño, o su habilidad para procesar y dar secuencia a la información. Por el momento, tener sólo TPS no cumple con los requisitos para que un niño reciba servicios gratuitos y apropiados en la escuela, como terapia ocupacional, del habla/lenguaje, y terapia física. Mas sin embargo, un estudiante con TPS puede recibir servicios cuando su familia y maestros demuestren que sus dificultades sensoriales coexisten con otros problemas que sí califican y que limitan su capacidad para aprender.

Dislexia

La Dislexia es una dificultad común para leer, escribir y deletrear, a pesar de la inteligencia y motivación de la persona. Dislexia es muchas cosas: un trastorno neurológico, un problema hereditario, familiar; una discapacidad de aprendizaje específica; y un síndrome, por ejemplo: un grupo de características relacionadas que varían en severidad de un individuo a otro.

Las sensaciones de la vista, sonido y movimiento tienen que ver con la lectura. El problema está en la manera en que diferentes partes del cerebro procesan simultáneamente los componentes sensoriales de la lectura. El tiempo que implica analizar una palabra está fuera de sincronía, evitando así, el reconocimiento instantáneo y automático de la palabra.

Los niños con este síndrome multisensorial pueden beneficiarse de las intervenciones multisensoriales, integrando las experiencias visuales, auditivas, de tacto y kinestésicas (por ejemplo: vista, sonido, tacto y movimiento).

Autismo

El autismo, o Trastorno del Espectro Autista (TEA), es una condición basada en un grupo de observaciones clínicas como se define en el *DSM-5*. En el 2018, los Centros para el Control y Prevención de Enfermedades (CDC por sus siglas en inglés) reportó que aproximadamente un niño en 59 tiene autismo. Las causas que contribuyen a esto pueden ser condiciones genéticas, correr riesgos en el útero por estar expuesto, o lesiones en el cerebro. La estructura del cerebro en las personas con autismo puede ser desigual, lo cual resulta en conductas atípicas.

Uno de los hallazgos más recientes de la investigación es que los niños que cumplen esta condición tienen en común un cuerpo calloso disminuido (la conexión entre el lado derecho e izquierdo del cerebro) o baja conectividad en las conexiones a largo alcance del cerebro, especialmente las conexiones importantes para el habla.

Recientemente, los investigadores han empezado a enfocarse en el procesamiento sensorial de los niños que son catalogados con y sin autismo. Por ejemplo, la Dr. Elysa Marco en Cortica Center en San Rafael, y los compañeros en la Universidad de California/San Francisco han encontrado que los niños con TPS tienen claras diferencias estructurales en la conectividad cerebral. Los niños con TPS tienen ciertas diferencias en el cerebro que se superponen en los niños con autismo, así como ciertas diferencias que son importantes en los niños que nomás padecen TPS.

Algunos niños con autismo también tienen discapacidad intelectual (ID por sus siglas en inglés), más sin embargo, otros están intelectualmente dentro del promedio o por encima del mismo. Algunos niños están levemente impedidos o quizá necesitan un poco de apoyo para navegar el mundo social, para comunicarse, o para desarrollar conductas más adaptativas con el mundo sensorial (Nivel 1). Unos niños están impedidos moderadamente y necesitan apoyo considerable (Nivel 2).

Y unos niños están severamente impedidos y necesitan apoyo muy considerable (Nivel 3). A este rango de necesidades anteriormente se le llamaba espectro (trastorno del espectro autista), pero ahora el autismo se conceptualiza como un trastorno con un rango de apoyo necesario.

Según el *DSM-5*, el autismo tiene deterioros cualitativos' en tres áreas.

*   Interacción social:

    – El uso deficiente de conductas no verbales, como apuntar al frasco de las galletas.

    – No desarrollar amistades con otros niños.

    – Ausencia de conductas espontaneas para compartir intereses, tales como cavar un hoyo juntos

    – Ausencia de reciprocidad social/emocional, como sentirse triste cuando otra persona está triste, o reírse de chistes

*   Comunicación:

    – Retraso en el desarrollo del lenguaje hablado

    – Una marcada dificultad para empezar o mantener una conversación

    – Uso deficiente de juegos variados, espontáneos e imaginarios

*   Procesamiento sensorial con dificultades en la modulación sensorial:

    – Hiper-responsividad a la entrada (input) sensorial

    – Hipo-responsividad a la entrada (input) sensorial

    – Un interés peculiar en los aspectos sensoriales del medio ambiente (por ejemplo, deseo sensorial)

El término "cualitativo" se refiere a la interpretación de la conducta en entornos naturales, tales como la casa y la escuela, a través de observaciones y descripciones verbales. En contraste, "cuantitativo" se refiere a resultados basados en información numérica.

No solamente la modulación sensorial (incluida en *DSM-5*), también la discriminación sensorial y las habilidades motrices basadas en lo sensorial (por alguna razón, no están incluidas en el *DSM-5*) por lo general son grandes problemas para las personas con autismo. Los problemas con las sensaciones a veces son pasados por alto o se les resta importancia pero pueden ser los desafíos más grandes para las personas con autismo. Todo niño con autismo tiene un patrón único en cuanto a estos retos sensoriales. Por ejemplo, un niño con autismo puede tener una excelente discriminación visual, y ser un artista increíblemente talentoso, pero puede tener una discriminación auditiva deficiente y relativamente poco lenguaje. Otro niño puede tener habilidades auditivas excelentes y recordar la letra de las canciones, componer rimas, y disfrutar cuentos, pero puede tener una discriminación visual deficiente y escasas habilidades de planeamiento motor. Otro niño puede funcionar mejor en situaciones sociales y en la escuela, usa más lenguaje y patrones de pensamiento habituales. Con frecuencia el niño es apodado "El Profesorcito", debido a su extraordinario conocimiento de un tema en particular, como la Guerra Civil, ferrocarriles, el sistema planetario, y así.

Cerca del 95% de los niños con autismo tienen desafíos de procesamiento sensorial o integración, incluyendo regulación deficiente (o modulación) de los estímulos o sensaciones ordinarias. Para algunos, la capacidad de regular el tacto, movimiento, sonido y los estímulos visuales siempre será un problema. No obstante, para otros, la sensibilidad al medio ambiente puede ser una ventaja. Por ejemplo, una gran sensibilidad para captar sonidos, incluyendo un tono de voz perfecto, puede llevar a una profesión musical.

Una portavoz de autismo, Temple Grandin, PhD, describe de forma elocuente el tormento de la estimulación sensorial. En su niñez, cuando una persona la tocaba o abrazaba, se sentía como un animalito salvaje, hasta que diseñó una máquina de presión—su "cajón del abrazo"—para satisfacer su necesidad de sentirse sostenida firmemente. Escuchar sonidos comunes aún le hacen aumentar los latidos de su corazón y le duelen sus oídos, a menos que ella logre "aislarse y bloquear" sus oídos con conductas rítmicas y autísticas estereotipadas.

La pequeña Temple, a pesar de que evitaba las sensaciones de tacto y de sonido, buscaba o deseaba sensaciones visuales. Ella escribe: "Me encantan las camisas rayadas y la pintura que brilla durante el día", "me encanta ver las puertas corredizas del supermercado cuando se deslizan de un lado a otro". Equipada con intensas habilidades de visualización, y simpatía por los animales, la Dra. Grandin creció para adquirir su doctorado en zootecnia. Hoy en día, se especializa en el diseñar instalaciones para manejar a los animales de una manera más humana.

El hecho de que la mayoría de personas con autismo tienen algún grado de TPS es un hecho reconocido. Es crucial entender como los problemas sensoriales y motrices complican la vida diaria de un niño para diseñar un programa de intervención apropiado. Los padres deben de asegurarse de que el programa de tratamiento del niño incluya amplia variedad de experiencias sensoriales y un estilo de vida sensorial. (Vea el Capítulo Nueve).

En los siguientes ejemplos, unos hermanos con autismo reciben ayuda en casa al estar recibiendo un estilo de vida sensorial "adecuada" proporcionada por los abuelos. César tiene autismo a Nivel 1, no tiene discapacidad intelectual, y necesita algo de ayuda. Felipe tiene autismo Nivel 3, una discapacidad intelectual, y necesita de apoyo considerable.

Cómo as Estrategias Sensoriales Ayudan a Dos Niños que Padecen TPS

César: TEA, L1, sin ID	Felipe: TEA, L3, con ID
César (10) y su hermano gemelo Felipe vuelven a casa después de la escuela. César tiene TEA leve. Se quita la mochila, con cuidado la cuelga en un gancho, abraza a su abuelo y se dirige a la cocina. La abuela nota que César se ve triste y que ha estado masticando el cuello de su camisa, como siempre. Ella le da un abrazo largo, profundo y lo mece de un lado a otro. La presión profunda y el movimiento lateral son tranquilizantes, y él se relaja entre sus brazos. Ella dice "hice churros". Saben mejor que las camisetas". César se monta en un balón terapéutico y brinca mientras se come un churro. Él eventualmente dice, "Se enojó el maestro en la clase de matemáticas. ¿En qué estabas pensando?" "En baterías", dice. La abuela le ofrece otro churro. "Dime de las baterías". Él le explica su nueva idea de usar energía solar para recargar las baterías. Ella escucha y asiente con la cabeza. Se siente aliviado y querido. Él ve su cara sonriente y dice, "Me gustaría que tu fueras mi maestra".	Felipe, 10 tiene un TEA severo y discapacidad intelectual. El abuelo saluda a sus nietos en la puerta. Le da un abrazo a César y le ayuda a Felipe a quitarse la mochila. El abuelo la cuelga en un gancho y rápidamente guía al niño al baño. (Felipe evita los servicios de la escuela porque hay mucho ruido, huelen mal, y nada como la casa). Cuando acaba, Felipe hace un sonido como de ¡"Pa"! y el abuelo se pone a enseñarlo. El abuelo señala las fotografías que están en la pared y dice, "Bajarle al baño, subirse el cierre de los pantalones. Lavarse las manos". Luego se van a la cocina. La abuela le da un gran abrazo a Felipe, estabiliza su balón terapéutico mientras él se sube, y le ofrece un rosquete sin gluten y sin nada. (A Felipe no le gustan los churros por que los bordes confunden a su lengua). Mientras Felipe se come el rosquete, el abuelo se para atrás de él para mantenerlo en la pelota y presionarlo hacia abajo, abajo, abajo en sus hombros para que siga rebotando. Felipe se sonríe y da gritos de felicidad. Su familia lo ayuda a estar sincronizado.

Otros Problemas de Salud Mental

Muchos trastornos de salud mental se pueden observar durante la niñez. Abordarlos todos va más allá del alcance de este libro. Más sin embargo, los desafíos del proceso sensorial e integración sin duda pueden superponer con, y agregar a los problemas psicológicos. Claro que conforme el niño va madurando puede desarrollar problemas psicológicos serios si el TPS subyacente no se reconoce o se enfrenta desde el principio. La incapacidad de hacerle frente a los retos emocionales, físicos y sociales con frecuencia se presenta a la edad de tres o cuatro años si es que la intervención de integración sensorial todavía no ha empezado.

Distinguir el TPS de los desórdenes emocionales y mentales es tan importante como distinguirlo del TDAH, porque los tratamientos varían considerablemente. Lamentablemente, los síntomas del TPS con frecuencia son mal interpretados como problemas psicológicos, y al igual que los diagnósticos equivocados, el tratamiento equivocado no va a resolver los problemas principales que realmente le están afectando.

Un ejemplo es el Trastorno Obsesivo-Compulsivo (TOC). Digamos que un niño se lava las manos varias veces al día. Lavarse las manos una y otra es un síntoma común del TOC. Pero, ¿Es posible que el niño vaya frecuentemente a lavarse las manos para aliviar las sensaciones táctiles por la hipersensibilidad en la palma de sus manos?

Otro problema parecido es el Trastorno Bipolar. Un niño con esta discapacidad psicológica manifiesta diversos síntomas que un niño con TPS puede tener: depresión o tristeza, dificultad para quedarse dormido, conducta riesgosa, sensibilidad extrema a los estímulos sensoriales, dificultad para participar en los juegos, estar renuente a participar en nuevas tareas, inquietud, y otras cuestiones. ¿Podría ser que el problema es una condición maníaco depresivo? - ¿Podría ser TPS?- o ¿Ambos?

Mutismo Selectivo

El Mutismo Selectivo (MS) es un trastorno de ansiedad durante la niñez. Se caracteriza por la incapacidad del niño para hablar y comunicarse oportunamente en entornos sociales selectivamente (no en todos), como en la escuela o la casa de un amigo, donde se espera que responda a preguntas y tenga conversaciones. Un niño con Mutismo Selectivo puede hablar normalmente en entornos donde se siente seguro y relajado, como en casa.

Aparte de esta ansiedad social que es debilitante, los niños con MS a menudo tienen TPS. Se pueden retirar de ciertas sensaciones y buscar otras, como columpiarse en el área de juegos.

Los expertos especulan que los problemas de procesamiento sensorial son en parte responsables de activar una ansiedad severa que causa que unos niños se retraigan y se vuelvan mudos. El tratamiento de las necesidades sensoriales es una manera excelente de ayudarles a "sacar las palabras".

Síndromes Genéticos

Un sinnúmero de otros trastornos y de síndromes genéticos se caracterizan por problemas sensoriales.

El Síndrome de Down es un trastorno congénito causado por un cromosoma extra. Esta condición altera el desarrollo típico del cerebro y el cuerpo, causa discapacidad intelectual y afecta el proceso sensorial del niño. Los problemas comunes son, entre otras cosas, bajo tono muscular, dificultades en las destrezas motoras finas y gruesas las cuales afectan el movimiento y la coordinación, jugar, auto-cuidado, leguaje y alimentación.

El Síndrome X Frágil, un trastorno congénito, es causado por la mutación en un gene que constituye el cromosoma X. Hay más niños afectados que niñas. Los problemas de procesamiento sensorial pueden incluir hipo-responsividad o hiper-responsividad a sensaciones como el tacto, movimiento y los sonidos; dificultades motoras con base sensorial que afectan la conciencia corporal, la planificación y coordinación motora; los problemas para mantener la atención y regular el nivel de alerta.

El Síndrome de Alcoholismo Fetal (SAF) o Efectos del Alcohol en Fetos (EAF) es una discapacidad no genética: no es hereditaria y es prevenible. Afecta a los bebés cuyas madres ingieren alcohol durante el embarazo. El niño puede ser pequeño y tener anormalidades físicas en la cara, huesos y órganos. Puede tener dificultad para adquirir información sensorial, procesarla y tener respuestas adaptativas, particularmente en situaciones sociales. Puede alejarse o evitar sonidos y ser tocado y al mismo tiempo buscar movimiento. Los problemas sensoriales pueden llevar a tener retraso en el habla y el lenguaje, inestabilidad emocional, hiperactividad y discapacidad de aprendizaje.

Los síndromes que coexisten con el TPS—que con frecuencia son diagnosticados erróneamente—incluyen Angelman, CHARGE, Dandy-Walker, Ehlers-Danlos, Prader-Willi, Russell-Silver, Smith-Lemli-Opitz, Williams, y X e Y con variaciones cromosómicas. Para los niños con estos síndromes, la terapia ocupacional que utiliza un marco de trabajo de integración sensorial puede mejorar las aptitudes motrices, sociales y del lenguaje.

Otras terapias, incluyendo la terapia física y la terapia del habla/ lenguaje, también pueden ayudar, particularmente cuando incluyen integración sensorial.

Alergias

El TPS frecuentemente coexiste con las alergias. El niño puede padecer reacciones alérgicas al polvo, polen, moho, césped, pieles, y claro, a los alimentos. La caseína en los productos lácteos y el gluten en el trigo son los grandes culpables. Además, los químicos en los alimentos, medicinas y el aire que inhalamos pueden ser tóxicos para un niño con un sistema sensible. Estos alergógenos pueden dañar el desarrollo del sistema nervioso y ocasionar problemas de aprendizaje y conducta.

En sus libros clásicos Doris Rapp, MD, habla de los síntomas predominantes de las alergias, incluye el frote de nariz alérgico ("saludo alérgico")...círculos rojos debajo de los ojos ("ojeras alérgicas")...irritabilidad, depresión, agresión...y falta de reacción o exceso de la misma/ hiper respuesta a la estimulación sensorial, particularmente al sonido y al tacto.

El medicamento no es el antídoto. La solución para muchos niños es identificar y eliminar los alimentos irritantes, como la leche o el trigo, y los irritantes del medio ambiente, como los animales de peluche y el moho. Inténtelo—y vera como muchos síntomas asociados con las alergias y el trastorno de procesamiento sensorial se limpian radicalmente y sin efectos secundarios.

POSIBLES CAUSAS DEL TPS

Los problemas que mencionamos anteriormente pueden coexistir con el TPS pero no lo causan. La causa puede ser uno de estos factores:

1) Una predisposición genética o hereditaria, con frecuencia si el padre del niño, hermanos/hermanas, o un pariente cercano tiene algo del TPS.

2) Circunstancias prenatales, incluyendo:

   – Químicos, medicamentos o toxinas como envenenamiento por plomo que el feto absorbe.

   – La madre que fuma o el abuso de drogas y alcohol.

   – Estrés de la madre durante el embarazo

   – Complicaciones del embarazo no prevenibles, como un virus, enfermedad crónica, estrés emocional excesivo o un problema con la placenta.

   – Nacimientos múltiples (ejem: gemelos o trillizos).

3) Bebes prematuros o con bajo peso al nacer.

4) Traumatismo al nacer, tal vez por una cesárea de emergencia, falta de oxígeno, o una cirugía inmediatamente después del nacimiento.

5) Circunstancias postnatales, incluyendo:

   – Contaminantes del medio ambiente.

   – Oportunidades limitadas para moverse, jugar e interactuar con los demás.

   – Hospitalizaciones por un período largo de tiempo.

   – Estrés en los primeros años de vida (ELS por sus siglas en inglés) como la privación de cuidados en casa o en una institución como un orfanato mal organizado; pobreza; falta de comida; y otras formas de negligencia social/emocional que resultan en una estimulación insuficiente para tener un desarrollo neurológico temprano.

   – Experiencias adversas en la niñez (ACEs por sus siglas en inglés) tales como abuso sexual, guerra, y otras amenazas físicas que causan estimulación excesiva

6) Razones desconocidas.

Investigaciones muy emocionantes están contestando muchas de las preguntas sobre el trastorno. Las exploraciones que hizo la Dra. Ayres hace décadas, sentaron la base para las investigaciones actuales, como estudios sofisticados de imágenes cuantitativas o de la funcionalidad del cerebro que demuestran las diferencias anatómicas en los cerebros de niños no sincronizados. A medida de que los investigadores hagan distinciones más claras entre aquellos que tienen problemas sensoriales, tendremos mayor conocimiento de las raíces del TPS que nos llevará intervenciones más efectivas.

¿Quién Tiene
Transtorno de Procesamiento Sensorial?

En la curva normal de distribución de personas, algunos tienen un sistema neurológico pobremente integrado, algunos lo tienen excelente, y el resto de nosotros caeríamos en algún punto en medio de estos dos anteriores.

Piense en las personas agraciadas y populares, como las bailarinas, atletas, políticos carismáticos y niños encantadores. Estas personas pueden estar bendecidas con un procesamiento sensorial extremadamente eficiente.

Ahora, piense en las personas que usted conoce que tienen problemas funcionando en ciertos aspectos de su vida. Pueden ser torpes, tener pocos amigos, o no mostrar sentido común ni autocontrol. Quizás tienen TPS.

El TPS es un continuo. El niño con un TPS moderado está levemente impedido. La manera en que él procesa la información sensorial se puede considerar una "diferencia". Por ejemplo, puede preferir comida más blanda y actividades más silenciosas, o comida más picosa y más peleas que otros niños. Puede encontrar modos de compensar esto—pero su problema de TPS frecuentemente pasa desapercibido. Probablemente funcione mejor en casa y en la escuela con el apoyo de su familia, maestros, y quizá de otros profesionales.

El niño con TPS moderado muestra más síntomas y quizá necesite de un apoyo considerable.

El niño con TPS severo muestra varios síntomas. Las ocupaciones ordinarias de la niñez—despertar, comer, vestirse, jugar, ir a la escuela, platicar, bañarse, dormirse—pueden verse seriamente afectadas y no dar buen resultado. Su procesamiento sensorial desincronizado no es simplemente una "diferencia"; se ha convertido en un trastorno, y el niño puede necesitar bastante apoyo.

Rondalyn V. Whitney, PhD, FAOTA, explica que los problemas de procesamiento sensorial pueden ser parte de un grupo de síntomas que pueden resultar en dificultades para leer, patear un balón, o abrocharse los zapatos. Si existen varios desafíos sensoriales, estos se pueden ir acumulando hasta cumplir con una lista de criterios que nos hace determinar la existencia de un trastorno más complejo. Piense en el resfriado: si tan sólo tiene la garganta irritada no es un resfriado. Agregue escalofríos, fiebre, dolores musculares, y otros síntomas, conforme se van agregando, cumplen con un diagnóstico más obvio de que se trata de un resfriado. Cuando los padres y los profesionales tienen claro cuáles son los problemas, esto les ayuda a determinar qué tratamiento es mejor.

Sabemos que el TPS intensifica los problemas más graves de los niños que padecen trastornos, síndromes y las condiciones del medio ambiente mencionados anteriormente. Para todos estos niños, la remediación de sus problemas sensoriales a través de la terapia ocupacional tiene por lo general un efecto positivo.

También sabemos que algunos niños "normales", a los que no se considera que tienen un problema que se pueda diagnosticar, tienen TPS. La intervención también ayuda a estos niños, quienes son el objetivo principal de este libro.

¿Qué porcentaje de los niños "normales" son desafiados por un procesamiento sensorial ineficiente? Las estadísticas son un tanto engañosas y dependen de los criterios que se hayan utilizados. En 1979, la Dra. Ayres calculó que del 5% al 10% de los niños tienen problemas de procesamiento sensorial lo suficientemente importantes como para justificar una intervención. En el 2004, un estudio determinó que la prevalencia del TPS proporcionó un cálculo conservador similar (Ahn, Miller, et al.). En el 2009, un estudio de niños entre los 7 y 11 años, 16% (uno en seis) demostró que tenían síntomas como hiper-responsividad (Ben-Sasson, et al.). Basado en mis observaciones anecdóticas como maestra, estoy de acuerdo con el porcentaje más alto.

Los terapeutas ocupacionales comúnmente notan que aproximadamente el 80% de estos niños son varones, pero esta estadística puede discutirse. Muchos profesionales creen que las niñas tienen la misma probabilidad que los niños de padecer desórdenes neurológicos, incluyendo TPS, TDAH y discapacidad de aprendizaje. Más sin embargo, las niñas con frecuencia no manifiestan los mismos problemas de conducta que llamen la atención, de esta manera, suelen pasar desapercibidas - y se quedan sin la oportunidad de recibir ayuda.

¿Deberíamos estar alarmados por el aumento en el número de niños identificados con TPS? ¿Estamos de manera indiscriminada poniéndoles etiquetas a los niños? "¿Estamos solo buscando algo malo?"

¡No, no, no!

De hecho, identificar a niños con TPS es un paso positivo. Conforme vamos aprendiendo más acerca de los mecanismos del cerebro humano, estamos entendiendo finalmente por qué algunos niños están fuera de sincronía. Y ahora—¡podemos hacer algo para ayudar!

Acaso ¿No Todos Presentamos Algunos Problemas de Procesamiento Sensorial?

De vez en cuando todos exhibimos problemas para procesar sensaciones. Mucha o poca estimulación sensorial confunde al cerebro y puede ocasionar incomodidad temporalmente. La enfermedad, la fatiga y el estrés también pueden interferir para un buen funcionamiento.

Por ejemplo, asistir a una fiesta muy concurrida puede ser abrumador. Viajar en un avión cuando hay turbulencia puede sobrecargar su cerebro con sensaciones de movimientos rápidos. Pasar mucho tiempo en cama por la gripe puede impedir que usted reciba suficientes experiencias de movimiento y se sienta débil. Caminar de una habitación bien iluminada a un closet oscuro puede privar a sus ojos de luz y por consiguiente a su cerebro de sensaciones visuales.

Es muy desagradable no estar en control de uno mismo, sin embargo, es normal tener una experiencia esporádica de desorganización. Es cuando el cerebro se encuentra tan desorganizado que una persona tiene dificultades funcionando en la vida cotidiana, que esta es diagnosticada con Trastorno de Procesamiento Sensorial.

EJEMPLO DEL CUESTIONARIO

DE HISTORIAL SENSORIOMOTOR

Abajo se encuentra una muestra de un cuestionario similar al que los padres o maestros llenan cuando un terapeuta ocupacional comienza a evaluar al niño. El cuestionario ayuda al terapeuta a enterarse del historial sensomotriz del niño. Después de analizarlo, el terapeuta determina si el niño necesita tratamiento, y de ser así, lo usa para diseñar un programa individualizado o un estilo de vida sensorial (ver el Capítulo Nueve).

Este cuestionario fue diseñado por Sharon A. Cermak, EdD, y Alice S. Carter, PhD, en Sargent College, de la Universidad de Boston, en los años 90. Hoy en día se aplica a todos los niños, aunque su propósito original era determinar las características del procesamiento sensorial de los niños que habían sido adoptados en los países del Este de Europa. El cuestionario está basado en el trabajo de Winnie Dunn, PhD, y los terapeutas de Occupational Therapy Associates- El Centro Koomar, Watertown, PC, y se ha resumido aquí con su debido permiso.

Tómese su tiempo para estudiar las preguntas. Esto le ayudará a comprender cómo el procesamiento sensorial afecta en general el desarrollo de su hijo. Algunas preguntas tienen que ver con cómo su hijo reacciona a las sensaciones, esto incluye tocar, movimiento, visión, audición, gusto y olfato. Otras preguntas tienen que ver con la auto regulación y la conducta del niño, incluyendo el nivel de actividad, alimentación, organización, atención, dormir y las aptitudes socioemocionales, las cuales están fuertemente influenciadas por el procesamiento sensorial.

Antes de tomar el lápiz, puede ser que usted quiera hacer unas cuantas copias del cuestionario para compartirlo con el maestro, la persona que lo cuida, o el abuelo(a) del niño. (La mayoría de las preguntas se pueden aplicar a niños en edad preescolar y primaria). Muchas selecciones bajo la columna "Con Frecuencia" sugieren que el TPS afecta a su niño y un diagnóstico profesional procede.

CUESTIONARIO DEL HISTORIAL SENSORIOMOTOR PARA PADRES DE NIÑOS PEQUEÑOS

Preparado por Sharon Cermak, EdD, OTR, et al.

SENTIDOS

I. TACTO: Su ¿hijo…	*Con Frecuencia*	*Algunas Veces*	*Raramente*
1. ¿Evita o no le gusta ensuciarse las manos?			
2. ¿Se disgusta cuando le lavan la cara?			
3. ¿Se disgusta cuando le peinan el cabello o cuando le cortan las uñas?			
4. ¿Prefiere ropa de manga larga o chaquetas, incluso cuando hace calor?			
5. ¿Evita vestirse con ropa hecha de ciertas telas?			
6. ¿Tiene problemas para cambiar de ropa cuando cambian las estaciones del año?			
7. ¿Evita andar descalzo, particularmente en la arena o el grama?			
8. ¿Se irrita con las etiquetas en la ropa?			
9. ¿Se queja si no tiene puestos los calcetines correctamente?			
10. ¿Se queja si hay bultos en las sabanas de la cama?			
11. ¿Parece que busca ser cargado, sostenido en brazos o arrullado o acurrucarlo en brazos?			
12. ¿Expresa incomodidad cuando lo tocan otras personas de manera amigable?			
13. ¿Prefiere tocar a otros en vez de que estos le toquen a él?			
14. ¿Tiende a toparse o empujar a otros?			
15. ¿Parece ser tener muchas cosquillas?			

I. TACTO: Su ¿hijo...	Con Frecuencia	Algunas Veces	Raramente
16. ¿Es demasiado sensible al dolor, y se molesta por pequeñas cortadas?			
17. ¿Muestra una necesidad peculiar de tocar ciertastexturas, superficies, o juguetes?			
18. ¿Con frecuencia chupa los objetos o la ropa?			
19. ¿Tiene dificultad para calcular cuanta fuerza debe aplicar, por ejemplo: acaricia a los animales con mucha fuerza?			

II. MOVIMIENTO: ¿Su hijo...	Con Frecuencia	Algunas Veces	Raramente
1. ¿Se pone ansioso o angustiado cuando sus pies no están tocando el piso?			
2. ¿Evita treparse o brincar?			
3. ¿Parece estar renuente a participar en los deportes y juegos que requieran el uso de habilidades motrices?			
4. ¿Parece tener miedo de atrapar las pelotas?			
5. ¿Muestra temor a caerse o a las alturas?			
6. ¿No le gustan las escaleras eléctricas o los ascensores?			
7. ¿No le gusta andar en automóvil?			
8. ¿No le gustan las actividades donde la cabeza se encuentra boca abajo (como cuando le están lavando el cabello) o cuando lo levantan (como en un voltereta)?			
9. ¿Le encanta que lo volteen y terminar boca abajo o que lo alcen?			
10. ¿Busca todo tipo de actividades con movimiento?			

II. MOVIMIENTO: ¿Su hijo…	Con Frecuencia	Algunas Véces	Raramente
11. ¿Disfruta pasearse en los carruseles y los juegos rápidos?			
12. ¿Brinca con frecuencia y por largos periodos de tiempo sobre las camas u otras superficies que rebotan?			
13. ¿Le gusta darse vueltas él/ella solo/sola?			
14. ¿Mece su cuerpo o cabeza?			
15. ¿Golpea su cabeza contra algo intencionalmente?			
16. ¿Se tira al piso, contra la pared, o contra otras personas para divertirse?			
17. ¿Toma riesgos poco usuales cuando está jugando?			

III. VISION: Su hijo…	Con Frecuencia	Algunas Véces	Raramente
1. ¿Se distrae fácilmente con la estimulación visual?			
2. ¿Expresa incomodidad con las luces brillantes?			
3. ¿Evita o tiene dificultad con el contacto visual directo?			
4. ¿Le es difícil escoger un sólo objeto de entre muchos, como encontrar un juguete específico en la caja de los juguetes?			

IV. AUDICIÓN: ¿Su hijo...	Con Frecuencia	Algunas Véces	Raramente
1. ¿Se distrae o tiene problemas cuando está rodeado de mucho ruido?			
2. ¿Responde de forma negativa a ruidos inesperados o fuertes?			
3. ¿Le gusta hacer ruidos fuertes?			

V. GUSTO Y OLFATO: ¿Su hijo...	Con Frecuencia	Algunas Véces	Raramente
1. ¿Explora objetos oliéndolos?			
2. ¿Parece estar molesto con aromas que otras personas no notan?			
3. ¿Mastica o lame objetos no comestibles?			

APTITUDES RELACIONADAS CON LO SENSORIAL

I. NIVEL DE ACTIVIDAD: ¿Su hijo...	Con Frecuencia	Algunas Véces	Raramente
1. ¿Tiende a ser especialmente activo y siempre está en movimiento?			
2. ¿Suele estar excesivamente inquieto en una silla cuando está comiendo o trabajando?			
3. ¿Suele no ser cuidadoso y es impulsivo?			
4. ¿Parece ser agresivo cuando está jugando?			

II. ALIMENTACIÓN: ¿Su hijo...	Con Frecuencia	Algunas Veces	Raramente
1. ¿Necesita ayuda para comer solo o sola?			
2. ¿Tiende a comer de manera descuidada?			
3. ¿Derrama los líquidos con frecuencia?			
4. ¿Babea?			
5. ¿Le cuesta masticar?			
6. ¿Le cuesta tragar?			
7. ¿Tiene dificultades o no le gusta la comida con grumos como sopas espesas?			
8. ¿Se llena o se pone mucha comida en la boca de una sola vez?			

III. ORGANIZACIÓN: ¿Su hijo...	Con Frecuencia	Algunas Veces	Raramente
1. ¿Pierde las cosas con frecuencia, como la tarea o el abrigo?			
2. ¿Se pierde fácilmente?			
3. ¿Se le dificulta tolerar el cambio de planes o las expectativas?			
4. ¿Se le dificulta cambiar de una actividad a otra?			
5. ¿Necesita ayuda extra para empezar una tarea o una actividad?			
6. ¿Se distrae fácilmente al estar trabajando o jugando?			
7. ¿Tiene un período de atención corto?			

IV. SUEÑO: ¿Su hijo...	Con Frecuencia	Algunas Veces	Raramente
1. ¿Tiene patrones de sueño irregulares?			
2. ¿Con frecuencia se despierta durante la noche?			
3. ¿Le cuesta quedarse dormido/conciliar el sueño?			
4. ¿Necesita dormir menos que otros niños?			

V. SOCIAL-EMOCIONAL: ¿Su hijo...	Con Frecuencia	Algunas Veces	Raramente
1. ¿Tiene dificultad para llevarse bien con otros niños de su edad?			
2. ¿Parece ser demasiado sensible a las críticas?			
3. ¿Parece ser demasiado ansioso o miedoso?			
4. ¿Suele ser callado o retraído?			
5. ¿Suele frustrarse fácilmente?			
6. ¿Suele ser inusualmente poco colaborador o necio?			
7. ¿Tiene berrinches o arrebatos de ira?			
8. ¿Parece necesitar más protección para la vida que otros niños?			

LA ESPERANZA ESTÁ A LA MANO

Después de haber visto el cuestionario, ya debe de tener una idea de cómo el TPS puede afectar a su hijo. Si usted (y el maestro) marcaron "con frecuencia" muchas veces en el cuestionario, puedes pensar que tienes un niño con desincronía. Quizá se esté preguntando: ¿Está más allá de mis manos el desarrollo de mi hijo? ¿Se convertirá mi hijo en un adulto desincronizado?

No necesariamente. Su hijo puede desarrollarse como una persona auto-regulada, que funciona adecuadamente si él o ella reciben comprensión, apoyo y una temprana intervención.

La intervención temprana implica un tratamiento diseñado para corregir o prevenir los retrasos o discapacidades de desarrollo de un niño pequeño. El tratamiento para el TPS por lo general viene como terapia ocupacional dentro de un marco de integración sensorial (ver el Capítulo Ocho). El niño puede llegar a ser lo más competente posible física, académica y emocionalmente, al estar recibiendo el tratamiento.

Los niños pequeños responden bien a la intervención temprana porque su sistema nervioso central todavía es flexible o "plástico". La plasticidad se refiere a que el funcionamiento del cerebro de los niños no es fijo; puede cambiar o ser cambiado.

Conforme los niños van creciendo su cerebro de se hace menos maleable y su peculiar reacción a las sensaciones se va estableciendo cada vez más. Más, sin embargo, si su hijo es mayor que un niño de edad prescolar, ¡no pierda la esperanza! Los niños mayores y hasta los adultos también se benefician de la terapia. Nunca es demasiado tarde para obtener ayuda.

Para el niño con disfunción sensorial severa, el tratamiento es esencial. Para el niño con disfunción moderada o hasta leve, el tratamiento puede resultar en una diferencia maravillosa.

¿Cómo Ayuda el Tratamiento?

El tratamiento ayuda al niño a procesar todos sus sentidos para que puedan trabajar en conjunto. Cuando el niño se involucra activamente en actividades significativas que proveen la intensidad, duración, y calidad de sensación que su sistema nervioso desea, su conducta adaptativa mejora. La conducta adaptativa lleva a tener mejor procesamiento sensorial. Como resultado, las percepciones, el aprendizaje, la habilidad y la confianza en sí mismos mejoran. El niño entonces es capaz de planificar, organizar y llevar a cabo lo que necesita y quiere hacer. Sin tratamiento, el TPS puede obstaculizar su vida de muchas maneras.

El tratamiento le ayuda al niño en este momento cuando necesita apoyo para funcionar sin dificultades. El Tratamiento en este momento edad le ayuda a construir una base fuerte para el futuro, cuando la vida se vuelve más exigente y compleja. Sin tratamiento, el TPS persiste como un problema de por vida. De hecho, el niño no saldrá del Trastorno del Procesamiento Sensorial, más bien será absorbido por el mismo.

El Tratamiento le ayuda al niño desarrollar habilidades para interactuar con éxito en situaciones sociales. El niño que está fuera de sincronía con frecuencia carece de habilidades para jugar—y jugar es la ocupación principal de cada niño. Sin tratamiento, el TPS interfiere con las amistades del niño.

El tratamiento le da al niño las herramientas para ser un estudiante más eficiente. Sin tratamiento, el TPS interfiere con la habilidad del niño para aprender en la casa, la escuela o en el exterior.

El tratamiento mejora el bienestar emocional del niño. Sin tratamiento, el niño que cree ser incompetente puede convertirse en un adulto con baja autoestima.

El tratamiento mejora las relaciones familiares. Conforme el niño va respondiendo a los retos sensoriales con un auto-control que va en aumento, la vida en el hogar se hace más placentera. Con apoyo profesional, los padres aprenden a proveer disciplina constante y a disfrutar de su hijo. Los suegros se vuelven más empáticos y critican menos, los hermanos están menos resentidos con el niño desincronizado. Sin Tratamiento, el TPS interfiere en las relaciones de toda la familia y en su habilidad para enfrentar las situaciones de la vida diaria.

Juanito es el ejemplo de un niño que se benefició grandemente de la intervención temprana. Como preescolar, el TPS afectaba su habilidad para moverse, jugar, aprender y relacionarse con otros. Afectaba su postura y su balance, su audición y visión, su preferencia en las comidas y patrones del sueño. Era miedoso, enojón, inflexible y solitario.

Los pies de Juanito siempre permanecían en el piso porque el movimiento lo hacía sentirse incómodo. Se paraba a observar, pero no se unía a sus compañeros de clase en las actividades del patio de recreo. Siempre llevaba un palo, como un amortiguador contra el mundo. Cuando alguien se le acercaba, sacaba el palo y gritaba, "¡Estás despedido!" Su único placer era acurrucarse en una esquina solitaria, viendo un libro.

Juanito fue uno de los primeros niños que fue tamizado para verificar TPS en St. Columba's School. Compartimos nuestras conclusiones con sus padres y sugerimos terapia ocupacional, mencionando que la intervención temprana podría prevenir problemas posteriormente.

Al escucharnos, su padre cruzó los brazos, frunció el ceño, y movió la cabeza con gesto de disgusto. Su madre lloró y dijo. "Todo esto es un mal sueño".

Aunque estaban escépticos, sus padres decidieron tomar nuestro consejo. Llevaron a Juan con un terapeuta ocupacional para niños dos veces por semana. Trabajando en conjunto con el terapeuta y sus maestros, diseñaron un estilo de vida sensorial con actividades en casa y en la escuela para ayudar a Juanito a ser lo más competente posible.

Juanito empezó a participar gradualmente en algunas actividades. No aprendió a disfrutar de los juegos desordenados o de la gritería que se hace al jugar a perseguir a un niño, pero aprendió a pintar en el caballete y a mecerse en el columpio. Dejó de cargar el palo que usaba para defensa propia. Empezó a usar un volumen de voz apropiado en lugar de gritar. Se hizo de un amigo, y luego dos. Estaba convirtiéndose en un verdadero niño.

Hoy en día Juanito es un sueño hecho realidad. Ahora tiene 10 años, juega balompié y baloncesto. Es un Niño Explorador que disfruta acampar y escalar rocas. Lee un libro cada semana, por placer. Todos quieren ser amigos de él, porque es confiable y sensible en todo sentido. Su maestro dice, "Ojalá tuviera otros 20 Juanitos en mi salón de clase".

La historia de Juan es real. Su disfunción que una vez fue severa ahora es leve. Todavía come con cuidado, se siente incómodo en las muchedumbres, evita las escaleras eléctricas, y suele ser perfeccionista. ¡Pero nadie es perfecto!

No todos los niños que están desincronizados van a tener el éxito que tuvo Juan. La mayoría de los niños mejoran, siempre y cuando sus padres tomen medidas.

Aquí ofrecemos algunas sugerencias:

- Obtenga información y compártala con los pedíatras, maestros y demás personas responsables por su cuidado cuando sea apropiado.

- Aunque sea difícil, acepte que el niño no es el hijo perfecto que usted se ha creado mentalmente.; reconozca que está bien y a veces es preferible tener habilidades diferentes.

- Provea al niño un estilo de vida sensorial (Capítulo Nueve).

- Sea paciente, consistente y apóyelo.

- Ayude al niño a tomar control de su cuerpo y su vida.

La trayectoria puede ser larga. Puede ser costosa. Será con certeza frustrante en ocasiones, pero la travesía también será maravillosa y emocionante conforme usted vaya aprendiendo a ayudar a su hijo o hija a tener éxito en la ocupación de ser niño.

La esperanza está a la mano.

Capítulo Dos

Entendiendo el Procesamiento Sensorial—

y Lo Que Puede Salir Mal

Entender la información básica del procesamiento sensorial y el Trastorno del Procesamiento Sensorial es importante. Necesita saber sobre los sentidos, de las etapas de desarrollo del proceso sensorial a través de las cuales un niño pequeño progresa normalmente, y qué pasa cuando el proceso sensorial no va de acuerdo con el plan de la Madre Naturaleza.

Los Sentidos

Nuestros sentidos nos dan la información que necesitamos para funcionar en el mundo. Su primer trabajo es ayudarnos a sobrevivir. Su segundo trabajo, después de garantizarnos que estamos seguros, es ayudarnos a aprender a ser criaturas activas y sociales.

Los sentidos reciben información de estímulos que procede de afuera y adentro de nuestro cuerpo. Cada movimiento que hacemos, cada bocado que damos, cada objeto que tocamos produce sensaciones. Cuando nos involucramos en alguna actividad, usamos varios sentidos al mismo tiempo. La convergencia de sensaciones—especialmente el tacto, posición del cuerpo, movimiento, vista, sonido y olfato—se llama integración intersensorial. Este proceso es clave y nos dice de inmediato qué está pasando, dónde, por qué y cuándo importa, cómo debemos usarlo o responder a ello.

Entre más importante es la actividad, más sentidos usamos. Por eso es que todos usamos nuestros sentidos simultáneamente para dos actividades humanas muy importantes: comer y procrear.

En ocasiones nuestros sentidos nos informan que algo en nuestro ambiente no está bien; sentimos que estamos en peligro y por lo tanto reaccionamos de manera defensiva. Por ejemplo, si sentimos que una tarántula va bajando por nuestro cuello, nos protegemos con una respuesta de pelear-o-salir corriendo. Es natural apartarse cuando hay mucha estimulación o de la estimulación equivocada.

A veces nuestros sentidos nos informan que todo está bien; nos sentimos seguros y satisfechos y buscamos más del mismo estímulo. Por ejemplo, estamos tan complacidos con el sabor de una pasa cubierta de chocolate que nos comemos un puñado.

A veces, cuando nos aburrimos, buscamos más estimulación. Por ejemplo, cuando ya controlamos una habilidad, como patinar sobre hielo en línea recta, intentamos un movimiento más complicado, como hacer la figura de un ocho.

Para hacer bien su trabajo, de manera que respondamos adecuadamente, los sentidos deben trabajar juntos. Un cerebro bien balanceado que es nutrido con varias sensaciones funciona bien y cuando nuestro cerebro trabaja sin problemas, nosotros también.

Tenemos más sentidos de lo que la gente cree. Algunas sensaciones ocurren afuera de nuestro cuerpo, y algunas adentro.

Los Sentidos Externos

Los sistemas sensoriales que reciben mensajes sensoriales de afuera de nuestro cuerpo a veces se les llaman sentidos externos o sentidos ambientales. A la información de estos sentidos se le llama exterocepción, refiriéndose a los cinco sentidos con los cuales estamos más familiarizados.

- El sentido táctil, provee información acerca del tacto, el cual recibimos a través del contacto de la piel (ver Capitulo Tres),

- Los sentidos del olfato y gustativo, proveen información del olor y el sabor, a través del contacto con la nariz y la boca, y

- Los sentidos visual y auditivo, proveen información de lo que vemos y los sonidos que vienen de "afuera" en el medio ambiente, sin realmente tener contacto con nuestros ojos y oídos. (Ver el capítulo seis y siete). A la visión y audición en ocasiones se les llama "sentidos lejanos" porque los mensajes vienen a distancia.

Los Sentidos Externos (del Medio Ambiente)

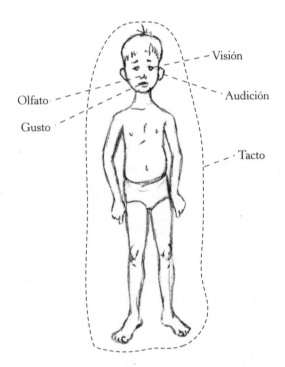

Estamos conscientes de nuestros sentidos externos y tenemos algo de control sobre ellos. Podemos examinar con escrutinio cuidadosamente una fotografía de la clase de tercer grado para escoger la cara de nuestro hijo, o cerrar los ojos para no ver una escena desagradable. Podemos distinguir entre el sonido de un teléfono y el timbre de la puerta, o cubrir nuestros oídos para no oír la disonancia de un violín desafinado. Podemos tocar la letra de un teclado con la punta del dedo, o mantener nuestras manos metidas en los bolsillos. Conforme vamos madurando, nuestros cerebros refinan los sentidos externos para que respondamos de manera satisfactoria al mundo que está a nuestro alrededor.

Los Sentidos Internos

Cuando pensamos en canales sensoriales, lo primero que se nos viene a la mente son los sentidos externos. Los sentidos internos son menos conocidos—a veces se les llama sentidos escondidos, especiales, cercanos, somato sensoriales ("somato" quiere decir "cuerpo" en griego) o sentidos centrados en el cuerpo. Estamos inconscientes de estos sentidos, pero siempre están con nosotros y no podemos apagarlos.

Los Sentidos Internos (Centrados en el Cuerpo)

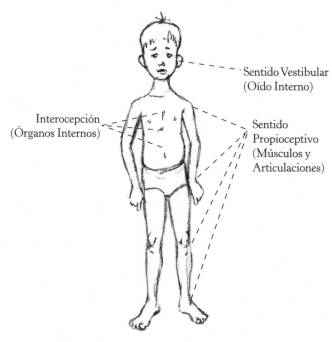

Sentido Vestibular
(Oído Interno)

Interocepción
(Órganos Internos)

Sentido
Propioceptivo
(Músculos y
Articulaciones)

- El sentido interoceptivo, o interocepción, provee información de las sensaciones que provienen de nuestros órganos internos y también del medio ambiente. Con "mente" propia, mantiene a nuestros cuerpo activo y es esencial para sobrevivir. Regula funciones tales como hambre, sed, digestión y evacuación, temperatura del cuerpo, dormir, estado de ánimo, latido del corazón y estado de excitación. Anda en piloto automático hasta que tomamos conciencia de la necesidad de actuar, por ejemplo: comer, beber, orinar, quitarnos el suéter, y así. Además, la interocepción nos pone en alerta con una fuerte "sensación intestinal" cuando algo que nos sucede es muy extraño, aterrador o incorrecto..

- El sentido vestibular, provee información sobre la posición de nuestra cabeza en relación a la superficie de la tierra, el movimiento de nuestro cuerpo en el espacio y el balance. Las sensaciones ocurren a través del oído interno. (ver el Capítulo Cuatro)

- El sentido propioceptivo, o propiocepción, provee información sobre la posición de nuestro cuerpo y el movimiento de las partes de nuestro cuerpo. La información llega al estirar y contraer nuestros músculos. (Ver el Capítulo Cinco)

La Dra. Ayres señaló la importancia de los sentidos táctil, vestibular y propioceptivo que proveen el sentido de uno mismo en el mundo. Siendo fundamentales para funcionar, estos tres sentidos preparan el terreno para el desarrollo saludable del niño. Cuando operan de manera automática y eficiente, el niño puede girar los ojos, oídos, y su atención al mundo externo.

Típicamente, un niño nace con su aparato sensorial intacto, listo para empezar el trabajo de procesar sensorialmente toda su vida.

¿Qué Es el Procesmiento Sensorial?

El procesamiento sensorial es el procedimiento neurológico de organizar la información que nos da nuestro cuerpo y el mundo a nuestro alrededor para usarlo en la vida cotidiana. El proceso sensorial es dinámico, incesante y cíclico. Este ocurre en el sistema nervioso, el cual consiste en 100 billones de neuronas, una médula espinal, y un cerebro. (Ver el Apéndice A.)

Según la Dra. Ayres, "Mas del 80% del sistema nervioso está involucrado en procesar o en organizar el input sensorial, por lo tanto, el cerebro es principalmente una máquina de procesamiento sensorial". Cuando nuestro cerebro procesa sensaciones eficazmente, respondemos automáticamente con respuestas adaptativas que nos ayudan a dominar nuestro medio ambiente. Las respuestas adaptativas son acciones o pensamientos que nos ayudan a lograr nuevos desafíos y a aprender nuevas lecciones. Cuando nos sentimos seguros y no necesitamos poner todo nuestro esfuerzo para mantenernos vivos, podemos usar las sensaciones para continuar con las ocupaciones humanas de todos los días, movernos, aprender, jugar, trabajar y disfrutar de nuestras relaciones con los demás.

El proceso sensorial involucra recepción, detección, integración, modulación, discriminación, respuestas posturales y praxis. Estos procesos son simultáneos. A conceptos básicos, en un análisis extremadamente simple de un proceso extremadamente complejo.

Recepción y Detección

Uno de los procesos es la recepción sensorial. Cada minuto de cada día, millones de sensaciones se reciben en el sistema nervioso periférico (SNP)—el sistema nervioso afuera de la médula espinal y el cerebro, donde los nervios empiezan y terminan. ("Periférico" literalmente significa "llevar o transportar alrededor" ejem., alejado del centro). Las sensaciones de la piel, músculos, oídos, ojos, boca y nariz viajan a través del SNP al SNC. Imagine las sensaciones que llegan diciendo, "¡Aquí estamos!"

En el proceso de detección, el SNC se da cuenta de estos mensajes sensoriales. El cerebro dice, "¡Sensaciones, entren todas!" "¡Puedo verlas (oírlas, tocarlas, olfatearlas, etc.)!"

Integración

La integración es la parte continua del proceso en donde las sensaciones de uno o más sentidos se conectan en el cerebro. "¡Conozcan al grupo!" el cerebro le dice a la variedad de sensaciones. "Tacto, únanse con la Visión. Oídos conéctense con el Movimiento". Entre más sistemas sensoriales estén involucrados, más exacta y multidimensional será la información—y más eficiente será la respuesta adaptativa de la persona.

Modulación

Otro componente del proceso sensorial es la modulación. Este es el término usado para describir la regulación del cerebro al input sensorial. La modulación instantáneamente ajusta y balancea el flujo de información sensorial al SNC. Los sistemas sensoriales necesitan trabajar juntos para mantenernos sincronizados.

Las sensaciones entrantes activan los receptores sensoriales en un proceso que se llama excitabilidad. La excitabilidad promueve las conexiones entre la aportación sensorial y la salida de la conducta. La excitabilidad nos hace estar atentos. "¡Pon atención!" insisten las sensaciones.

La mayor parte del tiempo sí ponemos atención a los mensajes sensoriales importantes. Si movernos rítmicamente en una mecedora es tranquilizante, el cerebro nos indica seguir adelante. Si dar vueltas en círculo nos marea, por lo general el cerebro nos indica dejar de hacerlo.

Las sensaciones que nos avisan si estamos en peligro son muy importantes. Estamos programados para regular nuestra atención a las señales de peligro para que podamos defendernos. Como todas las criaturas, el bebé humano nace con cautela sensorial, la cual necesita para sobrevivir. Cuando estímulos potencialmente dañinos lo tocan de alguna manera, su sistema nervioso dice "¡Ah, oh! ¡Rápido! ¡Haz algo!"

La mayoría de las sensaciones, sin embargo, son irrelevantes. En un proceso que se llama inhibición, nuestro cerebro nos permite filtrar y sacar la información que no es útil y enfocarnos en lo que importa en ese momento. Sin inhibición, seríamos demasiado distraídos porque prestaríamos nuestra máxima atención a cada una de las sensaciones, ya sea que sean útiles o no. Por ejemplo, no es necesario responder a la sensación cuando nos da el aire en la piel o a un cambio de balance cuando damos un paso, por lo tanto aprendemos a ignorar los mensajes. El cerebro dice, "Cálmate. No es para que te alertes. Ni siquiera lo pienses".

Algunos mensajes no son importantes en este momento, aunque inicialmente captan nuestra atención. Después de un rato, cuando nos hemos acostumbrado a los mensajes que ya co-

CÓMO AFECTA LA MODULACIÓN
LA CONDUCTA DE UN NIÑO

Niño con Modulación Típica	Niño con Trastorno de Modulación Sensorial
Durante el receso, Manuela de siete años, juega jacks (matatenas) e ignora lo frío del pavimento porque el juego le interesa. Tiene las manos frías así que no está jugando bien. La primera vez que no recoge todos los jacks se desilusiona. La segunda vez se molesta. La tercera vez está completamente frustrada. Dice "Voy a brincar la cuerda". Luego de brincar unos minutos entra en calor y esto la hace sentirse mejor. Después del receso, Manuela regresa a su salón de clases. Está calmada y atenta hasta la hora del almuerzo.	Bella de siete años juega a los jacks (matantenas). No puede concentrarse porque el pavimento frío la distrae. En sus primeros dos turnos tiene dificultad para recogerlos. Bella intenta otra vez, pero sus manos están muy rígidas. De repente, explota y grita, ¡"Odio los Jacks"! De un brinco se pone de pie. A punta de patadas echa los jacks a la grama y llorando sin control se recuesta en la pared del edificio. Infeliz por el resto de la mañana, no se puede calmar para ir a su clase de lectura y se niega a comer su almuerzo.

nocemos, ocurre la habituación. Este proceso desintoniza o deja de prestar atención a las sensaciones porque ya no son extraordinarias. Al principio sentíamos lo tenso del cinturón de seguridad y lo ácido de una gota de limón—y luego nos acostumbramos.

La habituación no ocurre fácilmente para todos. Un proceso llamado sensibilización puede ser la norma para las personas que padecen de sensibilidad sensorial. Su cerebro interpreta los estímulos como algo importante, desconocido o dañino, aun si los estímulos son poco importantes, conocidos y benignos. Más rápido y por más tiempo que las otras personas, ellos se percatan de las sensaciones y están molestos o distraídos por las mismas. Todo el tiempo el cinturón de seguridad se siente demasiado apretado y la gota de limón sabe muy agria.

Aquí está un ejemplo para ilustrar la modulación: Imagínese encendiendo los quemadores para calentar una cafetera. Primero, gira el marcador demasiado, muy rápido, y el gas (el fuego) está muy alto. Si sigue con el marcador ahí, el agua hervirá rápidamente. Pero si gira el marcador hacia atrás para limitar el gas, este se calmará y calentará el agua a paso moderado. Ha modulado la cantidad y la intensidad del fuego.

Cuando la excitabilidad y la inhibición están balanceadas, podemos hacer suaves o fácilmente transiciones de un estado al otro. Por lo tanto, podemos cambiar de la falta de atención a la atención, del enfadamiento a sonrisas, de la somnolencia a la lucidez mental, y de la relajación a estar disponible para la acción. La modulación determina que tan eficiente nos regulamos a nosotros mismos en cada aspecto de nuestra vida.

La Discriminación Sensorial

Otro aspecto del procesamiento sensorial es la discriminación, la capacidad notar la diferencia entre estímulos sensoriales. La discriminación tiene que ver con las características temporales y espaciales de las sensaciones—o sea, con características del tiempo y espacio.

Digamos que está usted en la playa, jugando al Platillo Volador con su niño. El Platillo Volador vuela por los aires. Con una buena discriminación sensorial, percibe que viene hacia usted, calcula que tan rápido se va acercando y dónde está en el espacio, y corre a paso correcto al lugar correcto para atraparlo. ¡"Ajá"! el cerebro va diciendo conforme procesa toda esa información del Platillo Volador. ¡"Sé que quiere decir esto y como responder"!

La discriminación sensorial nos permite percibir:

- Cualidades de las sensaciones - ¿Qué tan rápido me estoy moviendo? ¿Dónde estoy? ¿Está mi voz fuerte? ¿Están ajustados mis zapatos? ¿Está pesada esta cubeta? ¿Está fría esa nieve?

- Similitudes entre sensaciones - ¿He oído esa canción antes? ¿"Cuatro" rima con "teatro"… o con "cinco"? ¿Está mi brazo derecho estirado tan arriba como mi brazo izquierdo? ¿Se siente este conejo como mi gato?

- Las diferencias entre las sensaciones - ¿Este ruido que oigo es de un "catre" o un "bate"? ¿Ese símbolo es una señal de Alto o una señal de Ceda el Paso? ¿Cuál tren se está moviendo—en el que estoy o el que está en la siguiente vía?

La discriminación sensorial se desarrolla con la madurez neurológica. Conforme va madurando un niño, responde con menos auto protección a cada sensación y se vuelve más discriminativo (que discrimina o distingue) lo que está pasando en su cuerpo y en el medio ambiente. Aprende a usar las sensaciones para tener una conducta organizada. Por ejemplo, cuando la abuelita va entrando por la puerta, el niño corre por un abrazo debido a las sensaciones integradas acerca de lo que ha visto, a quién ha tocado y cómo se ha movido por el espacio, estas le enseñan cómo responder.

Recuerde que: La discriminación debe de tener prioridad por encima de las actitudes defensivas en situaciones cotidianas. Claro que a cualquier edad, una persona puede volver a la actitud defensiva cuando una verdadera amenaza ocurre, esta capacidad se aminora pero no desaparece.

La siguiente tabla nos da una idea general de cómo ocurre este cambio conforme se va desarrollando el niño.

Cómo la Discriminación Sensorial Prioridad Sobre las Defensas Sensoriales Según va Madurando el Niño	
Edad del Niño	*Importancia Creciente de la Discriminación*
BEBÉ: La defensividad tiene más peso	Discriminativo / Defensivo
INFANTE: La defensividad y la discriminación se nivelan	Defensivo — Discriminativo
ALUMNOS DE KINDERGARDEN: La discriminación pesa más	Defensivo / Discriminativo

Habilidades Motrices con Base Sensorial

En un nanosegundo, el SNC recibe, detecta, integra, modula y discrimina los mensajes sensoriales entrantes. El resultado final del procesamiento sensorial es cuando el cerebro manda mensajes que preparan a la persona para hacer algo. Inmediatamente, el cerebro dice, "¡OK, movámonos!" (O, "¡Hagamos algo! ¡No hagamos algo! ¡Pensemos! ¡Pongamos atención! ¡Hablemos, lloremos, o ¡vamos a reírnos!")

De hecho, cuando el mensaje motriz va a los brazos, piernas, ojos y otras partes del cuerpo, prepara al niño para moverse de una manera satisfactoria que lo anima a hacer más y a hacerlo mejor. El output o resultado motriz implica respuestas posturales y praxis.

RESPUESTAS POSTURALES

El procesamiento sensorial eficiente es necesario para un movimiento normal. Equipado con la información sensorial que necesita, el niño tiene buenas respuestas posturales y coordinación bilateral.

Las respuestas posturales amplían el tronco del niño, el cuello y la cabeza hacia arriba, contra la fuerza de gravedad. Su equilibrio y coordinación bilateral le permite experimentar con movimientos y posiciones diferentes. El niño puede colocarse y quedarse en una posición estable. También se puede colocar en una posición inestable, como inclinarse para levantar una pluma del piso, y luego retomar su balance.

Con un tono muscular firme, dobla y endereza sus músculos para estirarse y alcanzar algo. Agarra, da vuelta y suelta objetos tales como cucharas y perillas. Se sube a un columpio y, en las palabras de Dra. Ayres, puede "sujetarse y mantenerse". Disfruta de diferentes tipos de movimientos en los que sostiene su peso, como gatear y hacer lagartijas. Para cambiar de posición sin dificultad, cambia su peso de un pie al otro, o gira las partes de su cuerpo, poniendo con fuerza los brazos alrededor de su torso como una bandera en un poste.

El niño mantiene su balance y posición erguida cuando está parado o sentado. Usa ambos lados de su cuerpo al mismo tiempo para atrapar la pelota, ver a un pájaro volando, y saltar con ambos pies. Usa solamente un lado para patear una pelota y, a la edad de cuatro o cinco años, escribe con la mano que prefiere usar.

Las buenas respuestas posturales contribuyen a que el niño tenga la confianza de que puede controlar su cuerpo y dominar nuevos retos.

PRAXIS

¿Cómo aprendes a correr, saltar, teclear, voltear los panqueques, o utilizar una cámara digital? ¿Cómo llegas a la copa del mundo?

¡Praxis, praxis, praxis!

La praxis (Griego para "hacer, acción, practicar") se basa en parte en un procedimiento sensorial eficiente e inconsciente y parte en el pensamiento consciente. Es un término amplio que denota acción coordinada y voluntaria. (El término "Planeamiento motriz" a menudo se usa como sinónimo de praxis). Praxis es la capacidad de:

1) Idear, o conceptualizar una acción desconocida y complicada que involucra varios pasos,

2) Organizar nuestro cuerpo para llevar a cabo el plan motriz y,

3) Ejecutar, o llevar a cabo el plan, o por lo menos progresar un poco.

La praxis nos permite hacer lo que necesitamos y queremos hacer conforme nuestras ocupaciones diarias. Gracias a la praxis, podemos mecernos en un columpio y poner gasolina, escribir en letra cursiva y alinear una columna de números, moler pimienta y oprimir el botón correcto en un ascensor, chupar las semillas de amapola de nuestros dientes y silbar una canción "conocida".

El niño no nace con praxis. La praxis es una habilidad aprendida. El niño la desarrolla con el tiempo al tocar y explorar objetos y aprende a mover su cuerpo de diferentes maneras. Cada vez que ensaya acciones ordinarias como repartir los pastelitos de cumpleaños, subir el cierre de su chamarra y organizar su mochila, mejoran sus habilidades de planificación.

Dominar una habilidad motriz conlleva a intentar hacer otra con más desafíos. Entre más haga un niño, más puede lograr. Por ejemplo, después de obtener confianza para trepar en un gimnasio, un niño puede usar sus habilidades para subirse a un árbol o colgarse al revés en el pasamanos. Este es un ejemplo de conducta adaptativa.

El Proceso de Input Sensorial, Organización, Rendimiento Motriz y la Retroalimentación Continua

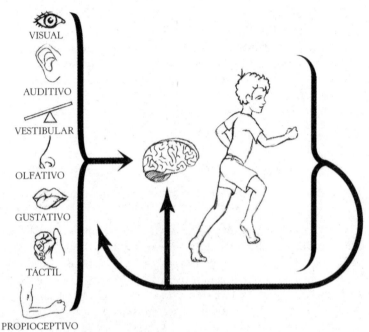

Representación simple de la integración sensorial Adaptado con permiso de Anita C. Bundy y Jane Koomar: "Orquestrando la intervención: El Arte de la Práctica", en Bundy, A. C., Lane, S. J., y Murray, E. A.: Integración Sensorial: Teoría y Práctica, 2ª ed. (2002). Filadelfia: F. A. Davis, p.256.

El Procesamiento Sensorial Trabajando Como Debe Ser

En resumidas cuentas, el procesamiento sensorial implica aportación, organización y output o ejecución. La aportación sensorial es el proceso neurológico de recibir mensajes de los receptores adentro y en la superficie del cuerpo. En el próximo paso, el cerebro organiza las sensaciones. En la parte del output motriz del proceso, el cerebro manda instrucciones al cuerpo para que la persona pueda hacer lo que quiere hacer—correr, jugar, saltar, hablar, comer, dormir y así. Conforme la persona participa en todas estas actividades humanas, el movimiento del cuerpo y el llevar a cabo la actividad, lleva a más input sensorial a través de los receptores sensoriales y más retroalimentación al cerebro. La ilustración en la página anterior muestra este ciclo.

Aquí es como el procesamiento sensorial funciona como debe ser: Suponga que está sentado en el sofá, hojeando el periódico. Usted no pone atención al tapiz que está tocándole la piel, o al carro que pasa allá afuera, o a la posición de sus manos. Estos mensajes sensoriales son irrelevantes, no necesita responder a ellos.

Luego su hijo se sienta a su lado y dice, "Te quiero". Simultáneamente, su sentido de la vista, oído, tacto, movimiento y posición del cuerpo (y quizá también del olfato) son estimulados. Los receptores sensoriales a través de su sistema nervioso periférico asimilan toda esta información y la llevan al sistema nervioso central. La información viaja rápidamente a su cerebro.

Ahora estos mensajes sensoriales son relevantes. Rápidamente, su cerebro los organiza y luego manda mensajes de regreso hacia fuera para que pueda producir una respuesta sensorial motriz.

Su respuesta usando el lenguaje: "yo también te quiero"
Su respuesta con emoción: un torrente de afecto.

Y, debido a que usted sabe dónde se encuentra y dónde está su hijo, sabe cuánto tiempo se lleva para llegar a él. Anticipa cuánta fuerza usará para un abrazo "que lo haga sentirse bien", responde con movimiento. Deja el periódico, se inclina, extiende sus brazos y abraza a su hijo.

Ninguna de las partes del sistema nervioso central trabaja por si sola. Los mensajes tienen que ir de un lado a otro de una de las partes hacia otra. Cuando los mensajes sensoriales entran y los mensajes motrices salen de una manera sincronizada, hacemos lo que necesitamos hacer.

TRES EJEMPLOS DE INPUT, ORGANIZACIÓN Y OUTPUT USADAS EN RESPUESTAS SENSORIAL-MOTRICES SIN INTERRUPCIONES

La Bocina Resonante

INPUT SENSORIAL: Caminando al trabajo, usted va tarareando una canción a través de los audífonos. En una intersección, ve hacia ambos lados, decide que es seguro cruzar, y se baja de la banqueta. Luego escucha una bocina resonando. Su sentido auditivo (del oído) recibe el estímulo del sonido y manda el mensaje a su cerebro.

ORGANIZACIÓN NEUROLÓGICA: Repentinamente, deja de oír la música. Su cerebro tiene un trabajo más urgente: filtrar todos los sonidos que son irrelevantes, analizar el nuevo mensaje, interpretar el sonido como una señal de peligro, y organizar la información para usarla.

OUTPUT MOTRIZ: Su cerebro le dice cómo reaccionar con una respuesta motriz adecuada. Hace lo que tiene que hacer y salta de regreso a la banqueta.

La Ciruela Agria

INPUT SENSORIAL: Ve una ciruela que se ve jugosa, madura y dulce. Le da una mordida y se da cuenta que su expectativa era equivocada; está agria. Su sentido gustativo (sabor) manda el mensaje a su cerebro.

ORGANIZACIÓN NEUROLÓGICA: Su cerebro interpreta: "agrio" como algo dañino y organiza el mensaje sensorial para usarlo.

OUTPUT MOTRIZ: Su cerebro le dice a los músculos de su boca como responder. Escupe el bocado y se dice a sí mismo que necesita revisar más cuidadosamente la próxima vez.

La Silla Inclinada

INPUT SENSORIAL: A la orilla del mar, usted se agacha para sentarse en una silla de aluminio plegable. Las patas traseras de la silla se hunden en la arena. Inesperadamente, usted se va un poco hacia atrás.

ORGANIZACIÓN NEUROLÓGICA: Su cerebro analiza esta pérdida de equilibrio.

OUTPUT MOTRIZ: Su cerebro le da instrucciones de protegerse. Se contraen los músculos centrales, su cabeza se inclina hacia enfrente y sus brazos se agarran del reposabrazos. Retoma su balance antes de caer hacia atrás boca abajo en la arena.

Entre más eficiente sea nuestro cerebro para procesar el input sensorial, más efectivo será nuestro output o respuesta conductual. Entre más efectivo sea nuestro output, más retroalimentación recibiremos para ayudarnos a tomar nueva información sensorial y continuar el procesamiento sensorial que nos mantiene vivos y no tiene fin.

EL TÍPICO DESARROLLO DEL PROCESAMIENTO SENSORIAL DE LOS BEBÉS Y LOS NIÑOS

Lograr ser funcional es un proceso de desarrollo. Evoluciona conforme el niño que va madurando construye el sentido de sí mismo.

La Dra. Ayres usa un diagrama para mostrar los cuatro niveles de desarrollo sensorial. Su concepto puede ser comparado a la construcción de cubos de un niño. Al principio, el niño pequeño empuja los cubos en un sólo nivel. Eventualmente, determina como agregar un segundo nivel al primero. Luego agrega un tercer nivel, y un cuarto.

El procesamiento sensorial se construye de la misma manera. Cada nivel descansa en los cubos que se pusieron antes. Así como el nivel de más arriba de los cubos necesita apoyo, también el niño para las habilidades complejas se apoya en los cimientos de su sentido táctil, vestibular y sentido propioceptivo. (Ver el Apéndice B para un debate de los cuatro niveles).

Para cuando un niño está listo para asistir a preescolar, los bloques del desarrollo para las habilidades complejas deben de estar en su lugar. ¿Qué son estos bloques?

- La habilidad de modular sensaciones del tacto a través de la piel, especialmente las inesperadas, el toque ligero y discriminar entre las propiedades físicas de los objetos al tocarlos (sentido del tacto),

- La habilidad de ajustar su cuerpo a los cambios de la gravedad, y sentirse cómodo al moverse a través del espacio (sentido vestibular),

- La habilidad de estar consciente de las partes del cuerpo (sentido propioceptivo),

Una Variación de "Los Cuatro Niveles de la Integración Sensorial"

de las Dra. Ayres

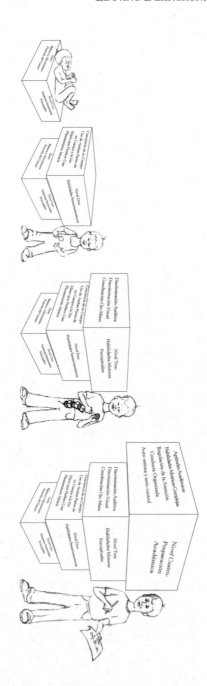

- La habilidad de usar los dos lados del cuerpo de manera cooperativa (coordinación bilateral) y,

- La habilidad de interactuar exitosamente con el entorno físico, planificar, organizar y llevar a cabo una secuencia de acciones desconocidas; para hacer lo que uno necesita y quiere hacer (praxis).

Cada niño tiene apetito para la nutrición sensorial. Su fuerza interna, o auto motivación, lo obliga a participar activamente en experiencias que promueven el proceso sensorial. En la vida diaria, explora el entorno, intenta hacer actividades nuevas y se esfuerza para encontrar retos cada vez más complicados. Dominar cada uno de los desafíos lo hace sentirse exitoso y este triunfo le da la confianza para seguir adelante.

ENTONCES, ¿QUÉ ES EL TRASTORNO DE PROCESAMIENTO SENSORIAL?

El Trastorno de Procesamiento Sensorial es tener dificultad en la forma en que el cerebro capta, organiza y usa la información sensorial, lo cual causa que una persona tenga problemas al interactuar eficazmente en el entorno diario. La estimulación sensorial puede ocasionar dificultades en nuestro movimiento, en las emociones, la atención, o en las respuestas adaptativas. El TPS es un término sombrilla que cubre varios trastornos diferentes que afectan como un niño usa sus sentidos.

Tener TPS no implica un daño cerebral o una enfermedad, sino lo que la Dra. Ayres llamó "indigestión del cerebro", o un "embotellamiento vehicular en el cerebro". Esto es lo que puede pasar:

- El SNC del niño podría no recibir o detectar la información sensorial.

- El cerebro quizá no integre, module, organice y discrimine eficientemente los mensajes sensoriales.

- El cerebro desorganizado puede mandar mensajes inexactos al dar instrucciones para dirigir las acciones del niño. Al estar privado de la retroalimentación exacta que necesita para comportarse de manera con propósito, puede tener problemas para ver y escuchar, poner atención, interactuar con gente y objetos, procesar nueva información, recordar y aprender.

Identificar el tipo específico de TPS de una persona importa muchísimo, en cuanto a decidir el tratamiento más apropiado. (Ver el Capítulo Ocho). Las categorías de Trastorno de la Modulación Sensorial, Trastorno de Discriminación Sensorial y el Trastorno Motor Basado en lo Sensorial mencionados en el Capítulo Uno—son explicadas aquí más ampliamente.

Trastorno de Modulación Sensorial

Un problema común entre los niños con TPS es el Trastorno de Modulación Sensorial (SMD por sus siglas en inglés). Este es un problema de tiempo en el SNC. La inhibición debe de ser programada correctamente para balancear la excitación por estimulación, para que los mensajes sensoriales simultáneos puedan ser sincronizados.

Un niño con una inhibición rápida o intensa (inhibe rápidamente) tiene un umbral bajo para las sensaciones, ya sea que estas sean significativas o sin significado para él, positivas o negativas. Él es la cafetera a la que le subieron mucho el fuego. Las sensaciones "elevan el calor", activando todos sus receptores. Responde a todos ellos, agitado e hirviendo, burbujeando. Necesita ayuda para tranquilizarse.

Un niño con pobre o lenta inhibición tiene un alto umbral para las sensaciones. Él es la cafetera con el fuego prendido muy bajo; no está recibiendo suficiente calor para activarse. Necesita ayuda para calentar su fuego.

¿Qué pasa cuando el sistema nervioso de un niño tiene problemas de modulación? El niño puede ser hiperreactivo, hiporeactivo, o ser un buscador de sensaciones, o una combinación de estos, su forma de responder fluctúa. Todos estos problemas interfieren con la convivencia en su hogar, en la escuela y en la comunidad. Necesita ser guiado para ayudarle a "acercarse a la mesa", ser parte de la familia o del grupo en el salón de clases, y participar en jugar activa y significativamente.

HIPER-RESPONSIVIDAD SENSORIAL:
EL EVITATIVO SENSORIAL—¡"OH, NO"!

El tipo de problema de modulación sensorial que se ve más frecuentemente es la respuesta excesiva a las sensaciones que vienen de uno o varios sistemas. (Los sinónimos de este término son hipersensibilidad, hiper-responsividad, y defensividad sensorial). Hiperrespuesta a los estímulos del tacto y a los sonidos es común y con frecuencia se le denomina "defensividad táctil" y "defensividad auditiva". "La defensiva sensorial" es el término que se usa cuando todos los sentidos están afectados.

El cerebro del niño hiperreactivo no puede inhibir las sensaciones de manera eficiente. Puede estar bastante distraído porque le está poniendo atención a todos los estímulos, aun si esos estímulos no son útiles. Él busca defenderse de la mayoría de las sensaciones cuando está sobre-estimulado y no puede filtrar lo relevante de lo irrelevante. Puede responder como si fueran fastidiosas, molestas o hasta amenazadoras.

La mayor parte de las personas alertan a una experiencia sensorial novedosa—digamos como cuando las tocan ligeramente o si hay una bolita en el puré de papa—y luego se sobreponen, pero este niño no puede dejar ir esa sensación. En vez de responder con un típico "Ah, oh, ¿Qué es eso? Puede responder con, ¡Oh, no! ¡No me hagan esto!" La mayor parte de la gente responde a una situación atemorizante—digamos a una abeja o a gritos de enojo —peleando, huyendo, se queda paralizada o se asusta, y eventualmente se calma, pero este evasor sensorial se va a los extremos.

¿Cómo funciona su respuesta de pelear, huir, paralizarse o asustarse? Si "pelear" es su modus operandi, responde con una vigorosa resistencia u hostilidad. Puede ser negativo o desafiante, arremetiendo contra alguien.

Si su estilo es "escaparse", reacciona con una respuesta aversiva. Una respuesta de carácter aversivo es una sensación de revulsión y repugnancia hacia una sensación, acompañada por un intenso deseo de eludirla o retirarse de eso. El niño puede activamente retraerse de la situación, huyendo de sensaciones al salir corriendo, saltando hacia atrás, escondiéndose debajo de la mesa, subiéndose a los muebles o tratando, aunque batalle, de salir de la situación, desesperado por retirarse de las amenazas que percibe.

O, quizá "huye" al retirarse de manera pasiva, evitando simplemente a las personas y objetos que lo angustian. Nunca se les acerca más bien se retira de ellas. Frecuentemente los adultos piensan que evita jugar a hacer pasteles de lodo y el carrusel porque "no son lo suyo". De hecho, quizá anhele participar en las actividades que sus compañeros de clase disfrutan, pero simplemente no puede.

Si "paralizarse" es su estilo quizá se detenga abruptamente, no pueda moverse, hablar o siquiera respirar.

Si "asustándose" es su modo, entonces el mundo es un lugar aterrador. Todo lo puede hacer es desmoronarse y llorar. O puede ser miedoso y precavido, poniendo una barrera ante la gente y las situaciones que no conoce.

Va a evitar tener sensaciones cuando le sea posible, particularmente las experiencias de tacto y movimiento porque no puede tolerarlas. Puede malinterpretar un toque casual como un golpe que amenaza su vida, sentirá que descenderá a la faz de la tierra si le dan un empujoncito, o estar angustiado por los cambios en la rutina, ruidos fuertes, y lugares concurridos.

Los colapsos son comunes en los niños desincronizados que reaccionan demás o padecen de hiper-responsividad. Pueden ser frecuentes, y suceder varias veces al día. Pueden ser intensos, emocionales y ruidosos. Pueden durar mucho tiempo, quizá horas o todo el día. Quizá su reacción sea "extrema", yendo más, más allá de como responderían otros niños ante la misma situación.

El niño también puede tener dificultad para entender la comunicación no verbal o gestual. Puede reaccionar exageradamente a las señales no verbales y responder con ansiedad u hostilidad. Puede ser extremadamente sensible si alguien está a disgusto, aun si el disgusto no esté dirigido hacia él.

HIPO-RESPONSIVIDAD SENSORIAL:
EL INDIFERENTE SENSORIAL

La falta de reacción o baja respuesta a las sensaciones es otro tipo de SMD (por sus siglas en inglés). (Otros términos son hipo-respuesta, hipo-reactividad e hipo sensibilidad).

El niño reacciona con menor intensidad a las sensaciones que los niños con desarrollo típico. El indiferente sensorial necesita mucha estimulación tan sólo para lograr una excitación común o estar alerta. Responde al mundo con falta de interés.

El niño puede ser uno de dos tipos de indiferentes sensoriales. Puede ser retraído y le es difícil participar. O, puede ser tan talentoso y creativo que no nota los estímulos sensoriales porque está absorto y preocupado con objetivos intelectuales. Es esencial determinar la causa principal del problema subyacente del niño, y se requiere del arte y ciencia del terapeuta para averiguarlo.

El indiferente sensorial puede parecer "estar en la luna" y "no estar". Puede ser pasivo, falto de iniciativa y no puede ponerse en "marcha". Quizá se canse fácilmente y parezca que tiene sueño, y de bebé pudo haber dormido, y dormido y dormido.

El indiferente sensorial también puede comer y comer y comer, quizá no se da cuenta de que está lleno. Una solución para el niño que suele comer continuamente es darle agua, sopa o fruta fresca para llenarlo antes de las comidas y servirle porciones más chicas.

Al niño hiporeactivo se le pueden pasar señales que otros niños captan fácilmente. Puede chocar con los escritorios y con las personas porque no los percibe a tiempo para hacerse a un lado. Puede lastimarse porque no registra "caliente" y "filoso" como sensaciones dolorosas. Quizá mastique objetos que no se comen como los puños de la camisa o juguetes para obtener información sensorial a través de su boca.

El niño puede tener dificultades para entender la comunicación no verbal. Puede malinterpretar las señales no verbales y responder despacio a los mensajes no hablados. Quizá no "lea" las expresiones faciales y el lenguaje corporal de otras personas. Puede no reírse de las tonterías que haga un payaso, quizá no entienda que la maestra está haciendo un gesto de llamando a los niños para que se metan y puede que no responda a la desaprobación de una persona o al gruñido de un animal.

EL BUSCAR DE SENSACIONES:
EL BUSCADOR DE SENSACIONES—"¡MÁS, MÁS!"

El niño buscador de sensaciones ansía más estimulación que los otros niños y nunca parece estar satisfecho. "¡Más, más, más!" él clama. Es adicto a ciertos estímulos. Puede ser el "que toca" y el "que siente", y el "que se topa y el que choca". Su cerebro y su cuerpo le dicen que debe actuar, pero a menudo actúa de una manera desorganizada.

Le gusta eructar y soltar flatulencias, hablar y murmurar. Puede masticarse los dedos, los puños y el cuello de la camisa para tener una aportación extra.

Ansía movimiento y busca experiencias vigorosas, como darse vueltas por largo tiempo en un columpio de llanta. A menudo no se va a sentir mareado. Quizá se coloque en posiciones al revés, con su cabeza colgando del colchón. Es un escalador—en las barras trepadoras del campo de juegos y en el librero, el relieve de la ventana y el techo del automóvil. Otra característica del deseoso sensorial es que puede buscar un tipo de sensación, pero pone poca atención a otras.

Las pantallas de televisión en movimiento le pueden llamar la atención, así como las luces destellantes, ruidos fuertes, multitudes y lugares con mucha acción, tales como juegos de futbol y carreras de autos. Puede oler la comida, a la gente y a los objetos en busca de olores fuertes que serían inaceptables para otros. Puede antojársele el chile picoso, comida china condimentada, pepinillos y el jugo de los mismos, limones y el dulce picante.

A menudo a este niño le gusta tomar riesgos y ser aventurero, y quizá también tenga un pobre control de impulsos. Con razón los demás a menudo lo ven como el niño problema.

COMBINACIÓN SENSORIAL: EL FLUCTUANTE
SENSORIAL—"AMO ESTO, ODIO ESO".

Otro tipo posible de trastorno de modulación sensorial es una combinación de hipo-responsividad e hiper-responsividad, mientras el cerebro del niño se mueve de un estado a otro rápidamente. La respuesta fluctuante interfiere con las respuestas adaptativas del niño. Puede ser demasiado sensible a algunas sensaciones, más sin embargo a otras no les da importancia. Quizá está deseoso por moverse, más sin embargo se siente encoger al jugar desordenadamente. ¡Qué tan común es no en todo de la misma manera!

Este fluctuante sensorial puede buscar experiencias sensoriales intensas—tales como dar vueltas en los juegos del patio—pero quizá no las tolere. O, quizá algunos días busque experiencias intensas y otro día las evada. Sus respuestas irregulares pueden depender de la hora del día, el lugar, lo que comió, cuanto durmió y el tipo de estímulos sensoriales. Su conducta implica que su sistema nervioso está indeciso y dice, "amo esto, odio eso".

Su conducta desconcierta a los adultos que le cuidan. A veces parecerá estar sincronizado, a veces no lo estará. Su período de atención para las cosas que disfruta puede ser excelente hasta que ciertas sensaciones se le atraviesan. Este niño es particularmente un reto para criarlo y educarlo porque es difícil saber cómo y cuándo ayudarlo.

El niño tiene bastante dificultad para funcionar en la vida diaria. No es estable y se molesta con facilidad. Una vez molesto, puede costarle el recuperarse.

Puede estar bien regulado en su casa pero tiene problemas en la escuela, o viceversa. Puede sentirse seguro y en control en un lugar, pero inseguro y fuera de control en otro. La necesidad de sentir que está en control de la gente, los objetos y las experiencias es un asunto importante para el niño que no siente que está en control de sí mismo.

Trastorno de Discriminación Sensorial

EL DESORDENADOR SENSORIAL—¿"EH"?

El niño con trastorno de discriminación sensorial tiene dificultades para diferenciar entre los estímulos. Su SNC procesa de manera poco precisa las sensaciones, por lo tanto no puede usar la información para responder con propósito y de manera adaptativa y funcionar durante todo el día. Calcula de manera equivocada la importancia de los objetos y experiencias. Puede que no "agarre" los mensajes sensoriales que otros usan para protegerse a sí mismos, para aprender acerca de su entorno y para relacionarse bien con los demás.

El niño a menudo tiene dificultad significativa con las tareas visual-espaciales. Quizá no puede calcular en dónde se encuentran los objetos y las personas en el espacio, se le pueden pasar indicadores visuales importantes en la página y en las relaciones sociales. A menudo también tiene problemas de discriminación auditiva. Esto causa que fácilmente se confunda con palabras de sonidos similares o con las instrucciones verbales.

El niño que procesa desordenadamente puede tener una mala percepción de su cuerpo, se cae frecuentemente y se le dificulta detenerse a sí mismo. Usa fuerza inapropiada cuando usa los lápices, manipula los juguetes y al jugar con otros niños. Quiebra los lápices, batalla para encajar los cubos (Legos), y se topa con la gente y las cosas porque no está poniendo atención.

Cuando tiene problemas con el tacto, movimiento y posición corporal, el niño que a menudo procesa desordenadamente, también tiene dispraxia. No es una sorpresa, la praxis requiere un sentido discriminatorio de cómo funciona nuestro cuerpo.

Trastornos Motores con Base Sensorial

Además de los problemas de modulación y discriminación, un niño con TPS puede tener problemas sensoriales que afectan como se mueve.

TRASTORNO POSTURAL:
EL COLAPSADO SENSORIAL—"MUY CANSADO".

El trastorno postural ocasiona que el niño tenga una mala postura. Puede tener una baja tonificación muscular y estar "flojo y flácido". Se encorva cuando está sentado o parado y se desploma sobre el escritorio y la mesa del comedor. Este niño lánguido está siendo sitiado por el "monstruo de la gravedad". La razón puede ser el proceso sensorial ineficiente de las sensaciones vestibulares y propioceptivas respecto a dónde está su cuerpo en el espacio y qué está haciendo.

De acuerdo con la Dra. Ayres, "Los síntomas principales que se manifiestan en niños con este tipo de disfunción... están relacionados con el hecho de que el hombre es un ser bilateral y simétrico". Cuando un niño no ha desarrollado un sentido apropiado de sus "dos lados", el Trastorno Postural puede interferir con el plan de la naturaleza, el cual es mantenerse erguido para entrar en acción, usando ambos lados del cuerpo a la misma vez o por separado según sea necesario.

El niño puede tener problemas con la integración bilateral, el proceso neurológico de conectar las sensaciones de ambos lados del cuerpo. El resultado es una mala coordinación bilateral, la capacidad de usar ambos lados del cuerpo a la vez. Por ejemplo, puede tener dificultad al galopar, saltar o pedalear una bicicleta.

Puede batallar para posicionar su cuerpo y mantener el equilibrio. Ponerse en diferentes posiciones, como arrodillarse o estirarse hasta la punta de los dedos sin caerse también puede ser un reto.

A menudo el niño tendrá un mal control ocular (movimiento de los ojos), afectando así la binocularidad—el uso de ambos ojos juntos como un equipo. Esto obstaculizará la percepción de la profundidad, movimiento corporal, Planeamiento motor y para alcanzar los objetos. Uno de los problemas de cruzar la línea media, por ejemplo, usar el ojo, mano o pie de un lado del cuerpo en el espacio del otro ojo, mano, o pie, puede interferir con su facilidad para pintar un horizonte en el caballete o batear al jugar béisbol.

Mantenerse haciendo lo mismo que sus coetáneos lo cansa. La manera en que sujeta perillas, grifos, juguetes y loncheras es deficiente. Cuando se sienta en el piso, sus piernas están por lo general en posición W, con sus rodillas apuntando hacia enfrente y sus pies posicionados al lado para más estabilidad.

Flexionar y extender sus músculos, cambiar el peso de un pie al otro, girar su cuerpo de lado mientras sus dos pies están bien plantados en el piso, moverse como los animales, y así sucesivamente, son actividades de movimiento que esperamos que nuestros niños disfruten. Para el colapsado sensorial, esto a menudo es muy desalentador.

DISPRAXIA: EL TORPE (FUMBLER) SENSORIAL— "NO PUEDO HACER ESO".

La dispraxia es el segundo tipo de Trastorno Motor Basado en lo Sensorial. Dispraxia se refiere a la interrupción en el procesamiento sensorial y planeamiento motor en los niños que todavía se están desarrollando".

La dispraxia ocasiona que los niños sean torpes e ineficientes en lo que hacen. No pueden organizar su cuerpo para que se mueva. Se estiran para alcanzar la escalera o una lata de soda y fallan— un problema que se llama "sobre impulso motor". La Dra. Ayres dice que "estos niños pueden tener una inteligencia y músculos normales". El problema está en el "puente" entre su intelecto y sus músculos". Por alguna razón, la información exacta acerca del tacto, movimiento y posición del cuerpo no pueden cruzar ese puente del cerebro al cuerpo, así que el niño no lo "entiende" y no puede usarlo. (Varios ejemplos de cómo la disfunción sensorial lleva a la dispraxia están en los próximos capítulos).

Seis Advertencias Importantes

En este libro encontrará varias listas de las características de los niños con TPS. También encontrará varios ejemplos de conducta desincronizada que ilustran las diversas maneras en que el TPS se manifiesta en la casa o escuela. Quizá diga, "¡Eureka! "¡Este quizá sea mi hijo! Por otro lado quizá diga, "Este definitivamente no es mi hijo, porque mi hijo no tiene todos estos síntomas". Tal vez su hijo se encuentre en algún punto intermedio.

Conforme vaya leyendo, recuerde por favor las siguientes advertencias:

1) El niño con TPS no muestra cada una de las características mencionadas en este libro. El TPS no es uno sino varios trastornos, y nadie puede tenerlos todos.

2) El niño con TPS por lo general tiene problemas en más de un sentido, pero sus problemas pueden concentrarse en uno sólo, tales como el sistema táctil. Si es así, no necesariamente va a mostrar cada una de las características en esa categoría.

Por lo tanto, el niño con disfunción vestibular puede tener un mal balance pero un buen tono muscular; el niño con disfunción táctil puede descubrir que un toque leve sea intolerable pero puede comer bien.

3) El niño puede ser hiper-responsivo o hipo-responsivo en un sistema sensorial, o puede ser hiperreactivo a un tipo de sensación e hiporeactivo en otra, o puede responder de diferente manera al mismo estímulo dependiendo de la hora y el contexto, fluctuando de un lado al otro. Ayer después de un largo receso, pudo afrontar bien una alarma contra fuego; hoy, cuando se cancele el receso, puede tener un "meltdown" (una crisis) cuando una puerta haga un sonido de clic al cerrarse. El contexto hace una gran diferencia.

4) Las categorías del TPS no tienen un límite preciso y frecuentemente se entrelazan. La hiper-responsividad y la hipo-responsividad, por ejemplo, a menudo se parecen y se fusionan con la Discriminación Sensorial y Dispraxia.

5) El niño puede exhibir las características de un trastorno sensorial, sin embargo, tener totalmente otro trastorno. Por ejemplo, el niño que por lo general se aparta para que no lo toquen puede verse como que tiene hiper-responsividad táctil pero puede tener un trastorno de ansiedad infantil o quizá haya sido abusado.

6) Todo mundo tiene problemas de procesamiento sensorial de vez en cuando, debido a que todos estamos en el continuo del procesamiento sensorial y nadie está bien regulado todo el tiempo. Todo tipo de estímulo puede interrumpir temporalmente el funcionamiento del cerebro, ya sea por mucha o poca estimulación sensorial.

COMPARACIÓN DEL PROCESO SENSORIAL TÍPICO Y EL TRASTORNO DEL PROCESAMIENTO SENSORIAL

	Proceso Sensorial Típico	*Trastorno del Proceso Sensorial*
Qué:	La capacidad de asimilar la información sensorial de nuestro cuerpo y el medio ambiente para organizar esta información y para utilizarla en nuestra vida diaria.	El ineficiente procesamiento de las sensaciones táctiles, vestibular, y/o propioceptiva. La persona también puede tener dificultades con otros sentidos básicos.
Dónde:	Ocurre en el sistema nervioso central (nervios, médula espinal y cerebro), en un proceso bien balanceado, recíproco.	Ocurre en el sistema nervioso central, donde el flujo entre el input sensorial y el rendimiento motor son interrumpidos.
Por qué:	Para permitirle sobrevivir a la persona, para hacer que el mundo tenga sentido, y para convivir con el medio ambiente de manera significativa.	La conexión de las neuronas en el sistema nervioso central es ineficiente.
Cómo:	Pasa automáticamente conforme la persona va asimilando las sensaciones a través de los receptores sensoriales en la piel, el oído interno, los músculos, y los ojos, oídos, boca y nariz.	Las neuronas sensoriales no mandan mensajes útiles al sistema nervioso central, y/o las neuronas motoras no mandan mensajes útiles al cuerpo para respuestas de conducta adaptativa.
Cuándo:	Comienza en el útero y continúa desarrollándose durante la infancia. La mayor parte de las funciones se establecen ya en la adolescencia.	Ocurre antes, durante, o poco después del nacimiento.

Capítulo Tres

Cómo Saber Si Su Niño

Tiene Problemas con

el Sentido del Tacto

Tres Alumnos del Jardín de Niños

Los alumnos del Jardín de Niños se reúnen en un círculo. En el centro de la alfombra, la Srita. Ortega ha acomodado una variedad de calabazas: tipo bellota, enmantequillada, silvestre, calabaza de Halloween, de verano y calabacín

La mayoría de los niños se sientan en sus alfombras individuales. Sin embargo, Roberto permanece parado en un lado del salón y espera hasta que los demás se sienten. Entonces, cautelosamente recoge su tapete y lo mueve hacia la pared. Saca dos dinosaurios de plástico de sus bolsillos traseros y toma uno en cada mano. Finalmente, se sienta lo más lejos posible de Lina, su vecina más cercana en la alfombra.

Patricio encuentra su pedazo de alfombra, pero en vez de sentarse, aterriza estrellándose y acaba desparramado de cara. Extiende sus brazos y piernas haciendo ruido al tallarlas en la alfombra mientras grita: "¡Miren! ¡Soy un para brisas!"

La Srita. Ortega le dice: "Por favor Patricio, siéntate en tu lugar".

Él se sienta erguido y empieza a forcejear con otro niño hasta que la Srita. Ortega le dice: "Por favor Patricio, controla tus manos".

Eventualmente, empieza la actividad en círculo. La Srita. Ortega pasa cada una de las calabazas alrededor del círculo para que los niños puedan sentirlas, tocarla, apreciarlas.

Patricio aprieta cada una de las calabazas cuando las recibe en sus manos. Gira la calabaza de verano entre sus manos y la frota hacia abajo en sus piernas. Lame la calabaza tipo bellota y muerde el calabacín.

La Srita. Ortega le recuerda: "sólo usa tus manos, no tu boca. Por favor pásale la Calabaza a Lina. Es su turno".

No obstante, Lina no está poniendo atención. Está echando un vistazo a través de la ventana. Cuando Patricio le lanza cada una de las calabazas hacia su regazo, ella sorprendida baja la mirada. Sin examinarlas, se las pasa a Roberto rápidamente.

Pero Roberto se rehúsa a tocar los vegetales. Cuando Lina le ofrece la primera calabaza, él inmediatamente le apunta a la cara con los dinosauros.

Lina retrocede y tira la calabaza. Al darse cuenta de que Roberto no está accesible, pone el resto de las muestras frente a él. Usando sus dinosaurios, Roberto empuja cada una de las calabazas.

La Srita. Ortega pone las calabazas en fila al centro del tapete. Dice: "Ahora, vean las calabazas. ¿Qué me pueden decir acerca de ellas?"

Varios niños voluntariamente ofrecen sus observaciones: "La calabaza es pesada". "El calabacín es suave". "La que está aplanada tiene una orilla rara".

La Srita. Ortega dice: "¡Son buenos observadores! ¿Y tú Lina? ¿Tienes algo que agregar?"

Lina está dudosa. Entonces dice: "veo seis".

"¡Es verdad!" exclama la Srita. Ortega. "¿Algo más?"

"Nada", dice Lina.

La Srita. Ortega se dirige a Roberto y dice: "¿Y tú?"

Él dice: "Esto es aburrido".

"¡Esto no es aburrido!" Patricio berrea. Se lanza por las calabazas, las hace montón, y se rueda arriba de estas. "¡Esto es divertido!".

La Srita. Ortega rescata las calabazas de con Patricio y dice: "Vamos a guardar las calabazas y a cantar una canción. Entonces es hora de jugar a lo que quieran en el salón de clases". Concluye la hora del círculo.

Patrones de Conducta Atípica

Al observador casual, Roberto, Patricio y Lina pueden parecer niños típicos de edad preescolar. Es fácil ver su conducta y decir: "Así son ellos". Pero si vemos más de cerca podemos notar patrones de conducta atípicos.

Tocar y ser tocado angustia a Roberto. Evita estar cerca de otros niños y se defiende a si mismo con los dinosaurios. No le agrada encargarse de su pedazo de alfombra y se reúsa a tocar las calabazas con sus manos.

A Patricio le encanta tocar y ser tocado. Utiliza todo su cuerpo para sentir la alfombra, tumba a otro niño, manosea las calabazas, se las pone en la en la boca y las hace rodar.

El fuerte de Lina no es tener que tocar los objetos para aprender. No percibe si las calabazas son pesadas o livianas, grandes o chicas, burdas o suaves porque les pone poca atención. Su única observación es la cantidad y no su calidad.

Estos niños pueden aparentar ser muy diferentes, pero tienen algo en común: un problema reconocible con el sentido del tacto.

En las siguientes páginas usted aprenderá como el sentido del tacto debe de funcionar. Después vendrá una explicación de los tipos de TPS que afectan a Roberto, Patricio y a Lina.

EL BUEN FUNCIONAMIENTO DEL SENTIDO DEL TACTO

El sistema táctil, o sentido del tacto, juega una parte importante para determinar la conducta física, mental y emocional de los seres humanos. Cada uno de nosotros, desde la infancia necesitamos la estimulación táctil constante para mantenernos organizados y poder seguir funcionando.

Obtenemos información táctil a través de células que reciben información sensorial –llamados receptores- en nuestra piel, desde los pies hasta la cabeza. Las sensaciones táctiles de tacto ligero, presión profunda, estiramiento de la piel, vibración, movimiento, temperatura y dolor activan los receptores del tacto. Estas sensaciones son externas y se presentan por medio de estímulos afuera de nuestro cuerpo.

Siempre estamos tocando activamente o somos tocados pasivamente por algo—otra gente, muebles, ropa, cucharas. Aunque estemos completamente desnudos, nuestros pies tocan el suelo, y el aire toca nuestra piel.

De acuerdo con la Dra. Ayres: "El tacto es uno de los sentidos que está especialmente involucrado en el continuo proceso que contribuye a la percepción de otro tipo de sensaciones. El tacto ha sido uno de los sentidos predominantes a lo largo de la evolución, lo es al nacer y probablemente sigue siendo una de las funciones humanas más importantes en toda nuestra vida, más de lo que generalmente se le reconoce".

Este enorme sistema sensorial nos conecta al mundo y nos vincula al resto de las personas, empieza cuando por primera vez nos acurrucamos en el pecho de nuestra madre piel a piel. Nos da la información esencial para tener consciencia corporal, planificación motora, discriminación visual, lenguaje, aprendizaje académico, seguridad emocional y destrezas sociales.

Dos Componentes: Defensivo ("¡Okay!" o "¡Ah, Oh!") y Discriminativo ("¡Ajá!")

El sentido del tacto está conformado por dos componentes. Primero por el sistema protector (o defensivo). Su propósito es alertarnos de los estímulos que pueden ser potencialmente dañinos—o saludables –. Los receptores táctiles para este sistema de protección están especialmente en el cuero cabelludo, cara y los genitales. Un toque ligero es el estímulo que causa que estos receptores respondan.

A veces un toque ligero es alarmante, como un mosquito parado en nuestra piel. "¡Ah, oh!" nos dice nuestro sistema nervioso. Respondemos negativamente para auto preservarnos. A veces un toque ligero es encantador, como la caricia suave de un enamorado, nuestro sistema nervioso dice: "¡Okay!" Respondamos positivamente, para la ¡preservación de la especie!

Normalmente, la modulación de las sensaciones del tacto mejora conforme vamos interactuando con otras personas y con objetos. Aprendemos a inhibir las sensaciones que no importan y a tolerar el toque insignificante que nos pudo haber irritado en nuestra infancia. Claro, cuando un extraño se acerca mucho, nos retraemos; cuando una pestaña se nos mete al ojo, parpadeamos. Pero, por lo general, ignoramos las sensaciones cuando nos tocan suavemente porque no nos llama la atención de la misma manera que lo haría un dolor profundo o la temperatura extrema.

El segundo componente del sentido del tacto nos enseña a discriminar qué tipo de sensación táctil estamos sintiendo. Sentir la tibieza de la piel de mami, lo áspero de la barba de papi, el sonido crujiente de la grava bajo los pies y lo redondo de una naranja, nos hace obtener percepción consciente, intuición y conocimiento acerca del mundo. ¿Dónde hemos sentido este tacto antes? ¿Qué podría significar? Y ¿Qué debemos de hacer al respecto? Con la capacidad de recordar e interpretar el significado del tacto, gradualmente vamos desarrollando la discriminación táctil.

"¡Ajá!" el sistema nervioso informa, diciéndonos:

• Que estamos tocando algo o que algo nos está tocando,

• En qué parte del cuerpo nos están tocando,

• Si el toque es ligero o profundo, y

• Cómo percibir los atributos del objeto, su tamaño, forma, peso, densidad, temperatura y textura.

Los receptores para la discriminación táctil están en la piel, particularmente en la palma de las manos y en las yemas de los dedos, en las plantas de los pies, en la boca y en la lengua. El tacto profundo, o "tacto con presión", son los estímulos que causan que los receptores respondan.

Al ir usted leyendo, entenderá por qué es necesario tener un impecable funcionamiento del sistema táctil para funcionar normalmente, y cómo un sistema táctil que no está en sincronía es perjudicial.

El Sentido del Tacto Desincronizado

La disfunción táctil, un problema grave, es el procesamiento ineficiente en el sistema nervioso central de las sensaciones percibidas a través de la piel. Todas las categorías del TPS pueden interferir con la manera en que un niño organiza y usa las sensaciones del tacto.

El niño tiene dificultad para tocar y ser tocado por objetos o gente. Durante el día puede tener uno o más problemas con la modulación, discriminación, o las habilidades motoras con base sensorial, dependiendo de que subtipo de TPS tenga. (Vea la gráfica en la página 10).

Trastornos de Modulación Sensorial

REACCIONAR DEMAS AL TACTO O HIPER-RESPONSIVIDAD—"¡OH, NO!"

El niño de hiper-responsividad táctil (defensividad táctil) tiene la tendencia a responder negativa y emocionalmente ante las sensaciones inesperadas al ser tocado ligeramente. El niño responde de esta manera no sólo al tacto en sí, sino también a la anticipación de ser tocado. Al percibir que la mayoría de las sensaciones del tacto son incómodas, atemorizantes, o completamente aterradoras, sobre-reacciona por medio de una respuesta de pelea—huída, temor o quedarse paralizado.

Puede forcejear en sus brazos cuando intente vestirlo o levantarlo. Quizá se retuerza para zafarse de la ropa o del asiento de seguridad del automóvil. Puede patear, tirar trancazos, o gritarle a cualquiera que se acerque mucho a su espacio de confort.

El niño puede escabullirse para no tener contacto con la pintura para dibujar con los dedos, las mascotas y la gente. Puede ser intolerable a que gente desconocida lo toque. O, puede retirarse pasivamente con tan sólo evadir los objetos o las personas que lo estresan. Nunca se les acerca, o simplemente se retira.

Puede tener miedo y empezar a llorar cuando tiene que bañarse. Puede quedarse completamente paralizado sin saber qué hacer cuando se moja los puños en el lavamanos.

Todos los niños necesitan información táctil para aprender acerca del mundo. Entonces, ¿Cómo un niño con defensividad táctil recibe esta información? ¡Tocando!

CÓMO LA HIPER-RESPONSIVIDAD
AFECTA LA CONDUCTA DE SU NIÑO

Un Niño con Modulación Típica	Un Niño con Hiper-responsividad
Alistándose para ir a la escuela, Diego, de tres años, tolera que su papá le cepille el cabello y le lave la cara. No disfruta esta experiencia, pero puede adaptarse y recuperarse inmediatamente. Su sistema neurológico maduro le permite suprimir la respuesta de lucha-huir.	Alistándose para ir a la escuela, Guillermo, de tres años, se estremece cuando su padre intenta cepillarle el cabello y lavarle la cara. Empuja a su papá y llora, "¡Me estás lastimando!" La actitud defensiva todavía regula sus reacciones cuando lo tocan, entonces reacciona infantilmente con una respuesta de tipo lucha-huída. Está disgustado durante todo el desayuno.

Los Padres con frecuencia se desconciertan al darse cuenta de que su niño reacciona demás o tiene hiper-responsividad táctil. Protestan diciendo: "Pero, si con frecuencia pide abrazos y que le soben la espalda. Generalmente lleva algo en sus manos. ¿Cómo pueden decir que tiene problemas con el tacto?"

La respuesta es el tipo de tacto que el niño evita o pide. Por lo general el niño evita lo pasivo, lo inesperado, toques leves, como un beso suave. Un beso es irritante y el niño puede intentar limpiárselo. Aunque el niño evita que lo toquen levemente, acepta y desea un toque profundo, como un abrazo de oso. Un abrazo provee un toque firme y presión profunda, lo cual se siente fabuloso y de hecho ayuda a suprimir la sensibilidad al tacto ligero.

Aun cuando el niño quizá desee un abrazo, podría rechazar al que lo abraza a menos que el que lo abraza esté en su lista de gente "Aceptable". Una persona aceptable es uno de los padres u otro individuo previsible en quien el niño confía. La gente en su lista de "No Aceptables" pueden ser sus compañeros de clase, niñeras, parientes y, para su gran pesar, hasta sus amorosos abuelos, para su pesar.

Este niño necesita más información del tacto en comparación a otros niños con un sentido del tacto bien regulado, quienes lo reciben en la mañana con tal sólo despertarse y durante el día. Puede tocar de manera activa y en repetidas ocasiones aquellas superficies y texturas que le proporcionan experiencias suaves y agradables para recibir la estimulación que su cerebro necesita. Por ejemplo, puede aferrarse a una sabanita o colchita, como Linus en la tira cómica de Snoopy. También puede sostener objetos en sus manos como una vara o un juguete. Se puede poner los juguetes en la boca. Probablemente estos objetos le ayuden a defenderse de las sensaciones de tacto inesperadas que abundan en el medio ambiente.

HIPO-RESPONSIVIDAD TÁCTIL– "JO, JAM"

El niño hiporeactivo táctil tiende a hacer caso omiso al ser tocado, aunque el toque sea suave o doloroso.

En vez de murmurar: "¡Mmm!" cuando su madre lo mece, parece decir: "Jo, Jam. Estos tiernos cuidados no tienen ningún efecto en mí". En vez de llorar: "¡Ouch!" cuando se machuca el dedo del pie, parece decir: "Jo, Jam. Ni cuenta me dí".

CÓMO LA HIPO-RESPONSIVIDAD TÁCTIL AFECTA LA CONDUCTA DEL NIÑO

Un Niño con Modulación Típica	Un Niño Hiporeactivo
Raúl, de seis años, se cae de la bicicleta y se raspa las rodillas. Corre hacia adentro y lagrimeando le dice a su niñera que tuvo un grave accidente. Ella le pone curitas en sus heridas y lo calma. Eventualmente, él deja de llorar, aunque cojea alrededor de la casa y se queja un poquito. En cuanto sus amigos llegan a jugar, se le olvida su incomodidad.	Jorge, de seis años, se cae de su bicicleta. Se raspa ambas rodillas, pero le pone poca atención a sus lesiones. Se vuelve a montar en su bicicleta y continúa. Cuando su niñera le ve las heridas e intenta limpiárselas, la hace a un lado. "No duele", dice él.

A diferencia de quien siempre está alerta ósea, el niño hiperreactivo; el indiferente sensorial puede no responder al tacto lo suficientemente bien como para hacer un buen trabajo de autoprotección. De hecho, puede parecer no estar del todo consciente de que lo tocaron, a menos de que sea de una manera muy intensa.

EL NIÑO EN BUSCDOR DE SENSACIONES—"¡MÁS!"

Todos los niños necesitan sensaciones abundantes para aprender acerca del mundo. El niño buscador de sensaciones, requiere presión más profunda y más contacto con la piel. Puede tocar y sentir todo lo que ve al pasar sus manos sobre los muebles, paredes y al ir agarrando los artículos que otros niños entienden que "no deben agarrar". Aunque no sea apropiado agarrar un objeto, como un traste frágil o una vela caliente, él "tiene que tocar".

CÓMO LA NECESIDA DE BUSQUEDA SENSORIAL AFECTA LA CONDUCTA DEL NIÑO

Un Niño con Modulación Típica	Un Niño Buscador de Sensaciones
La maestra del jardín de niños reúne a sus alumnos alrededor de la mesa que está cubierta con un mantel de plástico. Esparce un montón de espuma para afeitar enfrente de cada niño. Isaac, de cinco años, disfruta pintar con sus dedos en la espuma. La unta y embarra alrededor de su espacio en la mesa y escribe su nombre. Cuando Bernardo empieza a molestarlo, él le grita: "¡Deja de hacerlo!" y se mueve hacia atrás. Se enjuaga las manos y va en busca de un rompecabezas para armarlo alejado de Bernardo.	A Bernardo, de cinco años, le fascina jugar con la espuma de afeitar, es el substituto que la maestra usa para que los niños dibujen con los dedos. Unta la espuma sobre sus manos, brazos, cuello y cara. Empieza a embarrar a Isaac, quien le dice: "¡Deja de hacerlo!", "¡Te vas a meter en problemas!". Bernardo vuelve su atención a la mesa embarrando espuma de afeitar en el espacio de otros niños. Ellos protestan y la maestra se acerca para intervenir. Él podría jugar aquí todo el día, pero su conducta interfiere con todos los demás.

Puede tratar de tocar de manera intensa e impulsiva ciertas superficies y texturas que son incómodas para otros, como frotar sus manos en la corteza áspera del árbol y caminar descalzo sobre tierra. Se llena la boca de comida. Se acerca mucho a otras personas, brincando, manoteando y tocándolas, a pesar de que le dicen que esto no les agrada. Le fascina ensuciarse al estar jugando. Busca y encuentra charcos, lodo, barro, pegamento y pintura. Mientras más sucio, mejor.

El buscador de sensaciones con frecuencia se mete en problemas por su obstinada y persistente exploración táctil. Se revuelca constantemente con materiales sucios que arruinan su ropa, hace tiradero en el salón de clases y rechaza a la gente que se encuentra a su alrededor. Claro, su motivación no es enfurecerlos, sino recibir la estimulación sensorial que su sistema nervioso necesita. Claro que la mayoría de las personas no entienden su conducta. Y, claro que el niño es incapaz de explicar sus deseos, entonces todos a su alrededor se disgustan y le dicen que se está portando mal.

La terapia puede ayudar a que el sistema nervioso del niño module las sensaciones táctiles. En el hogar y en la escuela, un método podría ser proveerle actividades táctiles más fáciles, más seguras, apropiadas y divertidas. (Ver *El Niño Desincronizado se Divierte* para sugerencias específicas.)

COMBINACIÓN SENSORIAL— "ME FASCINA ESTO, ODIO AQUELLO".

El niño con un sistema sensorial fluctuante puede tener hiper-respuesta o tener hipo-responsividad a las sensaciones, como los dos lados de una moneda. Por un momento le puede realmente encantar tener una experiencia como la de que le cepillen el cabello o lo mezan, y enseguida, odiarla. Puede gritar alarmado cuando alguien le toca el brazo, más sin embargo, ser indiferente a una fractura en la clavícula. Puede que le fascine brincar en el colchón y odie meterse a la bañera. ¡Esto, pero no aquello!, ¡Aquello, pero no esto!

CÓMO UNA COMBINACIÓN SENSORIAL AFECTA LA CONDUCTA DEL NIÑO

Un Niño con Modulación Típica	*Un niño con fluctuación Sensorial*
Pirro, de diez años, y su amigo Cruz deciden patear una lata todo el camino a casa en vez de tomar el autobús. Llenos de vigor por la caminata, los muchachos ahora están en la cocina, amasando masa para hacer rosquetes salados. Pirro hace esto con frecuencia y se siente a gusto ensuciándose las manos; le gusta moldear y esculpir la masa en forma de animales y personas.	Hoy Cruz disfruta manipular la masa pegajosa de los rosquetes salados después de haber caminado a casa de Pirro en vez de tomar el autobús. Todo lo que hace Pirro es divertido. Luego la hermana de Pirro empieza a tocar el saxofón. El sonido chillante irrita a Cruz y de pronto se acaba la diversión. No puede tolerar la masa en sus manos ni un segundo más. Corre al lavamanos, se lava fuertemente sus manos, y sale de prisa sin decir gracias o adiós.

Trastorno de Discriminación Táctil: "¿Ja?"

El niño desincronizado tiene dificultad con poner atención a los atributos físicos de los objetos y de la gente. Si tiene un problema de modulación, su sistema nervioso central está ocupado de otra manera. Si evita sensaciones sensoriales, podría "pasársela" con sus manos en los bolsillos, o podría mantener sus dedos empuñados para proteger la sensibilidad de la palma de sus manos. Si está deseoso por tener sensaciones, puede manipular —o mal manipular—todo lo que esté a la vista sin diferenciarlo. Cuando la modulación sensorial del niño está des-sincronizada, el sistema de discriminación puede no surgir para "tomar el control". (El niño de limitada discriminación táctil frecuentemente tiene hiper-responsividad táctil, pero no siempre es así). Con discriminación inmadura o ineficiente, el niño tendrá dificultades para usar su sentido del tacto en actividades que van aumentando de complejidad, como aprender en la escuela. Aun cuando ya tiene las bases cognitivas necesarias para lograr una actividad, repetidamente necesita tocar y manipular las cosas para aprender acerca de ellas, de su peso, textura, y forma. "¿Ja?", parece decir. "¿Qué es esto?".

CÓMO LA DISCRIMINACIÓN TÁCTIL AFECTA LA CONDUCTA DEL NIÑO

Un Niño Típico	Un Niño con Disfunción Táctil
La pre-escolar Elena, está haciendo una "guitarra" jalando ligas sobre una caja de cigarrillos. La discriminación táctil le ayuda a comprender la diferencia entre las ligas. Escoge varias con diferentes atributos: grande y chica, delgada y gruesa, apretada y floja. Las estira sobre la caja y las acomoda con cuidado para que no se empalmen. Al rasguear y jalar, produce un sinfín de sonidos placenteros.	Patsi, de cinco años, agarra un puño grande de ligas pero le es difícil saber cuáles son más o menos flexibles que otras. Todas son iguales para ella porque su discriminación táctil es ineficiente. Le cuesta estirar una liga alrededor de la caja de cigarrillos y después se da por vencida. Los problemas con modulación, discriminación y dispraxia se interponen.

El niño puede parecer estar fuera de contacto con sus manos, las usa como si fueran apéndices ajenos a él. Puede ser que no pueda señalar con el dedo el libro que quiere o no abotonarse el saco sin ver lo que está haciendo. Puede que tenga dificultad para aprender nuevas destrezas manuales, explorar materiales y equipo, usar los artículos del salón de clases y llevar a cabo las tareas ordinarias. Si se lastima, puede que no perciba dónde le duele y si el dolor va en aumento o está disminuyendo. Puede que no sepa si tiene hambre o necesita orinar.

CÓMO EL SENTIDO TÁCTIL
AFECTA LAS DESTREZAS COTIDIANAS

Aparte de ayudarnos a protegernos a nosotros mismos, a discriminar entre los objetos y para cumplir con lo que nos proponemos hacer, el sentido táctil nos da la información necesaria para desempeñar muchas de las destrezas de la vida diaria.

- Consciencia corporal
  (Percepción del cuerpo)
- Praxis (Planificación Motora)
- Discriminación visual

- Lenguaje
- Aprendizaje académico
- Seguridad emocional
- Destrezas sociales

Consciencia Corporal (Percepción del Cuerpo)

El sentido táctil, junto con el sentido propioceptivo, afecta la percepción subconsciente de las partes del cuerpo individualmente y cómo las partes del cuerpo se relacionan la una con la otra y con el ambiente a su alrededor. Con una buena discriminación táctil, el niño desarrolla consciencia corporal (percepción corporal), la cual es como un mapa del cuerpo, y puede entonces moverse con un fin determinado y de manera fácil. El niño tiene un sentido de dónde está y qué está haciendo.

CÓMO LA CONSCIENCIA CORPORAL
AFECTA LA CONDUCTA DEL NIÑO

Un Niño Típico	Un Niño con Disfunción Táctil
En su clase de música de tercer año, Teyo disfruta la canción: "Cabez, Hombros, Rodillas y Pies". Le gusta cuando el ritmo aumenta, entonces el golpeteo de la parte correcta del cuerpo en el momento exacto es más difícil. El receso es después de la clase de música y Teyo se pone la chaqueta, se sube el cierre, se pone los guantes y se dirige hacia afuera.	Rogelio se encuentra colapsado en la fila de atrás, frunciendo el ceño. Odia la canción "Cabeza y Hombros". Siempre confunde las partes de su cuerpo y le da vergüenza. Antes del receso, se concentra en ponerse el abrigo, esto aún es una tarea difícil para él. Los guantes son un verdadero problema, así que se va afuera arrastrando los pies con las manos metidas en sus bolsillos.

El niño con trastorno táctil carece de buena consciencia corporal. Se siente incómodo usando su cuerpo en su medio ambiente porque moverse significa tocar. Tiene dificultad para orientar sus extremidades para poder vestirse. Prefiere mantenerse en un rincón y no correr el riesgo de mezclarse en un grupo que sea impredecible. Tan sólo cambiar de posición puede hacerlo consciente de qué tan incómodo se siente con la ropa que trae puesta. Su sistema nervioso central le dice que es mejor permanecer muy, muy quieto y evadir todo.

Praxis (Planificación Motora)

Cada nueva secuencia de movimientos requiere praxis, o planificación motora. Sin duda, la primera vez que un niño se apea de un juego tipo selva, mete el cinto a través las argollas, o dice: "impresionante", debe de planificar sus movimientos con esfuerzo consciente. Al ir practicando, puede llevar a cabo estas acciones correctamente porque va integrando las sensaciones táctiles, como la sensación de los peldaños en sus pies y manos en el juego de la selva.

CÓMO LA PRAXIS (PLANIFICACIÓN MOTORA) AFECTA LA CONDUCTA DEL NIÑO

Un Niño Típico	Un Niño con Dispraxia
Carlos, de cuatro años, se levanta y se pone los pantalones de lona y un cinto nuevo, ingeniándoselas para abrochárselo él solo. Corre bajando las escaleras. Sostiene la toronja con una mano y la cuchara en la otra. Listo para la escuela, se trepa al automóvil y se ajusta el cinturón de seguridad. Llegando a la escuela, se desabrocha el cinturón y salta del vehículo. Sobre el asfalto, ve un triciclo nuevo. Es más grande que los triciclos que ha manejado antes, pero se las averigua para montarlo. Estira sus pies y brazos para alcanzar los pedales y el manubrio. Se lo lleva para probarlo y capta los nuevos requisitos que la actividad requiere.	Luz, de cuatro años, se levanta lentamente. Ignora los pantalones de mezclilla y el cinto que su madre ha alistado; son muy difíciles de ponerse. Batalla para ponerse su pantalonera favorita con elástico en la cintura. Baja los escalones con cuidado: el pie derecho primero, luego el izquierdo, lo mismo en cada paso. Clava su toronja con la cuchara y el plato se resbala atravesando la mesa. Cuando es hora de ir a la escuela, maniobra consigo misma para meterse al automóvil y espera a que su madre le abroche el cinturón. Llegando a la escuela, necesita que una maestra le desabroche el cinturón. Luego avanza lentamente para salir del automóvil. En el asfalto, Luz se dirige a un viejo triciclo con el que está familiarizada. Mientras que otros niños se pasean en círculos a su alrededor, ella se sienta ahí, con los pies colgando.

El niño que se siente incómodo con su propia piel puede tener una planificación motora deficiente, o dispraxia. Puede moverse torpemente y tener dificultad para planificar y organizar sus movimientos. Por lo tanto, puede evadir las actividades que mejorarían su praxis.

Por ejemplo, si no le gusta la sensación de las barras del juego, no intentará colgarse o practicar la habilidad de recorrerlas por debajo usando una mano tras otra. Si tocar una flor diente de león lo hace sentirse incómodo, no intentará arrancarla. Entre menos haga, menos podrá hacer. En un mundo donde "se usa o se pierde" es un hecho de la vida real, este niño pierde.

CONTROL DEL SISTEMA MOTOR GRUESO

La praxis es necesaria para dos grandes categorías de movimiento, una es el control del sistema motor grueso. Como en la súper carretera, esta es la coordinación fluida de los músculos grandes o proximales que están más cerca del centro de su cuerpo. El control de los músculos grandes le permite al niño doblarse, levantarse, girar y estirarse para mover su cuerpo de un lugar a otro al deslizarse o correr, o para maniobrar sus manos y pies.

Un niño con procesamiento táctil (y propioceptivo) deficiente está fuera de contacto con su cuerpo y con los objetos de su mundo. Sus destrezas del sistema motor grueso pueden estar retrasadas, ocasionando que le sea muy difícil aprender, moverse y jugar con propósito o de maneras significativas.

CÓMO EL CONTROL DEL SISTEMA MOTOR GRUESO AFECTA LA CONDUCTA DEL NIÑO

Un Niño Típico	Un Niño con Disfunción Táctil
Ana, de diez años, disfruta del movimiento rápido del juego "Arriba y Abajo". Una persona sostiene una pelota sobre su cabeza y la pasa a la siguiente persona, quien toma la pelota, se dobla hacia enfrente, la tira entre sus piernas, y la pasa a la siguiente persona. ¡El movimiento es divertido!	Para Carmen, de diez años, es difícil jugar al juego de "Arriba y Abajo". Sus movimientos son lentos y torpes. Se siente incómoda cuando tiene la pelota en sus manos y a veces se le cae. Se mueve lentamente e interrumpe el juego, los otros niños se enojan. Los juegos que requieren movimiento no son para nada divertidos.

CONTROL DEL SISTEMA MOTOR FINO

La praxis es necesaria para otra categoría de movimiento: el niño generalmente refina las destrezas del sistema motor fino (al igual que las carreteras de acceso) después de establecer sus habilidades a nivel motor grueso. El control motor fino gobierna el uso preciso de músculos pequeños en los dedos y manos, en los dedos de los pies y en la lengua, labios y los músculos de la boca.

El niño con disfunción táctil frecuentemente curvea sus manos para formar un puño que no esté apretado o las mete en sus bolsillos para evitar sensaciones táctiles, por esta razón, batalla para manipular los artículos de uso ordinario: como los utensilios para comer, tijeras, colores de cera, y lápices. En la escuela gran parte del día gira alrededor de la escritura y otras tareas del sistema motor fino, tener problemas con estas destrezas podría ser muy desalentador para los niños más grandes.

Este niño con frecuencia tiene habilidades de autoayuda deficientes, come desastrosamente, y también puede tener malas destrezas de articulación y lenguaje inmaduro. Puede ser que use más gestos que palabras para comunicarse porque el control del sistema motor fino de su lengua y labios es inadecuado.

CÓMO EL SISTEMA MOTOR FINO
AFECTA LA CONDUCTA DEL NIÑO

Un Niño Típico	Un Niño con Disfunción Táctil
Hoy es día de hacer trabajos con madera en la clase de preescolar de Alejandro. Él busca la madera en el contenedor, escoge dos piezas, y las martilla juntas para hacer un avión. Lo lleva afuera y experimenta diferentes maneras de agarrarlo y tirarlo. Durante la cena, explica en detalle cómo construyó su adorable avión, y lo bien que vuela. Alejandro tiene una praxis eficiente.	Julio, de cuatro años, quiere construir un avión. No está seguro de cómo empezar, entonces la maestra le da dos piezas de madera. Tiene dificultades para sostener el martillo, para detener el martillo, entonces la maestra le ayuda. Su avión se ve muy bien. Afuera, lo avienta para ver si vuela. Cae directo a sus pies. Entonces se para y lo sostiene hasta que es hora de ir a casa. Durante la cena, su padre le pregunta que fue lo que hizo en la escuela. Sin poder expresar lo que piensa, Julio levanta su adorable avión para que su padre lo vea. Julio tiene dispraxia.

Discriminación Visual

El Sistema táctil juega un papel importante en el desarrollo de la discriminación visual—la manera en que el cerebro interpreta lo que los ojos ven. Al tocar objetos, un niño almacena memorias de sus características y la relación del uno con el otro. Al ver un charco formado por la lluvia, por ejemplo, percibe que está mojado, frío y es divertido meterse a chapotear, aun sin tocarlo, porque ha tocado charcos anteriormente.

Normalmente, un niño pequeño toca lo que ve y ve lo que toca. Muchas experiencias de tocar objetos y personas crean la base para la discriminación visual.

Cuando el cerebro de un niño utiliza inapropiadamente los estímulos del tacto, no puede integrar los mensajes táctiles y visuales. No tiene la información básica para saber cómo las cosas parecen sentirse. Mira, pero no entiende lo que ve.

CÓMO EL PROCESAMIENTO TÁCTIL
AFECTA LA DISCRIMINACIÓN VISUAL DEL NIÑO

Un Niño Típico	Un Niño con Disfunción Táctil
La maestra le da a cada uno de los alumnos del jardín de niños una figura de plástico. Cada figura tiene atributos diferentes. Es grande o pequeña; roja, amarilla o azul; redonda, cuadrada o rectangular. Entonces la maestra pone una serie de figuras similares en un tapete y le pide a los niños que le digan que figura de las del suelo es similar a la que tienen en sus manos. Belinda sabe la respuesta inmediatamente porque durante sus cinco años de vida ha manipulado muchos objetos. Pone el cuadro rojo a la par del otro igual.	La maestra le da a Cristina, de cinco años, un rectángulo amarillo grande. Cristina lo suelta en su regazo. Cuando es su turno para igualar su figura con la del piso, Cristina no está segura acerca del tamaño y la forma. Sin embargo, conoce los colores. Adivina y pone su rectángulo amarillo a la par de un cuadrado amarillo. Un compañero del salón le indica el error, y la maestra le pide a él que le muestre a Cristina como hacer la selección apropiada,

Lenguaje

El sentido táctil, de alguna manera, nos dirige hacia el lenguaje. Los bebes dependen del tacto para tener contacto con el mundo. Al ir ampliando sus contactos cuando se mueven alrededor y tocan las cosas, los niños pequeños absorben los comentarios de otros acerca de lo que están haciendo.

"Esa es una margarita. Tócala suavemente".

"Jala con fuerza ese carrito. ¡Jala, Jala!"

"Dame tu pie y te jalaré el zapato".

"¿Dónde está la pelota? Esta abajo del sillón. Agarra la pelota. Tírale la pelota a papá"

"¡Uups! ¡Te caíste, de cabeza! Que susto. Ven acá; te sacudiré y te sentirás mejor".

Las palabras se asocian con acciones, partes del cuerpo, objetos, lugares, personas y sentimientos. Consecuentemente, los niños aprenden verbos, sustantivos, nombres, preposiciones, adjetivos, adverbios y etiquetan las emociones.

Cuando las experiencias táctiles del niño desincronizado son limitadas, también lo son las oportunidades para el desarrollo del lenguaje. Además, el niño con una alerta táctil deficiente en su boca, labios, lengua y quijada puede tener un problema motriz basado en lo sensorial llamado apraxia oral, lo cual afecta su capacidad de producir los sonidos en secuencia necesarios para el habla.

CÓMO EL PROCESAMIENTO TÁCTIL
AFECTA EL LENGUAJE DEL NIÑO

Un Niño Típico	Un Niño con Disfunción Táctil
En la clase de cocina del 8vo año de Javier cocinaron unos deliciosos tacos la semana pasada. Hoy la maestra les pregunta a los estudiantes que escriban la receta para poner a prueba su memoria acerca de los pasos y el proceso utilizado. Javier escribe: "Calentar las tortillas en forma de taco en un horno precalentado. Rallar el queso. Rebanar la lechuga. Picar los chiles chipotle. Picar el cilantro. Picar los tomates y los chiles. Sofreír la carne molida o pavo. Escurrir la grasa, pelar y picar la cebolla, y sofreírla. Poner la mezcla en los tacos. Poner los condimentos en tazones para que los invitados puedan escoger lo que les gusta". Etcétera.	Gonzalo, de 13 años, disfruta comer y pensó que tomar una clase de cocina como clase electiva sería fácil, pero preparar la comida es difícil. Los problemas de dispraxia y discriminación táctil hacen que se equivoque con los ingredientes de los tacos, las cucharas para las medidas y los cuchillos. Hace un revoltijo al poner todo junto. Ahora se supone que debe de escribir la receta, pero no es específico sobre el trabajo manual y las palabras para describirlo. Desearía demostrarle a la maestra que su motivación por hacer las cosas bien es grande…. Pero ¿Cómo? Escribe: "Cocinar la carne. Cortar los vegetales. Servir".

Aprendizaje Académico

El procesamiento táctil tiene un gran impacto en la capacidad del niño de aprender en la escuela. Muchos objetos requieren de manipulación directa: materiales para arte y ciencias, instrumentos rítmicos, pelotas para jugar canasta, tiza (gis), lápices y papel. Gozar las experiencias táctiles a su vez lleva a explorar nuevos materiales y construir una base de conocimiento que continuará durante toda su vida.

Un Trastorno táctil no permite que el niño aprenda fácilmente porque las sensaciones táctiles lo distraen. Puede ponerse inquieto cuando se espera que todo esté en silencio, quejarse de que otros lo están irritando y tener problemas para calmarse cuando hace trabajos académicos.

El niño pierde la oportunidad de aprender destrezas que requieren el uso apropiado de herramientas, como compases, tenedores y martillos. Pierde la oportunidad de aprender acerca de la naturaleza porque las experiencias activas y de ensuciarse las manos son intolerables o porque no puede discernir entre una bellota y una nuez de castaño. Pierde la oportunidad de aprender destrezas para resolver problemas, de comunicación y actividades "interpersonales".

CÓMO EL SENTIDO DEL TACTO
AFECTA EL APRENDIZAJE ACADÉMICO DEL NIÑO

Un Niño Típico	Un Niño con Disfunción Táctil
A Jairo, de seis años, le gustan las ciencias. Hoy, la maestra le lleva varias orugas en un recipiente de vidrio, Jairo sabe cómo se siente agarrar una oruga y pregunta: "¿Puedo agarrar una que sea suave y peluda?". La maestra le ofrece el recipiente. Agarra la oruga peluda y la pone en su brazo. "¡Hace cosquillas!"	A Ricardo, de seis años, no le gustan las ciencias. Mientras que los otros niños de primer año agarran las orugas, Ricardo desvía su vista. Rechaza la invitación de la maestra para agarrar el recipiente. Se retuerce en su asiento y se sienta en sus manos. Aborrece los bichos repugnantes.

Seguridad Emocional

Con un sistema nervioso bien regulado, aprendemos primero a darle la bienvenida al tacto de la persona (generalmente nuestra madre) que cuida de nuestras necesidades básicas cuando somos infantes. Los abrazos nos hacen sentir que somos amados y seguros.

Un apego físico cercano a una o dos de las personas que principalmente se encargan de cuidarnos, establece el patrón para todas las relaciones personales en el futuro. Si nos sentimos bien cuidados y queridos, nuestra base emocional está resguardada y aprendemos a corresponder a los sentimientos amorosos. Además, si estamos en "contacto" con nuestras emociones, desarrollamos empatía hacia otros seres humanos. Aun si no nos cae bien la persona, sabemos que le duele cuando se clava una astilla y siente placer cuando se baña.

Establecer apegos firmes puede ser muy difícil para un niño con trastorno táctil. El niño hiperreactivo puede alejarse del afecto común, mientras que un niño hiporreactivo puede hacer caso omiso del mismo.

CÓMO EL SENTIDO DEL TACTO
AFECTA LA SEGURIDAD EMOCIONAL DEL NIÑO

Un Niño Típico	Un Niño con Disfunción Táctil
A la edad de nueve años, Miguel disfruta ir al campamento de los niños exploradores. Se siente a gusto en lugares novedosos y le gusta hacer nuevos amigos. Una noche, los niños exploradores juegan un juego creativo "¿Qué necesitarías en una isla desierta?" Miguel sugiere una cubeta para juntar agua de lluvia, una bolsa de dormir y binoculares -objetos con los que está familiarizado porque los ha usado—así como a alguien con quien hablar. El sentido emocional bien regulado de Miguel le da seguridad emocional.	Jaime, de nueve años, es infeliz en el campamento. Extraña a su madre. Depende de ella total y exclusivamente para tener apoyo emocional y siempre la quiere cerca. Es difícil establecer relaciones de apego porque todos los demás parecen no ser confiables. Cuando los niños exploradores juegan a la Isla Desierta, él no tiene sugerencias; sólo puede pensar en que detesta la idea de ser abandonado, detesta ser un niño explorador, detesta estar alejado de casa.

Sentir empatía también puede ser difícil. El niño hiperreactivo siente dolor o incomodidad cuando otros no lo sienten; el niño de bajo registro no siente dolor o incomodidad cuando otros si lo sienten. No puede sentirse en sintonía con los sentimientos de otras personas.

El niño puede tener dificultad para experimentar placer, entusiasmo y gozo en sus relaciones debido a sus respuestas al sentido del tacto. Aunque necesita ser amado más que los demás, recibe menos amor debido a su actitud. Su inseguridad en el mundo pone en riesgo su bienestar emocional, como niño y como adulto.

De hecho, las relaciones de muchos adultos fallan cuando el trastorno táctil de su pareja interfiere con la intimidad emocional. Muy poco tacto hace que la otra persona se sienta rechazada; mucho tacto hace que la otra persona se sienta ofendida.

El Trastorno táctil también limita la imaginación del niño. La fantasía y la simulación pueden estar más allá de su alcance y las diferencias entre lo real y la imaginación pueden no estar claras. Puede ser un pensador rígido e inflexible.

Destrezas Sociales

Un sentido del tacto bien regulado es fundamental para llevarse bien con los demás. Cuando forjamos el enlace principal madre-hijo, empezamos a acercarnos a otros con gusto, cómodamente tocamos y nos tocan. Cuando disfrutamos estar cerca de las personas, aprendemos a jugar, una de las características únicas del ser humano. De este modo es posible desarrollar relaciones humanas significativas.

Cuando el niño responde al contacto físico de una manera que resulta incomprensible para la mayoría de las personas, puede alejarlos. La persona que omite el proceso sensorial y no nota la sensación del tacto tendrá dificultades en situaciones sociales, así como el buscador de sensaciones "el niño malo" quien agrede a otros porque busca tener presión profunda, y el fluctuante, colapsado o inadecuado sensorial que no puede usar los mensajes de tacto eficazmente.

CÓMO EL SENTIDO DEL TACTO
AFECTA LAS DESTREZAS SOCIALES DEL NIÑO

Un Niño Típico	Un Niño con Disfunción Táctil
Parado en la fila para ir al comedor, Joaquín, de ocho años, juguetonamente se topa con Luis. Luis le topa de regreso. Riéndose, chocan algunas veces más hasta que todos los niños de tercer año están en la línea y listos para empezar. Cuando la maestra les pone atención y les levanta la ceja, los niños se controlan y caminan pacíficamente por el pasillo. La reacción positiva de Joaquín a las sensaciones táctiles es la base de sus buenas destrezas sociales.	Cortez, de ocho años, siempre intenta ser el último en la fila para que nadie esté detrás de él. Pero hoy, Eliazar está atrás y se roza con él al caminar por el pasillo. Cortez reacciona demás y le da un golpe a Eliazar. Eliazar le regresa el golpe. Los niños empiezan a discutir, y la maestra los separa. Cortez se queja: "Eliazar empezó. Es su culpa". Eliazar dice: "¡Lo toque accidentalmente! Es un bebé". Es difícil relacionarse con sus compañeros porque Cortez se incomoda cuando se acercan.

El evitador sensorial o el "miedoso" que se retira para no ser tocado, tiene problemas particularmente con la socialización. Su conducta de mantenerse a distancia manda señales de que no es amigable y prefiere que lo dejen en paz. Parece rechazar a otros, y consecuentemente, lo rechazan a él. Tiene dificultad para manejar el dar-y-recibir, con el desordenado mundo de la "política en el área de juego".

Los niños con hiper-responsividad táctil frecuentemente se convierten en adultos "fríos". Puede que sean precavidos, serenos y con frecuencia personas inflexibles. Pueden ser percibidos como desconfiados o críticos. Su conducta puede ser considerada como niños "delicados". Claro que, ellos pueden desarrollar relaciones sociales con cierto grupo de personas, pero las relaciones frecuentemente se construyen o comparten por intereses en común que no requieren interacción física.

Características de la Disfunción Táctil

La siguiente lista le ayudará a medir si su niño tiene o no una disfunción táctil. Al ir marcando las características que reconoce, empezará a ver los patrones que salen a flote, que ayudan a explicar la conducta desincronizada de su hijo. No todas las características aplican, pero muchas de las secciones marcadas sugieren que el TPS afecta a su niño.

El evitativo sensorial con hiper-responsividad (defensividad táctil) tiene dificultades con el tacto pasivo (ser tocado). El niño o niña podría:

☐ Responder negativa y emocionalmente a las sensaciones de ser tocado ligeramente, mostrando ansiedad, hostilidad o agresión. Tal vez se retiraría al ser tocado ligeramente, rascándose o frotándose el lugar donde ha sido tocado. Durante la infancia, pudo haber rechazado los abrazos como fuente de placer o para calmarlo.

☐ Responder negativa y emocionalmente a la posibilidad de ser tocado ligeramente. Puede parecer irritado o temeroso cuando otros están cerca, como cuando se están poniendo en fila.

☐ Responder negativa y emocionalmente cuando se le acercan por atrás, o cuando lo tocan y no está viendo, como cuando el pie de alguien roza el de él debajo de una cobija o mesa.

☐ Demostrar resupuestas de lucha-huída cuando le tocan la cara, como cuando le lavan la cara.

☐ Responder negativamente cuando el vello de su cuerpo (brazos, piernas, cuello, cara, espalda, etc.) está fuera de lugar (estar muy sensible) y "algo no le parece". Un viento fuerte o hasta una brisa puede ponerle los bellos de punta, literalmente: "crispándole los nervios".

☐ Demostrar resupuestas de lucha-huída cuando el pelo se le mueve o se le despeina, como cuando le cepillan el cabello, o cuando le cortan el pelo, le dan un shampoo a su cabello o bien le dan una palmada en la cabeza y tocan su pelo.

☐ Disgustarse cuando llueve, hay viento, o cuando vuela un mosquito.

☐ Ser demasiado cosquilludo.

☐ Reaccionar demás cuando experimenta dolor físico, "exagerar" cuando tiene una pequeña raspadura o una astilla. El niño puede recordar y hablar de dichas experiencias por días. Puede ser hipocondríaco.

☐ Responder de manera similar a sensaciones táctiles diferentes. Una gota de lluvia en su piel puede causarle una respuesta adversa como la de una espina.

☐ Resistirse firmemente a ser tocado por el barbero, dentista, enfermera o pediatra.

☐ Exhibir una conducta que parece ser terquedad, rigidez, inflexibilidad, voluntariosa, verbal o físicamente acosadora, o ser "difícil" sin ninguna razón aparente, cuando de hecho es una respuesta desagradable al estímulo táctil.

☐ Desairar palmaditas y caricias amigables o afectivas, particularmente si la persona que lo toca no es uno de sus padres o una persona con la que este familiarizado. El niño puede rechazar completamente que lo toquen excepto su mamá (o la persona que principalmente lo cuida).

☐ Estar distraído, desatento e inquieto cuando se espera una concentración en silencio.

☐ Preferir recibir un abrazo en vez de un beso. Puede desear la presión táctil de un abrazo profundo, pero limpiarse el irritante toque ligero de un beso.

☐ Resistirse a que le corten las uñas de las manos.

☐ Detestar las sorpresas.

El mismo que evade lo sensorial con **hiper-responsividad**, también tiene dificultades al ser tocado activamente. Él o ella podrían:

☐ Resistirse a lavarse los dientes.

☐ Ser selectivo para comer, prefiere ciertas texturas como los alimentos crujientes o pastosos. Puede ser que al niño no le gusten los alimentos con bultos sorpresa, como la salsa de tomate o la sopa de vegetales, así como los alimentos pegajosos como el arroz o el glaseado del pastel.

☐ Reusarse a comer alimentos calientes o fríos.

☐ Evitar dar besos.

☐ Resistirse a ser bañado, o insistir en que el agua del baño esté extremadamente caliente o fría.

☐ Cerrar o proteger sus manos para evitar sensaciones táctiles.

☐ Ser inusualmente fastidioso, apresurándose a lavar cualquier pequeña suciedad de sus manos.

☐ Evitar caminar descalzo en el césped o arena, o meterse al agua.

☐ Caminar de puntitas para minimizar el contacto con el suelo.

☐ Hacer alboroto por la ropa, como la ropa nueva que es rígida, texturas ásperas, cuellos de camisa, cuellos de tortuga, cintos, elástico en la cintura, gorros y bufandas.

☐ Molestarse o reclamar por el calzado, particularmente las costuras de los calcetines. Puede reusarse a usar calcetines. Puede quejarse de las cintas de los zapatos. Puede ser que insista en ponerse sandalias para la playa durante los fríos y mojados días de invierno, o botas en días calientes de verano.

☐ Preferir manga corta y pantalones cortos y reusar a ponerse gorros y guantes, aunque sea invierno, para evitar la sensación de la ropa que talla su piel.

- ☐ Preferir manga larga y pantalones e insiste en ponerse gorros y guantes, aunque sea verano, para evitar que su piel esté expuesta.

- ☐ Evitar tocar ciertas texturas o superficies, como algunas telas, cobijas, tapetes, o animales de peluche.

- ☐ Necesitar tocar repetidamente ciertas superficies y texturas que proporcionan experiencias suaves y cómodas al tacto, como su cobija favorita.

- ☐ Retirarse de los proyectos de arte, ciencias, música y actividades físicas para evitar sensaciones táctiles.

- ☐ Evitar juegos que impliquen suciedad y desorden, como la arena, pintar con los dedos, pastas, pegamento, lodo y barro, le pueden salir lagrimas con tan sólo pensar en la idea de esas actividades.

- ☐ Quedarse parado firmemente o moverse al lado contrario de los demás cuando tienen actividades en grupo como brincar obstáculos o juegos que requieren movimiento, manteniendo su mirada constantemente en los demás.

- ☐ Tratar a las mascotas de manera ruda, o evitar ocntacto físico con las mascotas.

- ☐ Tomar en todo momento, a manera de arma, una vara, juguete, cuerda o cualquier otra arma que pueda sostener en las manos.

- ☐ Racionalizar verbalmente, en términos socialmente aceptables, la razón por la que evita sensaciones táctiles, ejem.: "Mi mamá me dijo que no me ensucie las manos", o "Soy alérgico al puré de papas".

- ☐ Retirarse de los grupos y resistirse a jugar en las casas de otros niños.

- ☐ Tener problemas para formar lazos afectivos con otros. Experimentando dificultades en situaciones sociales, puede ser un niño solitario, con pocos amigos cercanos.

El que evade sensorialmente con **hipo-responsividad** sensorial puede mostrar respuestas atípicas al tacto pasivo y activo. El niño podría:

☐ No notar ser tocado a menos que sea muy intenso.

☐ No notar la suciedad en su cara, especialmente alrededor de su boca y nariz, no notando migajas en su cara ni su nariz mocosa.

☐ No nota el cabello despeinado o el cabello enlodado o con arena.

☐ No notar que su ropa esta desarreglada, o que sus puños o calcetines están mojados.

☐ No notar el calor, el frío, o los cambios de temperatura en el interior o exterior, frecuentemente usa una chaqueta aunque esté sudando, o no agarra una chaqueta aunque esté temblando de frío.

☐ Mostrar poca o no respuesta al dolor causado por los raspones, moretones, cortadas o inyecciones, de hecho podría solo sobarse cuando se fractura un dedo o un hueso del cuello.

☐ Cuando anda descalzo, no se quejarse de las piedras filosas, la arena caliente o los dedos machucados.

☐ No reaccionar a los alimentos picosos, enchilados, ácidos, calientes o "los que queman la boca" o, al contrario, puede antojársele esta clase de alimentos.

☐ No darse cuenta de las condiciones del clima, cuando hay viento, llueve, o cuando vuela un mosquito.

☐ No darse cuenta cuando se le ha caído algo.

☐ No retirarse cuando se recargan en él o cuando hay mucha gente.

☐ Parecer que le falta "estimulación interna" para tocar, manipular, explorar juguetes y materiales que atraen a otros niños.

☐ Requerir estimulación táctil intensa para involucrarse en el mundo que le rodea, pero no lo busca activamente.

☐ Lastimar a otros niños o mascotas cuando está jugando, aparentemente sin remordimiento, pero de hecho no comprende el dolor que otros sienten.

El buscador de sensaciones necesita estímulo táctil extra, de manera pasiva y activa. El niño podría:

☐ Pedir que le hagan cosquillas o que le soben la espalda.

☐ Disfrutar sentir la vibración y los movimientos que proporcionan una fuerte carga sensorial.

☐ Tener la necesidad de tocar y sentir todo a su vista, ejem.: toparse, tocar a otros, pasar las manos sobre los muebles y paredes. El niño "tiene que tocar" las cosas que otros niños entienden que no deben de tocar.

☐ Frotar ciertas texturas sobre sus manos y piernas para recibir el input de tacto ligero.

☐ Frotar o hasta morder su propia piel excesivamente.

☐ Darle vueltas constantemente a su cabello entre sus dedos.

☐ Quitarse los calcetines y los zapatos frecuentemente.

☐ Parecer sentirse obligado a tocar o caminar descalzo en ciertas superficies y texturas que otras personas encuentran incomodas o dolorosas.

☐ Buscar ciertas experiencias que son desordenadas o que ensucian, con frecuencia por largos periodos de tiempo.

☐ Buscar una temperatura muy caliente o fría en la habitación y en el agua para bañarse.

☐ Tener una alta tolerancia al clima sofocante del verano o al congelante invierno.

☐ "Zambullirse" en los alimentos, frecuentemente llenándose la boca con comida.

☐ Preferir alimentos hirviendo de calientes, fríos como el hielo, demasiado sazonados o excesivamente dulces.

☐ Usar su boca para investigar objetos, hasta después de los dos años de edad. (La boca le provee información más intensa que las manos).

☐ Mostrar una conducta como "en su cara", acercándose demasiado a otros y tocándolos, aunque tocarlos sea desagradable para ellos.

El niño que tiene problemas con la **discriminación táctil** podría:

☐ Tener una escasa conciencia corporal y no saber dónde están las partes de su cuerpo o cómo estas se relacionan la una con la otra. Podría verse "desconectado" de sus manos, pies y otras partes del cuerpo, como si fueran agregados extraños.

☐ No poder identificar, sin estar viendo, cuales partes del cuerpo le han tocado.

☐ Tener problemas al orientar sus brazos, manos, piernas y pies para vestirse.

☐ No poder identificar objetos conocidos con sólo tocarlos, necesitando ayuda extra con la visión, ejem.: cuando agarra objetos de un bolsillo, caja o escritorio.

☐ No tener la capacidad de reconocer la diferencia entre los artículos que son similares y que él esté usando, como los colores de cera o marcadores.

☐ Verse desaliñado, con los zapatos en el pie equivocado, los calcetines aguados, las cintas de los zapatos desabrochadas, el cordón de la pretina torcido y la camisa mal puesta.

☐ Evita iniciar experiencias táctiles, como la de recoger los juguetes, materiales y herramientas que les atraen a otros.

☐ Tener problemas para percibir las propiedades físicas de los objetos, como su textura, forma, tamaño, temperatura, o densidad.

☐ Tener temor en la oscuridad.

☐ Preferir estar parado que sentado para lograr tener control visual de su entorno.

☐ Se porta chistoso en el salón de clases, hace el papel de "payaso del salón".

☐ Tener una imaginación limitada.

☐ Tener un vocabulario limitado por su falta de experiencia con sensaciones táctiles.

El niño con **dispraxia** podría:

☐ Tener problemas para considerar, organizar y llevar a cabo actividades que tienen que ver con la secuencia de movimientos, como cortar, empastar, colorear, ensamblar las piezas de un collage o los ingredientes de una receta, ponerse el esmalte en las uñas, y cosas por el estilo. Puede tener dificultad con experiencias novedosas, así como con las actividades con las que está familiarizado.

☐ Tener control deficiente del sistema motor grueso para correr, escalar y brincar.

☐ Tener una coordinación pobre de ojo-mano.

☐ Requerir claves visuales para ejecutar o hacer ciertas tareas motrices que otros niños pueden hacer sin ver, tales como cerrar el cierre, cremallera o zipper, presionar los botones, abotonarse y desabotonarse la ropa.

☐ Ponerse los guantes y los calcetines de manera no usual.

☐ Tener un sistema motor fino deficiente para controlar sus dedos cuando lleva a cabo una tarea manual precisa, por ejemplo: detener y usar los utensilios para comer y herramientas del salón, como colores de cera, tijeras, grapadoras, y perforadoras para papel.

☐ Batallar para escribir a mano, dibujar, llenar páginas de trabajo y tareas similares.

☐ Tener un control motor-fino deficiente en los dedos de los pies para caminar descalzo o con chancletas.

☐ Tener un control motor-fino deficiente para controlar los músculos de la boca al succionar, tragar, masticar y hablar.

☐ Comer de manera desastrosa.

☐ Tener destrezas deficientes de autoayuda y no tiene "iniciativa", requiriendo la ayuda de otra persona para echar a andar.

El problema principal de su niño puede ser el sentido táctil. También puede tener dificultad con los sentidos vestibulares y propioceptivos internos, así como con los sentidos visuales y auditivos externos.

Capítulo Cuatro

Cómo Saber Si Su Niño

Tiene un Problema con

el Sentido Vestibular

Dos Alumnos de Primer Año

en el Parque de Diversiones

José García es un niño que se mantiene en perpetuo movimiento, pero no es un muy buen conversador. Es un niño "activo, poco verbal". Cuando comenzó a hablar a los tres años de edad, sus escasas palabras incluían "chu, chu" y "tut, tut", por su pasión a los trenes. A José le gustan tanto los trenes que su papá lo llama "nuestra pequeña locomotora".

A Álvaro Valdez, el mejor amigo de José, también le encantan los trenes. Álvaro se comporta no como un tren, sino como un conductor. Es un niño "pasivo, habla mucho".

Cuando los niños juegan, Álvaro le da órdenes a José, y José lo obedece encantado. Una vez, Álvaro propuso hacer un tren enganchando un pequeño vagón rojo, una rueda grande y un viejo triciclo. José asintió con la cabeza que estaba de acuerdo. Listos, los niños batallaron con la cuerda y finalmente lograron conectar los vehículos. Luego Álvaro le dijo a José que empujara el tren hacia abajo en su inclinada entrada para carros para poder verlo caer en picada en la cochera.

Sin embargo, en vez de empujar el tren, José se subió al vagón. Gritó "¡Tut, tut!' al ir hacia abajo en la entrada para carros. Álvaro se paralizó. Se quedó viendo, indefenso y horrorizado, el tren rápidamente se salió de control.

José aterrizó desplomado sobre los vehículos. Se levantó y dijo, "¡Fue impresionante!, ¡Totalmente fantástico!, ¿Quieres intentar Álvaro?"

Por primera vez Álvaro se quedó mudo.

Hoy José cumple seis años y sus papás van a llevar a los niños al parque de diversiones. A José le encanta la rueda de la fortuna, el carrusel y especialmente la montaña rusa. Su idea del cielo es que le den vueltas y lo inclinen en la "Taza" gigante. Ni siquiera se marea.

Álvaro está menos entusiasmado. Nunca ha pensado que los parques de diversiones sean divertidos, porque moverse rápido, alto y dar vueltas lo hacen desbalancearse o caerse y solo persarlo le da miedo. Sólo le gusta el trenecito que le da vueltas al parque despacito.

La primera atracción a la que se acercan es el "Tobogán Encebado" (Se usa grasa en vez de agua para deslizarse). Arriba en una rampa resbalosa, los que se van a deslizar se sientan en sacos acolchonados y luego se deslizan. José le jala ansiosamente la manga a su papá para llamar su atención y pedirle permiso.

El Sr. Valdez y José suben las escaleras para llegar hasta arriba. José asciende tan rápido como puede, es su modo de "marcar el tiempo". Pone los dos pies en cada escalón: derecho primero, luego izquierdo. En su apuro se tropieza dos veces por ir de prisa.

Álvaro se queda abajo con la señora Valdez, observando. No quiere resbalarse, quiere conducir. Alza sus brazos y grita, "¡VAMOS!" cada vez que alguien empieza a descender. Cuando alza sus brazos, sus hombros también se elevan.

La señora Valdez le pregunta a Álvaro si le gustaría meterse en un saco con José. Señala que muchas personas están bajando juntas en el mismo saco.

"Oh, no, muchas gracias," dice Álvaro. "Como ve, no puedo resbalarme porque tengo que decirles a todos cuando bajar. Tengo que asegurarme que todos lo estén haciendo bien".

José y el Sr. Valdez bajan en picada. "¡Estuvo súper increíble!" dice José. "Vamos ahora a la montaña rusa. Es la más divertida de todas".

Álvaro dice, "No, vamos al tren. Es entretenido y no es peligroso para los niños".

José está decepcionado, pero acepta hacer lo que sea que su amigo quiere hacer.

¡Tut, tut! ¡Chu, chu! Aquí vamos.

Patrones de Conducta Atípicos

Álvaro y José abordan las experiencias de movimiento de manera muy diferente. Ambos exhiben patrones de conducta atípicos.

Moverse y ser movido hacen que Álvaro se sienta angustiado. Se siente incómodo en los resbaladeros y los juegos que se mueven rápidamente o que dan vueltas. Le tiene miedo a las alturas y prefiere mantener sus pies en el piso. Confía en sus habilidades verbales de precaución para mantener el control. Siendo que Álvaro tiene una disfunción de modulación sensorial e hiper-responsividad a la mayoría de sensaciones vestibulares, él es intolerante al movimiento y tiene inseguridad gravitacional.

En contraste, moverse y ser movido son cosas que emocionan a José. Busca las actividades que se muevan rápido y den vueltas de manera constante e impulsiva, excepto que él no se marea. José tiene el trastorno de modulación con deseo sensorial, es adicto al movimiento pero estos son muy desorganizados como para que se desarrollen en habilidades motoras más maduras.

Además de los problemas de modulación, ambos niños tienen trastorno motor basado en lo sensorial. Álvaro tiene dispraxia, la cual interfiere cuando quiere llevar a cabo su complejo plan de hacer un tren. Además de eso, tiene trastorno postural, lo cual hace que le sea difícil que aísle sus movimientos para levantar sólo un brazo o sus hombros para patear.

Además, José se enreda con la cuerda y se tropieza en las escaleras debido a su dispraxia y mala coordinación bilateral. También tiene problemas de lenguaje. Para comunicarse frecuentemente hace señas, como asentir con la cabeza o jalar a su papá. Sin embargo, suele ser más parlanchín después de experiencias vestibulares intensas, como resbalarse de la entrada para carros y del tobogán encebado.

En las siguientes páginas aprenderá como el sentido vestibular debe de funcionar, seguido de una explicación del tipo de disfunciones que desestabilizan a Álvaro y a José.

EL BUEN FUNCIONAMIENTO
DEL SENTIDO VESTIBULAR

El sistema vestibular nos dice sí estamos arriba o abajo o si estamos erguidos o no. Nos dice dónde se encuentra nuestra cabeza y nuestro cuerpo en relación con la superficie de la tierra. Manda mensajes sensoriales de nuestro balance y sobre el movimiento del cuello, ojos y cuerpo al SNC para que sean procesados. Luego, nos ayuda a generar el tono muscular para que podamos movernos sin problemas y eficientemente.

Este sentido nos dice si nos estamos moviendo o estamos quietos y si los objetos se están moviendo o no en relación con nuestro cuerpo. También nos informa en qué dirección vamos o qué tan rápido vamos. Es información extremadamente útil por si ¡necesitáramos darnos a la fuga rápidamente! De hecho, las funciones fundamentales de pelea, huida y busqueda comida dependen de la información precisa del sistema vestibular. La Dra. Ayres escribe que el "sistema tiene un valor de supervivencia básico en uno de sus niveles más primitivos, y dicha importancia se refleja en el rol que juega en la integración sensorial".

Los receptores para las sensaciones vestibulares son las células vellosas en el oído interno, que es como un "vestíbulo" para que pasen los mensajes sensoriales. Los receptores internos del oído trabajan algo así como el nivel de un carpintero. Registran cada movimiento que hacemos y cada cambio en la posición de la cabeza—hasta lo más sutil.

Algunas estructuras del oído interno reciben información de dónde se encuentra nuestra cabeza y nuestro cuerpo en el espacio cuando no nos estamos moviendo, o estamos moviéndonos lentamente, o cuando inclinamos la cabeza en cualquier dirección lineal—hacia adelante, hacia atrás o lateralmente. Como ejemplo de este funcionamiento, póngase de pie como normalmente lo hace, en posición bípeda, o en los dos pies. Ahora, cierre sus ojos e incline completamente la cabeza a la derecha. Con los ojos cerrados, retome su postura erguida. Abra sus ojos. ¿Está parado erguido otra vez donde quiere estar? Su sistema vestibular hizo su trabajo.

Otras estructuras del oído interno reciben información acerca de la dirección y la velocidad de nuestra cabeza y cuerpo cuando nos movemos rápidamente en el espacio, diagonalmente o en círculos. Póngase de pie y dese una o dos vueltas. ¿Se siente mareado? Debería. Su sistema vestibular le dice instantemente a usted cuando ha tenido suficiente de esta estimulación giratoria. Probablemente recobrará su balance en un momento.

¿Qué estimula a estos receptores del oído interno? **¡La Gravedad!**

Según la Dra. Ayres, la gravedad es "la fuerza más constante y universal en nuestras vidas". Rige cada movimiento que hacemos.

A lo largo de la evolución, hemos ido refinando cómo responder a la fuerza de gravedad. Nuestros ancestros, el primer pez, desarrollaron receptores de gravedad en ambos lados de su cabeza por tres propósitos:

1) mantenerse erguido,

2) darle sentido a sus propios movimientos para poder moverse de manera eficiente, y

3) detectar movimiento posiblemente amenazante de otras criaturas, a través de la vibración del agua.

Millones de años después, todavía tenemos receptores de gravedad que tienen el mismo objetivo—excepto que ahora las vibraciones vienen a través del aire en vez del agua.

Aparte del oído interno, nosotros los humanos también tenemos oídos externos, así como una corteza cerebral que procesa sensaciones vestibulares y auditivas precisas. Estas sensaciones son las vibraciones de movimiento y de sonido.*

La naturaleza diseñó nuestros receptores vestibulares para ser extremadamente sensibles. *De hecho, nuestra necesidad de saber dónde nos encontramos con relación a la tierra es más urgente que nuestra necesidad de comida, la consuelo táctil, o hasta para un vínculo madre-hijo.*

En su libro, *Integración Sensorial y el Niño*, la Dra. Ayres explica:

---

*   Las vibraciones despiertan todo tipo de respuestas. Un día en mi clase de música, presenté una actividad de movimiento al pegarle a un tambor grande. "Uuuu", dijo una niña de tres años, "¡Puedo sentirlo en mis huesos!" "Yo también", respondió un muchachito, y "¡hasta puedo sentirlo en mi pene!

El Sistema vestibular es un sistema unificador. Forma la relación básica de una persona con la gravedad y con el mundo físico. Todos los otros tipos de sensaciones se procesan en referencia a esta información vestibular básica. La actividad en el sistema vestibular proporciona el marco de referencia para los otros aspectos de nuestras experiencias. La aportación vestibular parece "preparar" todo el sistema nervioso para funcionar eficazmente. Cuando el sistema vestibular no funciona de manera exacta y consistente, la interpretación de otras sensaciones es inexacta e inconsistente, y el sistema nervioso tiene problemas para "ponerse en marcha".

¡Wüau! ¡Que carga tan pesada! ¿No es asombroso como algo de lo que quizá nunca haya oído antes tenga un impacto tan profundo y una influencia tan pervasiva? Igual que el antecedente de todos los otros sentidos, el sistema vestibular nos da un sentido de dónde nos hallamos en el mundo.

Este sistema, al igual que otros sistemas sensoriales, tiene un componente defensivo. Cuando un niño siente que se está cayendo, responde a esta sensación vestibular como diciendo, "¡Ah, oh!" Extiende sus brazos y piernas, tratando de agarrarse de algo. Su cuerpo entero responde con este reflejo automático y de autoprotección.

Conforme un niño va creciendo, su cerebro integra respuestas reflexivas en un proceso llamado maduración de reflejos. Aprende a discriminar las sensaciones vestibulares. Parece decir, "¡Ajá!, estoy aprendiendo a sentir en qué dirección voy y si mi movimiento es rápido o lento".

Ahora, cuando las sensaciones de movimiento le ayudan a percibir que está fuera de centro, aprende a recuperar su balance. Aprende a "pararse en dos pies", en una posición erguida, contra la fuerza de gravedad. Aprende a diferenciar los movimientos de su cuerpo para poder funcionar con economía de movimiento.

También puede discriminar entre los sonidos que vibran en su oído interno y aprende a escuchar. Puede coordinar sus propios movimientos corporales con las sensaciones visuales y aprende a discriminar lo que ve.

Aprende a disfrutar todo tipo de movimiento. Un tipo es el movimiento lineal—atrás-y-adelante, de lado-a-lado, o arriba-y-abajo. El movimiento lineal lento y bajo, el cual no desafía la gravedad, por lo general es relajante o reconfortante. Los padres han sabido desde tiempos inmemoriales que pueden consolar a un bebé en una mecedora, en una cuna, o con suaves rebotes o palmaditas. En realidad, muchos niños (y adultos) se mecen cuando están molestos, como un tipo de terapia que se dan a sí mismos para tranquilizarse.

Otro tipo de movimiento es el giratorio—dando vueltas y vueltas. Ejemplos de movimiento giratorio incluyen darse giros uno mismo sobre un eje firme, (por ejemplo, poner un pie en el suelo y dar vueltas rápidamente), pasearse en el carrusel, columpiarse alto sobre un columpio de cuerda larga. La mayor parte de los niños disfrutan dar vueltas en un columpio de llanta—aun hasta el punto de marearse. El movimiento rotativo estimula el sistema vestibular. Por lo general se siente bien y por eso ¡es tan divertido!

El Sentido Vestibular Desincronizado

La disfunción vestibular es el procesamiento ineficiente en el cerebro de las sensaciones recibidas a través del oído interno. El niño con un problema vestibular tiene dificultad para procesar información de la gravedad, balance y movimiento a través del espacio.

Puede ser que el niño no desarrolle las respuestas posturales necesarias para mantenerse erguido. Puede ser que nunca haya gateado o se haya arrastrado y quizá se tarde para aprender a caminar. Puede tumbarse al piso de manera desgarbada, desparramarse al sentarse y apoyar la cabeza en sus manos cuando está en la mesa.

Al ir creciendo, puede ser torpe y descoordinado en los juegos del patio de recreo. Puede caerse con frecuencia y tropezarse fácilmente con la nada cuando se mueve, Se topándose con los muebles y perdiendo el balance cuando alguien le mueve un poco de su centro de gravedad.

El movimiento de los ojos es influenciado por el sistema vestibular, el niño puede tener problemas visuales. Puede tener una estabilidad visual inadecuada y quizá no se enfoque en los objetos que se mueven o que se quedan inmóviles cuando él se mueve. En la escuela, se puede confundir cuando levanta la mirada hacia arriba al pizarrón y hacia abajo a su escritorio. Pueden surgir problemas de lectura si no ha desarrollado las funciones cerebrales imprescindibles para coordinar los movimientos de los ojos de izquierda-a-derecha.

La disfunción vestibular también puede contribuir a tener dificultades para procesar el lenguaje—una gran desventaja en la vida diaria. El niño que percibe equivocadamente el lenguaje puede tener problemas para aprender a comunicarse, leer y escribir.

Muchos movimientos tienen un efecto calmante. El niño desincronizado, sin embargo, no siempre puede calmarse porque su cerebro no puede modular los mensajes vestibulares. Si tiene dificultad para moverse con suavidad, esto interfiere con su conducta, atención, autoestima y emociones. El niño con un sistema vestibular ineficiente puede tener problemas de modulación, discriminación y problemas motrices, los cuales afectan cada uno de sus movimientos.

Trastornos de la Modulación Sensorial

HIPER-RESPONSIVIDAD VESTIBULAR—"¡OH, NO!"

Los movimientos vigorosos, o la posibilidad de ser movido, ocasiona que el niño con hiper-responsividad, reaccione de manera negativa y emocional, o que se sobre agite.

Este trastorno de modulación indica que su cerebro no puede regular las sensaciones de movimiento. Su sistema vestibular está sobre cargado. Particularmente cuando su cabeza o los ojos se mueven, su cerebro es bombardeado con estímulos sensoriales que no puede organizar. Dos tipos de hiper-responsividad vestibular son Intolerancia al Movimiento e Inseguridad Gravitacional.

INTOLERANCIA AL MOVIMIENTO: "¡NO, NO LO HAGAS!"

El niño que reacciona demás a las sensaciones vestibulares puede ser intolerante al movimiento. El procesamiento deficiente ocasiona respuestas aversivas. "¡Oh, no, no hagas que me mueva! Moverse rápidamente es demasiado para mí".

CÓMO AFECTA LA INTOLERANCIA AL MOVIMIENTO
LA CONDUCTA DE UN NIÑO

Un Niño Típico	Un Niño con Intolerancia al Movimiento
Las actividades favoritas de Noah son movimiento y música. Hoy, los niños de preescolar juegan a las "Sillas Musicales no Competitivas". En este juego, no se quita ninguna de las sillas. El objetivo es moverse alrededor de las sillas mientras la música está tocando y sentarse en cualquier asiento cuando la música se detenga. Todos juegan todo el tiempo; nadie nunca se queda "fuera". Cuando empieza la música, Noah salta y le da vueltas a las sillas junto con los otros niños. Cuando la música se detiene, se desliza a una silla. Una vez, acabó en el regazo de otro niño, pero rápidamente mira a su alrededor, ve una silla vacía, y corre hacia ella. ¡A salvo!	A Sergio, de cuatro años, no le gusta la mayoría de la música ni las actividades de movimiento. Las "Sillas Musicales no Competitivas" lo hacen sentirse especialmente incómodo. Mientras los otros niños corren libremente alrededor del círculo, él se va arrastrando como gusano, agarrándose del asiento de las sillas. Para cuando le ha dado vuelta dos veces a las sillas, su frente está sudorosa y siente el estómago revuelto. La música se detiene finalmente y Sergio se sienta suspirando de alivio. Cuando vuelve a tocar la música, permanece sentado.

Para él, el movimiento lineal es angustiante, especialmente cuando es rápido. Pasearse en carro—particularmente en el asiento de atrás—con frecuencia le provoca náuseas. Puede evitar andar en bicicleta, resbalarse y columpiarse en el patio de juegos, o tan sólo caminar por la calle.

El movimiento giratorio puede ser aún más angustiante. Fácilmente puede marearse y sentir nauseas en un columpio de llanta. Incluso ver a alguien o algo dar vueltas puede hacerlo sentirse mareado. El movimiento en círculos puede hacer que le duelan la cabeza y el estómago.

Si evade moverse, es posible que pierda la habilidad de mantenerse al ritmo de los demás. Puede quedarse sin respiración y cansarse fácilmente. Sus aptitudes de planeamiento motriz y coordinación pueden verse afectadas porque no puede practicarlas con confianza.

INSEGURIDAD GRAVITACIONAL: "¡ME ESTOY CAYENDO!"

Una necesidad primaria para sobrevivir es estar conectado a la tierra. El sistema vestibular nos dice dónde nos encontramos en relación con el suelo. La confianza de que estamos atados a la tierra se llama seguridad gravitacional.

Por lo general, un niño tiene la motivación interna para experimentar con la gravedad. Brincar, columpiarse y dar volteretas, sabe que puede dejar de o apegarse a la tierra por un instante porque sabe que siempre va a regresar. Puede desarrollar seguridad emocional con este sentido básico de estabilidad.

El niño con modulación inmadura quizá no tiene este sentido de estabilidad. Se siente vulnerable si sus pies no están tocando el suelo. Carece del sentido básico de pertenecer a la tierra, tiene inseguridad gravitacional, o "G.I." (por sus siglas en inglés).

La inseguridad gravitacional un estrés anormal y ansiedad como respuesta a una caída o a la posibilidad de caerse. Es un miedo primitivo. Ocurre cuando el cerebro del niño reacciona drásticamente a los cambios de gravedad, puede ser algo tan sutil como ponerse de pie.

El movimiento no es divertido para este niño; es tenebroso. Cuando mueve la cabeza responde, "¡Me estoy cayendo! ¡Estoy fuera de control!" Reacciona exageradamente con una respuesta de pelear-o-huir.

La decisión de "pelear" se interpreta como una conducta negativa y desafiante, especialmente cuando lo mueven pasivamente. Quizá se resista a que lo levanten, lo mezan o lo empujen en la carriola. Puede enojarse o ser terco cuando alguien sugiere un paseo en carro o deslizarse en una colina.

CÓMO AFECTA LA INSEGURIDAD GRAVITACIONAL
LA CONDUCTA DE UN NIÑO

Un Niño Típico	Un Niño con Inseguridad Gravitacional
Jago de nueve años, va con su clase a una caminata en una montaña pequeña. En determinado momento, una liana gruesa cuelga de una rama. Jago toma su turno para columpiarse de la liana y grita: "¡Tarzán!" El eficiente sistema vestibular de Jago le permite disfrutar cuando explora la gravedad al columpiarse y volar por los aires.	El día que la clase de Bernardo, de nueve años, se va de caminata, él cuida cada uno de sus pasos. Está de mal humor, camina en silencio y va despacio. Se aparta mientras sus compañeros se columpian en la liana. Cuando es su turno, renuentemente agarra la liana. No puede moverse. Los otros dicen, "¡Ándale!" ¿Cuál es tu problema? "¡Es divertido!" Bernardo siente que, si sus pies no tocan el suelo, se caerá al vacío. Dice, "Realmente no me interesa este juego tonto", deja caer la liana y se va.

La decisión de "huir" representa precaución extrema o evadir el movimiento. Prefiere mantener la cabeza hacia arriba y los pies abajo, firmemente plantados. Puede evitar jugar "El Patio de mi Casa es Particular", andar en bicicleta, resbalarse y columpiarse. Puede tener temor de las superficies inestables, como una playa de arena o una red para brincar en el patio de juegos. Puede evitar tener nuevas experiencias, como visitar la casa de un amigo, porque cualquier otro lugar que no sea su casa es impredecible.

El niño con este terror tiende a ser inflexible y controlador. A menudo tiene problemas sociales y emocionales, debido a que está muy preocupado de que se va caer y siempre se siente vulnerable cuando está alrededor de otras personas. El resultado es que no puede organizarse para otras tareas, tales como jugar y socializar.

HIPO-RESPONSIVIDAD VESTIBULAR—"UH, AHA"

Otro niño quizá sea de hiporespuesta a las experiencias de movimiento. No responde negativamente; simplemente parece no notarlo. De pequeño pudo haber sido "un bebé fácil de controlar", siempre estaba listo para acurrucarse en los brazos de quien fuera, siempre estaba listo para tomarse una larga, larga siesta. Conforme va madurando, parece no tener la fortaleza interna para moverse activamente. Aunque necesita movimiento extra para "ponerse en marcha", este niño por lo general no busca movimiento. Sin embargo, una vez que empieza, quizá se le dificulte detenerse.

El niño también puede estar no consciente de la sensación de caerse. No puede responder de manera eficiente con sus miembros para protegerse, por ejemplo, extender una mano o un pie para detenerse. Muchos niños con autismo que padecen este problema pueden tener moretones ya que se caen frecuentemente.

CÓMO LA HIPO-RESPONSIVIDAD VESTIBULAR AFECTA LA CONDUCTA DE UN NIÑO

Un Niño Típico	*Un Niño con Hipo-responsividad Vestibular*
Jericó de 13 años viene a la piscina a recibir terapia acuática para fortalecer su pierna, la cual se quebró el invierno pasado mientras esquiaba. En el piso de concreto de la piscina, se resbala en un charco e inmediatamente reacciona agarrándose de la pared para no caerse y quebrarse la otra pierna. Es todo lo que necesita.	Chico, un niño de 13 años que padece de autismo, viene a la piscina para recibir terapia acuática. Como cargando su propio peso se dirige hacia su terapeuta ocupacional y se resbala en un charco. Al no estar consciente de la sensación de estar cayendo, actúa despacio para protegerse así mismo, se estrella contra la pared y cae en el piso de la alberca. El terapeuta llega donde él rápidamente y lo lleva al agua relajante antes de que tenga un colapso emocional.

BUSCADOR VESTIBULAR—"¡MÁS!"

El niño buscador de sensaciones vestibulares parece nunca obtener suficiente movimiento que para otros es suficientemente satisfactorio. Este niño tiene mayor tolerancia para el movimiento. Busca y disfruta considerablemente las actividades vigorosas para satisfacer sus necesidades sensoriales.

Para obtener sensaciones vestibulares, el niño puede buscar resistirse contra la gravedad de maneras inusuales. Por ejemplo, puede asumir posiciones de cabeza, colgándose de la orilla de la cama, o poner su cabeza abajo en el piso y girar a su alrededor.

CÓMO AFECTA LA BUSQUEDA SENSORIAL
LA CONDUCTA DE UN NIÑO

Un Niño Típico	Un niño con búsqueda Sensorial
Julio, de tres años, está con su mamá en el centro acuático. Chapotea en la alberca para niños, ocasionalmente hace una pausa para ver a los niños más grandes que están subiendo por la escalera hacia el trampolín y saltan al agua. Cuando es hora de irse a la casa, le agarra la mano a su mamá y le dice, "Vamos a ver esa escalera grande". Voltea hacia arriba con nostalgia. "¡Es muy alta!" "¡Me da miedo!" Algún día él será grande y lo suficientemente valiente para subirla, pero todavía no.	Juanito, de tres años, está en el centro acuático con su mamá. Empieza a brincar en la piscina grande, pero ella lo sujeta y lo guía hacia las instalaciones de la alberca para niños. Mientras ella y el salvavidas hablan del horario para la primera clase de natación de Juanito, este se escapa. Se sube al trampolín alto. Se tambalea en la orilla, listo para lanzarse a lo profundo. La mamá se da cuenta de su ausencia, sube la escalera rápidamente y lo atrapa justo antes de que se tire.

El niño puede que busque frecuentemente sensaciones de movimientos intensos, como brincar de la parte más alta de los juegos o correr rápidamente aún cuando ir a paso lento es suficiente. Trepar puede ser su pasión; para el buscador de sensaciones, todo parece ser una escalera.

Quizá tenga deseo de movimiento lineal y disfrute mecerse o columpiarse por un tiempo muy, muy largo. Puede especialmente buscar movimientos giratorios, como dar vueltas en círculo, sacudir la cabeza vigorosamente de un lado al otro, o darse vueltas en el carrusel o el columpio de llanta en el patio de juegos.

Quizá ande de prisa revoloteando de una actividad a otra, siempre buscando una nueva emoción. Puede tener una capacidad de atención corta, aun en las actividades que disfruta. Aunque puede estar en constante movimiento, puede moverse sin precaución o sin buena condición motriz.

Cómo el Sentido Vestibular
Afecta las Destrezas Contidians

El sentido vestibular nos da información necesaria para una variedad de habilidades cotidianas:

- Seguridad gravitacional (ver p. 126)
- Movimiento y balance
- Tono muscular
- Visión y audición (ver capítulos Seis y Siete)

- Praxis (Planificación Motora)
- Coordinación bilateral
- Seguridad emocional

Movimiento y Balance

El movimiento automático y coordinado, así como el balance son posibles cuando el sistema nervioso central conecta las sensaciones vestibulares con otras sensaciones. El movimiento y el balance son habilidades motoras basadas en lo sensorial, no son sentidos en sí mismos.

El sistema vestibular nos dice en qué dirección es arriba y que es arriba donde queremos estar. Para mantenernos de pie y erguidos, estamos alerta y en control. Hacemos adaptaciones subconscientes y físicas para mantenernos erguidos, llamadas ajustes posturales. Estos sutiles ajustes nos permiten estabilizar nuestro cuerpo para corregir y mantener el balance, y para movernos con facilidad.

El niño con disfunción vestibular tiene problemas con el movimiento y el balance. Se mueve muy poco o mucho, con poca o mucha precaución. Sus movimientos pueden ser descoordinados y torpes.

CÓMO AFECTAN EL MOVIMIENTO Y EL BALANCE
LA CONDUCTA DE UN NIÑO

Un Niño Típico	Un Niño con Disfunción Vestibular
Cuando Jeremías de diez años inicialmente agarró su patineta, se caía con frecuencia, pero gradualmente ha aprendido a ajustar su peso para mantener el balance. Pone pistas de obstáculos en la calle, con rampas y conos de tráfico e invita a sus amigos para probar nuevos trucos. Cuando José choca con él y lo saca de balance, Jeremías por lo general cae de pie.	José de diez años, logra aprender a como pasearse en patineta a pesar de que practica todo el día y trabaja duro para dominar esta habilidad. Aun así choca en las rampas y los conos de tráfico de Jeremías, y hasta con Jeremías. Generalmente José se siente caer, pero no puede detenerse debido a que sus ajustes básicos de postura son poco efectivos y sigue perdiendo el balance.

Tono Muscular

El tono muscular es el grado de tensión que normalmente está presente cuando nuestros músculos están en estado de reposo. (Los músculos nunca están completamente en reposo, a menos que estemos inconscientes). El tono muscular es una habilidad motora basada en lo sensorial y es un componente de los patrones normales de movimiento. Cuando tenemos buen tono muscular, no lo tomamos en cuenta.

Si usted lleva una vida normal y a veces hace ejercicio, probablemente tiene un tono muscular adecuado cuando está descansando. Si hace ejercicio regularmente, probablemente tiene un tono muscular firme. Si usted es "sedentario", probablemente tiene tono muscular bajo. Y, aún más, si usted es sedentario—no tiene que buscar muy lejos—lo más probable es que su hijo sea un "pequeño sedentario".

El sistema vestibular, junto con el sistema propioceptivo, afecta considerablemente el tono muscular por medio de la regulación de la información neurológica del cerebro a los músculos, les dice exactamente cuánto contraerse para que podamos resistir la gravedad y realizar tareas más especializadas. Por lo general, nuestro tono muscular no es ni muy firme ni muy flojo; es justamente apropiado, para que así no tengamos que hacer mucho esfuerzo al mover el cuerpo o mantenernos erguidos.

CÓMO AFECTA EL TONO MUSCULAR
LA CONDUCTA DE UN NIÑO

Un Niño Típico	Un Niño con Disfunción Vestibular
Oscar de cuatro años, se pone los calcetines y sus zapatos tenis con forma de bota. Todavía no sabe cómo amarrarse los zapatos. Los sujeta con los dedos de los pies para poder conservarlos puestos y camina arrastrando los pies hacia su papá para que lo ayude. Su papá le dice, "Estás creciendo muy rápido, pronto podrás amarrarte los zapatos tu solo". Oscar dice, "Pero puedo hacer que brillen sus luces. ¿Quieres ver, papi?" Brinca y cuando cae, los talones de zapatos prenden sus luces.	El papá de Tadeo lo pone en la cama e intenta empujar sus débiles pies en un par de calcetines. "¿Me puedes ayudar, hijo?" le pregunta. "Aquí parece que yo estoy haciendo todo el trabajo". Tadeo trata de cooperar, pero sus pies no siempre hacen lo que él quiere que hagan. Finalmente, los calcetines están puestos. Mientras su padre mueve los pies de Tadeo para ponerle los zapatos tenis, Tadeo se tumba en la cama. "¿Me puedes ayudar, por favor?" su padre le pregunta. " muy cansado", dice Tadeo.

El niño con disfunción vestibular puede tener el cuerpo "suelto y flácido", o un tono muscular bajo. Este trastorno postural interfiere con su movimiento. De hecho, no hay nada malo en sus músculos, pero su cerebro no está mandando los suficientes mensajes para darles "empuje". Sin ese "empuje" enérgico Los músculos del niño no tienen la disposición para iniciar o tensión necesarias para moverse con facilidad.

El colapsado sensorial frecuentemente puede poner su cabeza sobre la mesa, o desparramarse en el suelo, o encorvarse en la silla. Puede tener dificultad al girar las perillas y presionar palancas. Puede manipular los objetos ligeramente o agarrarlos demasiado fuerte para compensar el bajo tono muscular. Puede cansarse fácilmente, porque resistirse a la fuerza de la gravedad requiere mucha energía.

Coordinación Bilateral

La coordinación bilateral (del latín para "ambos lados") quiere decir que podemos utilizar ambos lados del cuerpo para que cooperen como un equipo. El sistema vestibular bien regulado nos ayuda a integrar los mensajes sensoriales de ambos lados de nuestro cuerpo.

A la edad de tres o cuatro, un niño ya debe haber dominado una destreza bilateral llamada "cruce de línea media". Para el niño que evita cruzar la línea media, coordinar ambos lados del cuerpo puede ser difícil. Cuando pinta en un atril, quizá cambie el pincel de una mano a la otra en el punto medio, separando así sus lados derecho e izquierdo. Puede parecer como si él todavía no ha establecido una preferencia manual, a veces usa la izquierda y a veces usa la derecha para comer, dibujar, escribir, o lanzar algo. También puede ser difícil captar una escena o rastrear visualmente un objeto móvil sin detenerse en la línea media para parpadear y volverse a enfocar.

El niño con coordinación bilateral deficiente puede tener dificultades para usar ambos pies juntos al brincar de una repisa, o ambas manos juntas para atrapar una pelota o participar en juegos donde tiene que aplaudir. Puede tener dificultad para coordinar sus manos al sujetar un papel mientras está cortando, o para estabilizar el papel con una mano mientras escribe con la otra.

CÓMO LA COORDINACIÓN BILATERAL
AFECTA LA CONDUCTA DE UN NIÑO

Un Niño Típico	Un Niño con Disfunción Vestibular
Carol, de ocho años, está haciendo una tarjeta de San Valentín. En un pedazo de papel rojo, pone un corazón de cartón con su mano izquierda y traza su contorno con la mano derecha. Utiliza su mano derecha para cortar el corazón y su mano izquierda para detener y voltear el papel. Durante el período de arte hace cuatro tarjetas más.	Cecilia de ocho años, quiere hacer una tarjeta de San Valentín de color rosa. Se le dificulta para poner fijamente el corazón de cartón sobre el papel mientras lo traza. El contorno está deforme, pero tendrá que quedarse así. Toma el papel con su mano derecha y las tijeras con la izquierda. No, no es correcto; cambia de manos. Corta torpemente. En vez de darle vuelta al papel con su mano izquierda, mueve la mano derecha, sosteniendo las tijeras, alrededor del papel. Su tarjeta de San Valentín no es muy buena, pero espera que le guste a su mamá.

La coordinación bilateral deficiente, un trastorno motriz basado en lo sensorial, con frecuencia es malinterpretada como una discapacidad de aprendizaje, como la dislexia. De hecho, esta dificultad puede llevar a tener problemas para aprender o problemas de conducta, pero generalmente no significa que a un niño le falte inteligencia o capacidad académica.

El Procesamiento Visual y Auditivo

El sistema vestibular está estrechamente involucrado con la visión y la audición. Por favor ver los siguientes capítulos para aprender más al respecto.

Praxis (Planificación Motora)

La praxis, o planificación motora, como usted lo ha visto, es la habilidad de conceptualizar, organizar y llevar a cabo una secuencia compleja de movimientos poco conocidos. Cuando nuestro sistema nervioso integra las sensaciones vestibulares con las sensaciones táctiles y propioceptivas, tenemos una buena conciencia corporal. Cuando tenemos una buena conciencia corporal, podemos planificar los movimientos motores. Cuando tenemos un buen planificación motora logramos hacer lo que nos proponemos.

CÓMO LA PRAXIS AFECTA LA CONDUCTA DE UN NIÑO

Un Niño Típico	Un Niño con Disfunción Vestibular
A Magy de siete años, le gusta aprender bailes nuevos. Hoy las Niñas Exploradoras se están familiarizando con la Macarena, un baile que la líder de las Niñas Exploradoras, la Sra. Herrera, aprendió en los 90s. En este baile, las niñas mueven sus brazos y piernas en una secuencia complicada, volteándolas en el aire y moviéndolas para tocar una parte del cuerpo tras otra. Después de terminar la secuencia, se menean, brincan un cuarto de vuelta, y repiten los movimientos. La Macarena representa un reto más grande que la canción Aquí Vamos Looby Loo. A Magy esto le fascina.	A Ligia le gusta ser Niña Exploradora, especialmente cuando las tropas van a los museos y hacen una representación de las historias, pero no le agrada bailar. La canción de Aquí Vamos Looby Loo fue bastante difícil; ahora tiene que lidiar con la Macarena. Mover sus brazos y las manos es confuso y frustrante porque Ligia padece de dispraxia. Es difícil menearse, así que Lía nomás se mece. Cuando intenta brincar un cuarto de vuelta, se va en la dirección equivocada. Aun si se para a observar a las otras niñas, le es difícil aprenderse la secuencia de los movimientos. Desea que se pudieran quedar con las actividades conocidas en vez de siempre intentar algo nuevo.

Adaptar su conducta para aprender una nueva destreza o habilidad puede ser muy difícil para el niño con disfunción vestibular. Por ejemplo, este inadecuado sensorial quizá pueda meterse a la bañera, pero se le dificultaría entrar a un automóvil. A lo mejor aprendió a usar patines con dos ruedas adelante y dos atrás, pero quizá tenga dificultad para patinar sobre hielo o usar patines con una sola hilera de ruedas. Si su sistema nervioso central todavía no ha procesado las sensaciones de movimiento y balance de manera eficiente, su cerebro no puede recordar cómo se siente moverse de cierta manera. Por lo tanto, no le es fácil aplicar lo que ya aprendió para planear y desempeñar una nueva destreza que tan sólo es un poco diferente.

Seguridad Emocional

La seguridad emocional es un derecho inalienable de cada niño, pero el niño con disfunción vestibular quizá no se sienta totalmente seguro. Él puede ser desorganizado en muchos aspectos de su corta vida por no tener la habilidad de procesar dónde está parado y cómo se mueve a través del espacio.

El niño puede tener bajo autoestima y al estar consciente de que las tareas ordinarias van más allá de su capacidad, con frecuencia dirá "No puedo hacer eso". Quizá ni siquiera lo intente. Si no está seguro de su destreza, aun el niño más querido en este mundo puede sentirse no querido y pensar que es imposible ser amado.

CÓMO LA SEGURIDAD EMOCIONAL AFECTA LA CONDUCTA DE UN NIÑO

Un Niño Típico	Un Niño con Disfunción Vestibular
Marco de cuatro años, le obsequia a Darío una pelota de béisbol grandota y suave junto con un bate de plástico para su cumpleaños. Después de que Darío abre el regalo, Marco dice, "¡Vamos a Jugar!" Pocos niños pueden manipular el bate y pegarle a la pelota. Marco batea la pelota en el aire más allá de la cerca. Aplaude. "¡Sabía que sería bueno en esto! Es tu turno Darío". Le ofrece el bate a su amigo, pero Darío frunce el ceño, se da la vuelta y se va. Cuando la mamá de Marco viene a recogerlo, él le dice, "A Darío no le gustó el bate, mami, pero está bien. De todos modos, me la pasé bien en la fiesta".	Darío de cuatro años, abre el regalo de Marco, pero no quiere jugar con la pelota y el bate. Sabe que no lo hará bien. Ve a los otros niños ponerse en línea para usar el bate, pero cuando Marco lo anima para que lo intente, se voltea y dice, "No puedo". Después de que los invitados se van, le dice a su mamá, "Marco no es mi amigo. Me odia". Tiene lágrimas en los ojos, y se colapsa en sus brazos. Lloriquea, "mami, ¿me quieres?"

CARACTERÍSTICAS DE LA DISFUNCIÓN VESTIBULAR

Estas listas le van a ayudar a sondear si su niño tiene disfunción vestibular. Al ir marcando las características reconocibles, usted va a empezar a ver patrones emergentes que ayudan a explicar la conducta de un niño que está fuera de sincronía.

El niño de hipereactividad quien muestra intolerancia al movimiento podría:

☐ No gustarle las actividades del patio de juegos, como columpiarse, dar vueltas y resbalarse.

☐ Ser precavido, moverse despacio y ser sedentario, duda para tomar riesgos.

☐ Dar la impresión de ser más femenino.

☐ Parecer voluntarioso y poco cooperativo.

☐ Estar muy incómodo en ascensores y en escaleras móviles, quizá experimenta mareos en el carro o por el movimiento.

☐ Exigir apoyo físico continuo de un adulto de confianza.

El niño con inseguridad gravitacional podría:

☐ Tener un gran temor a caerse, aun cuando no exista un peligro real. Este temor se experimenta como un miedo primitivo.

☐ Tener temor a las alturas, aun a las superficies levemente levantadas. El niño podría evitar caminar en el borde de la acera o brincar del último escalón o grada.

☐ Ponerse ansioso cuando sus pies dejan el suelo, siente que aun el movimiento más pequeño lo arrojará al espacio exterior.

☐ Tener temor de brincar o descender escaleras, se detiene fuertemente del pasa manos.

☐ Sentirse amenazado cuando su cabeza está invertida, al revés o ladeada, como cuando le están lavando la cabeza en el lavabo.

☐ Tener temor cuando alguien lo mueve. Como cuando su maestra empuja su silla para que esté más cerca de la mesa.

☐ Tratar de manipular su entorno y a otra gente para protegerse a sí mismo.

☐ Tener propiocepción deficiente y mala discriminación visual.

El indiferente sensorial o hipo-responsividad a las sensaciones vestibulares podría:

☐ No notar u objetar a que lo muevan.

☐ Parecer que le falta impulso interno para moverse activamente.

☐ Una vez que empieza, se columpia por mucho tiempo sin marearse.

☐ No notar la sensación de caerse y quizá no responda eficazmente para protegerse a sí mismo al extender las manos o un pie para detenerse.

El niño buscador de sensaciones y con mayor tolerancia para el movimiento podría:

☐ Necesitar seguir moviéndose, lo más posible, para funcionar. El niño puede batallar para sentarse quieto o quedarse en un asiento.

☐ Menear la cabeza vigorosamente en repetidas ocasiones, menearse de atrás hacia adelante, y brincar arriba y abajo.

☐ Desear intensamente experiencias de movimiento, como saltar repetidamente, usar una mecedora, dar vueltas en una silla giratoria, adoptar posiciones al revés, o poner su cabeza en el piso y dar vueltas sobre ella.

☐ Buscar las "emociones fuertes", disfrutar del equipo en el patio de juegos con movimiento rápido o que dé vueltas, o buscar juegos rápidos y "atemorizantes" en el parque de diversiones.

☐ No marearse, aun después de haber dado vueltas o girado rápidamente por un largo período de tiempo.

☐ Disfrutar de columpiarse muy alto y/o por mucho tiempo.

☐ Gustarle los sube y baja, o los trampolines más que a los otros niños.

El colapsado sensorial con trastorno postural de base sensorial que afecta el movimiento de la cabeza, balance, tono muscular, y coordinación bilateral podría:

☐ Perder el balance a menos de que ambos pies estén firmemente plantados, como cuando se está estirando en puntitas, saltando, o parado en ambos pies cuando cierra los ojos.

☐ Perder el balance fácilmente cuando no está en posición bípeda (dos pies), como cuando está subiendo las escaleras, paseando en una bicicleta, saltando, o parado en un sólo pie.

☐ Moverse de manera descoordinada, con poca gracia.

☐ Estar inquieto y ser torpe.

☐ Tener el cuerpo suelto y flácido.

☐ Sentirse lacio (como un fideo mojado) cuando usted lo levanta, le mueve sus extremidades para ayudarlo a cambiarse, o trata usted de que mantenga su balance en un sube y baja o una barra de equilibrio.

☐ Tender a desplomarse o despatarrarse en una silla o sobre una mesa, prefiere estar acostado en vez de sentarse erguido, constantemente descansa la cabeza en una mano o en el brazo.

☐ Resultarle difícil mantener su cabeza, brazos y piernas erguidas de manera simultánea cuando se acuesta boca abajo.

☐ Sentarse en el piso con sus piernas formando una "W", por ejemplo., con las rodillas dobladas y sus pies extendidos a los lados para estabilizar su cuerpo.

☐ Batallar para darle vuelta a la perilla de las puertas o manijas que requieran de presión, agarrar sin fuerza los "instrumentos" como lápices, tijeras, o cucharas.

☐ Agarrar fuerte y tensamente los objetos (para compensar su poca rigidez).

☐ Tener problemas con la digestión y la eliminación, tales como estreñimiento o control deficiente de la vejiga.

☐ Fatigarse fácilmente durante las actividades físicas o paseos familiares.

☐ No poder detenerse para evitar caerse.

☐ No haber gateado o no se deslizó cuando bebé.

☐ Tener conciencia corporal deficiente.

☐ Tener una capacidad motor-gruesa deficiente y dar un traspié o tropezarse frecuentemente, o ser torpe en los deportes y los juegos activos. Parece que tuviera "dos pies izquierdos".

☐ Tener una capacidad motor-fina deficiente y dificultad al usar "instrumentos" como utensilios de comida, colores de cera y peines.

☐ Tener dificultad para hacer que ambos pies o ambas manos trabajen juntas, como cuando saltan arriba y abajo o tirar y atrapar una pelota.

☐ Tener dificultad al usar un pie o mano para ayudar al otro (a) durante tareas como pararse en un pie para patear la pelota o sostener un papel firmemente cuando escribe o recorta.

☐ Tener dificultad al utilizar ambas manos de manera uniforme y alterna, como cuando toca instrumentos rítmicos juntos para mantener un compás musical.

☐ No tener establecida que mano prefiere utilizar a la edad de 4 o 5 años. El niño puede utilizar cualquier mano para colorear y escribir o quizá cambie el color de cera o lápiz de una mano a otra.

☐ Evitar cruzar el punto medio. El niño puede cambiar el pincel de una mano a otra mientras está pintando una línea horizontal, o quizá batalle para tocarse el hombro contrario con la mano en juegos como "Simón Dice".

☐ Tener mucha dificultad con las actividades que requieren organización y estructura.

El inadecuado sensorial con dispraxia (planificación motora deficiente) podría:

☐ Tener dificultad para conceptualizar, organizar, y llevar a cabo una secuencia de movimientos con los que no está familiarizado.

☐ Ser incapaz de generalizar lo que ya aprendió para realizar una nueva actividad.

El niño que es emocionalmente inseguro podría:

☐ Frustrarse fácilmente y rendirse rápidamente.

☐ Estar renuente a experimentar con actividades nuevas.

☐ Tener poca tolerancia a las situaciones potencialmente estresantes.

☐ Tener bajo autoestima

☐ Estar irritable en compañía de otros y evitar o retirarse de la gente.

☐ Tener dificultad para hacer amigos y relacionarse con sus compañeros.

La disfunción vestibular puede ser el trastorno principal de su niño, a pesar de que también el sentido del tacto (Capítulo Tres) y el sentido propioceptivo (siguiente capítulo) pueden causar problemas. Las dificultades con el proceso visual y auditivo se exponen en los Capítulos Seis y Siete.

Capítulo Cinco

Cómo Saber Si Su Niño

Tiene un Problema con

el Sentido Propioceptivo

Un Niño de Nueve Años en la Picina

Tony ha intentado estar en equipos deportivos, pero le es difícil hacer que su cuerpo funcione de manera coordinada. Le molesta mucho cuando otros niños, incluyendo sus hermanos, le dicen cosas feas como: "De verás que tienes un pésimo sentido de sincronía", o "Nadie te escoge para un equipo porque no ayudas".

Sabiendo cuanto desea participar en un deporte, su madre le persuado a que se integre al equipo de principiantes en natación del vecindario. Después de ir a comprar las gafas, el traje del equipo y un bolso nuevo para atletismo, Tony empieza a creer que la natación podría estar bien. Al menos no tiene nada que ver con pegarle a la pelota.

Durante el primer día de práctica, Tony va paso a paso hacia el vestidor. Los otros niños entran y salen, jugando y riéndose, mientras que Tony tiene dificultades para cambiarse de ropa. Cuida cada uno de sus movimientos, especialmente cuando se ata el cordón del traje de baño. Quiere estar seguro de que se puso el traje de baño correctamente para que nadie se ría de él.

Se dirige a la alberca caminando por el piso de concreto hacia el entrenador. Camina con desacierto, rozando y sonando los talones. Está viéndose los pies, no hacia dónde va. Choca con una silla que retumba en todo el pavimento.

El entrenador echa un vistazo y le hace señas. Le dice: "¡Ven! ¡Ponte las gafas! ¡Métete! ¡Vamos!"

Ponerse las gafas es difícil porque Tony no puede ver lo que está haciendo. Para cuando se las ajusta, los otros chicos ya se metieron y empezaron a nadar hacia el extremo de la piscina.

Tony no sabe cómo sumergirse, así que meterse a la piscina representa otro problema. Se va a la escalera y mira el agua. Agarrándose del tubo y con los brazos torpemente estirados hacia atrás, trata de descender. Luego se acuerda de ver la escalera, no el agua. Se voltea, busca los escalones con sus pies, retrocede despacio a la piscina.

Tony empieza a nadar. Tomó clases de natación así es que sabe lo básico. Sin embargo, su manera de dar brazadas es irregular o dispareja. Su brazo derecho lo estira bien, pero dobla demasiado el codo izquierdo, de manera que nada ¡encogido! Así que se va girando a la izquierda y va golpeándose con la cuerda.

Otro problema que tiene es la respiración. Se concentra con esfuerzo: brazo derecho, brazo izquierdo, respirar, derecho, izquierdo, respirar—pero confunde la secuencia. Cuando respira sus brazos dejan de moverse y siente como si se fuera a hundir.

Cuando llega al otro extremo de la piscina, Tony ya está cansado. Los otros niños ya están de regreso nadando hacia el otro extremo. Siempre es el último. Piensa que quizá después de todo nadar no sea una buena idea.

Patrón Atípico de Conducta

Tony esta desincronizado con su cuerpo y se mueve de forma atípica. Se golpea en los talones con la orilla de la piscina para dar información adicional a sus músculos y articulaciones. Su torpe modo de andar lo hace ver como un robot.

Tony tiene mala conciencia corporal: no puede percibir cómo se mueven individualmente las partes de su cuerpo o dónde se encuentran en el espacio. Depende de su visión para determinar cómo mover el cuerpo. Se tarda mucho para ponerse el traje de baño porque tiene que verse las manos. Ponerse las gafas es difícil porque no puede ver lo que está haciendo.

Otro reto es orientar su cuerpo para meterse a la piscina. Primero, Tony tiene dificultad alineando su cuerpo adecuadamente sobre la escalera. Luego, cuando se acuerda de voltear hacia la escalera e irse hacia atrás, le cuesta trabajo poner bien sus pies en los escalones.

Tony nada de manera irregular en la piscina. Sus brazadas son erráticas porque hacer que sus movimientos de brazos sean sincronizados es difícil.

Tony trabaja con empeño para poder nadar; le encanta el agua y quiere ser exitoso. Se frustra fácilmente y decide que la natación no es para él. Descoordinado e inconsciente de su cuerpo tiene disfunción propioceptiva, y, como es común, también tiene dispraxia y cierta disfunción vestibular.

En las siguientes páginas encontrará una explicación de cómo el sentido propioceptivo debiese funcionar, junto a una explicación del tipo de disfunciones que "hunden" a Tony.

El Buen Funcionamiento del Sentido Propioceptivo

La propiocepción nos dice de nuestro propio movimiento y posición del cuerpo. ("Proprio" quiere decir "propio" o "de uno mismo" en latín). Como "ojos internos", la propiocepción nos informa:

- En dónde se encuentra todo nuestro cuerpo o las partes individuales del mismo en el espacio,

- Cómo se relacionan las partes de nuestro cuerpo la una con la otra,

- Cuánto y qué tan rápido se estiran nuestros músculos,

- Qué tan rápido se mueve nuestro cuerpo en el espacio,

- Cómo es nuestra sincronización, y

- Cuánta fuerza ejercen nuestros músculos.

Este tipo de información es fundamental para cada movimiento que hacemos. Nuestros reflejos, respuestas automáticas y acciones planeadas (praxis) dependen de ello. La consciencia sobre nosotros mismos que la propiocepción da nos permite hacer nuestro trabajo, ya sea que seamos un violinista experto, un esquiador cuesta abajo o un chef de ensaladas... o un aprendiz de conductor de triciclo, el que toma galletas a escondidillas o un escritor de reseñas sobre libros.

La propiocepción es tanto *subconsciente como consciente*. *Subconsciente* como cuando automáticamente sostenemos nuestro cuerpo erguido al sentarnos en una silla, y *consciente*, como cuando descruzamos las piernas al levantarnos de la silla. A veces los maestros y los terapeutas usan el término "kinestesia" para describir la percepción consciente de la posición de las articulaciones que usamos al aprender y quiere decir lo mismo.

La propiocepción es el "sentido de posición" o el "sentido del músculo". Los receptores están principalmente en los músculos y la piel, así como también en las articulaciones, ligamentos, tendones y tejidos conectivos. El estímulo para estos receptores es el estiramiento. Cuando los músculos o la piel se estiran o se contraen, y las partes del cuerpo se doblan y estiran, los mensajes le informan al Sistema Nervioso Central (SNC) cuándo y cómo ocurren los movimientos.

Obtenemos la mejor y mayor propiocepción cuando continuamente nos estiramos y apretamos los músculos con movimientos de resistencia, en contra de la fuerza de gravedad—, digamos, como cuando hacemos una flexión (lagartija) o trabajo pesado, como levantar un canasto lleno de ropa sucia. Cuando nos mueven de forma pasiva—digamos, cuando un vendedor nos levanta el pie para meterlo al zapato—tenemos propiocepción moderada.

Aun cuando estamos inmóviles, recibimos mensajes propioceptivos sin tener una percepción consciente de ello. Por ejemplo, si ahorita está sentado y cierra los ojos, está confiando en la propiocepción, no en la visión, para saber que está descansando en una silla. ¿Están sus pies en un taburete? ¿Sus manos sostienen este libro? La propiocepción les da esta información sin necesidad de verse los pies y manos.

Las sensaciones de los músculos que viene a través del sistema propioceptivo están estrechamente vinculadas tanto al sistema táctil como vestibular. La propiocepción ayuda a integrar las sensaciones táctiles y de movimiento. Debido a que se encuentran tan interrelacionadas, los profesionales a veces hablan de procesamiento "tacto-propioceptivo" o "vestibular propioceptivo".

La discriminación táctil propioceptiva (o "somato sensorial") se refiere a las sensaciones simultáneas del tacto y la posición del cuerpo. Esta habilidad es necesaria para trabajos tan ordinarios como calcular el peso de un vaso con leche, o sostener una pluma de manera correcta para escribir.

La discriminación vestibular-propioceptiva se refiere a las sensaciones simultáneas de la cabeza y la posición del cuerpo cuando el niño se está moviendo continuamente. Esto se necesita para arrojar y atrapar una pelota, o subir las escaleras.

¿Para qué necesitamos la propiocepción? Las funciones de la propiocepción son para aumentar la percepción del cuerpo y para gobernar el control (del sistema) motor y su planificación motora. La propiocepción contribuye a la discriminación visual; entre más nos movemos, más sentido tiene lo que vemos. Nos ayuda con la expresión corporal, la capacidad de dar secuencia a nuestros movimientos y a mover las partes del cuerpo de manera eficiente y económica (solo haciendo lo necesario). Nos permite caminar sin complicaciones, correr rápidamente, cargar una maleta, sentarnos, ponernos de pie, estirarnos y acostarnos. Nos da seguridad emocional, nos hace sentirnos seguros para cuando tengamos la necesidad de confiar en nuestro cuerpo.

Otra función muy importante es que ayuda a modular nuestro nivel de alerta. Lo sube cuando está muy abajo y lo baja cuando está muy elevado. Las experiencias propioceptivas nos calman y organizan, llevándonos de nuevo al centro cuando hemos estado a un nivel bajo o hemos sido sobre estimulados en cualquiera de los otros sentidos. Por ejemplo, la aportación propioceptiva de empujarnos contra la pared, jalar un tubo de plástico o colgarnos de un trapecio, puede despertar a una persona que haya estado sentada todo el día. Esa misma aportación puede calmar a una persona que sufre de una sobrecarga sensorial en un salón de clases muy atareado.

Además, la calma y la organización que el input propioceptivo nos genera puede durar un par de horas y la persona puede aprovecharlo para ayudarse a sí mismo a funcionar. Los maestros, padres y terapeutas que entienden este fenómeno saben que la mejor manera de tranquilizar a los niños para contarles un cuento o que hagan su tarea es dándoles primero varias oportunidades para estirarse y actividades de resistencia.

Una función adicional de la propiocepción es la discriminación del movimiento en tiempo y espacio. Un ejemplo es amarrar las cintas de zapatos, lo cual requiere tener buena propiocepción en los músculos de los dedos en coordinación con una buena discriminación visual y táctil. Para saber cuándo soltar uno de los extremos de la cinta de zapato y cuán grande hacer el aro del lazo, y donde meter el aro, necesitamos praxia, praxia, praxia. Como adulto, puede que puedas amarrar cintas de zapatos en la oscuridad y adormitado, imagina tratar de hacerlo sin propiocepción.

El Sentido Propioceptivo Desincronizado

La disfunción propioceptiva es el procesamiento ineficiente de las sensaciones percibidas a través de los músculos y la piel, así como también de las articulaciones. La disfunción propioceptiva casi siempre viene acompañada de problemas en el sistema táctil y/o vestibular. Aunque es común que un niño únicamente tenga un problema táctil o tan sólo un problema vestibular, es poco probable que un niño tenga nada más un problema propioceptivo.

Un niño con propiocepción deficiente tiene dificultades interpretando las sensaciones de posición y movimiento de las partes del cuerpo. Su SNC es ineficiente para modular estas sensaciones ordinarias y subconscientes cotidianas. Ya sea por bajo registro o por ser un buscador de sensaciones, quizá no pueda usar esta información para tener una conducta adaptativa. Puede mostrar confusión al caminar por la calle, al entrar y salir de la bañera, o al atravesar el patio de juegos. Puede tropezar con todos y todo.

Discriminar dónde se encuentran sus partes de su cuerpo y el grado o velocidad de sus movimientos es un problema. Debido a que no puede monitorear sus músculos motores finos y gruesos el control motriz y la praxis son un reto para él. Las personas pueden percibirle como "torpe".

Puede ser difícil manipular los objetos. Puede ejercer o poner mucha o poca presión en los objetos, pasar apuros para darle vuelta a la perilla de las puertas y regularmente rompe los juguetes y la punta de los lápices. Puede derramar la leche todo el tiempo. El niño puede tener un agarre pobre o de poca fuerza los objetos pesados, como baldes con agua, o los objetos que no pesan, como tenedores y peines. Quizá también tenga problemas para levantar y sostener objetos con diferente peso.

Debido a su pobre percepción corporal, el niño necesita usar los ojos para ver lo que su cuerpo está haciendo. Las tareas ordinarias, como orientar su cuerpo para vestirse, subirse el cierre del sueter, abrocharse los botones de la camisa, o levantarse de la cama en la oscuridad, pueden ser muy difíciles sin la ayuda de la visión. A menos que el niño puede ver cada uno de sus movimientos, quizá no pueda igualar el movimiento de un lado de su cuerpo con un movimiento similar del otro lado.

El niño puede sentirse temeroso cuando se mueve en el espacio debido a que le falta estabilidad postural. Es inseguro emocionalmente porque cada movimiento y cada nueva posición lo agarran desprevenido.

El niño con sistema propioceptivo deficiente quizá tenga problemas de modulación, discriminación y problemas motores que afectan cada uno de sus movimientos.

Trastornos de Modulación Sensorial:

HIPER-RESPONSIVIDAD PROPIOCEPTIVA—"¡OH, NO!"

El niño que reacciona demás o de alto registro a la propiocepción puede evitar estirarse y contraer sus músculos. Puede tener una escasa consciencia corporal y estar rígido, tenso y descoordinado. Le faltan "ojos internos" para ayudarle a "ver" lo que sus partes del cuerpo están haciendo.

Quizá se retire de las actividades que tienen mucho input sensorial en el patio de juegos, tales como brincar, saltar, correr, arrastrarse y revolcarse. Puede evitar o resistirse a tomar posiciones inusuales, como imitar movimientos de animales, meterse entre las barras de los que están trepando, o hacer calistenia en la clase de educación física. No solo el movimiento activo, también el pasivo pueden causarle ansiedad, como cuando alguien le da un abrazo apretado o cuando le mueven los brazos y las piernas.

CÓMO LA HIPER-RESPONSIVIDAD AFECTA
LA CONDUCTA DE UN NIÑO

Un Niño Típico	Un Niño con Hipo-responsividad
Dona de 13 años está en un restaurante japonés por primera vez, prueba el pulpo y el calamar. La textura es parecida a la de goma. Al estar masticando y masticando, compara la sensación a otras comidas que ha probado antes. Concluye que no son como los otros mariscos, sino más como regaliz o goma de mascar.	En el restaurante japonés, Tía de 13 años, quiere portarse bien, así que prueba un pedacito de calamar. Se siente como si estuviera masticando goma, lo cual no está bien. Se saca el bocado de la boca y lo esconde en su servilleta. Luego se concentra en el arroz.

La sobre reacción o hiper-responsividad también puede ocasionar que el niño sea un niño melindroso o selectivo para comer. La razón es que la textura de ciertas comidas requiere que los alimentos sean masticados con fuerza y de manera coordinada y en estos casos los músculos de su boca no están recibiendo la información sensorial necesaria.

HIPO-RESPONSIVIDAD PROPIOCEPTIVA—"JO, JAM".

El niño que no reacciona lo suficiente o de hipo-responsividad a la propiocepción parece faltarle la motivación interna para moverse y jugar. Con frecuencia tiene discriminación somato-sensorial (táctil-propioceptivo) deficiente, así como también tiene problemas posturales y dispraxia. Este niño suele "arreglárselas o compensar", por ejemplo., empuja el codo con fuerza en sus costillas para tener más ayuda al escribir y así compensar su inestabilidad postural.

CÓMO LA HIPO-RESPONSIVIDAD AFECTA
LA CONDUCTA DE UN NIÑO

Un Niño Típico	Un Niño con Hipo-responsividad
Eva de doce años, ha estado sentada en el sillón por una hora, absorta en un libro de Harry Potter. Se siente rígida y necesita moverse. Se pone de pie, entrelaza sus manos y las empuja hacia afuera enfrente de su pecho, por arriba de la cabeza, de lado a lado y atrás de su cabeza. Repite la secuencia de estiramientos, esta vez con las palmas hacia fuera. Ahhh, siente su cuerpo mucho mejor.	Lorena de doce años, ha estado en una sola posición todo el día, adentrada en El Señor de los Anillos. Su mamá la llama. Lorena se para rígidamente y va tropezándose a la cocina para ayudarle a preparar la cena. Su mamá le da trabajos que le proporcionen input sensorial sin causar ningún daño debido a que Lorena suele quebrar los trastes y cortarse cuando está rebanando las verduras. Ella lava las papas, combina los ingredientes para el pastel de carne, exprime los limones, mezcla la ensalada y saca la basura. Ahora se siente más alerta.

Al igual que el niño que reacciona demás de hiperrespuesta, a él también le faltan "ojos internos", tiene una conciencia corporal deficiente y es excepcionalmente torpe con los juguetes y los materiales. A diferencia del evitativo sensorial, sin embargo, el indiferente sensorial quizá se dé cuenta de que ha estado sentado por mucho tiempo en una posición incómoda. La sensación de alfileres y agujas puede no molestarle. Quizá no pueda orientar su cuerpo para vestirse y no importarle si alguien le mueve los brazos y las piernas cuando hay que vestirlo. "Jo, jam".

Los padres y maestros pueden notar que el indiferente sensorial se pone más alerta y es más organizado después tener actividad con trabajo pesado. Claro, este niño necesita que alguien le ayude a comenzar. Los quehaceres en la casa y en el salón de clases le ayudan de la misma manera que la integración sensorial lo hace. Esta le proporciona bastante retroalimentación propioceptiva para aumentar su nivel de alerta.

DESEO PROPIOCEPTIVO—"¡MÁS!

El niño buscador de sensaciones es un "topa y choca". Busca continuamente movimiento activo como empujar, jalar, hacer "aterrizajes forzosos" cuando se tira al suelo, y se tira contra las paredes, mesas y las personas. Busca input pasivo en sus músculos y articulaciones, así como abrazos fuertes de osos, ser presionado, apretujado o aporreado cuando está jugando rudamente.

CÓMO LA BUSQUEDA DE SENSACIONES PROPIOCEPTIVAS AFECTA LA CONDUCTA DE UN NIÑO

Un Niño Típico	Un Niño Buscador de Sensaciones
Antes de hacer los mandados, Abram de cinco años y su papá van al patio de juegos. Abram puede darle al columpio y le gusta moverse hacia adelante y hacia atrás a su propia fuerza. Ahora se encuentran en la tienda del supermercado. Abram ayuda con el carrito. Se siente bien de sus brazos, abdomen y espalda cuando lo empuja para adelante y lo jala hacia atrás. Cuando le da un empujón hacia adelante, el carrito accidentalmente choca con el recipiente de las manzanas y algunas salen volando—¡una adentro del carrito! El papá de Abram levanta una ceja. Abram se frena y nomás empuja y jala el carrito un poco.	Chigo de cinco años y su mamá se encuentran en el pasillo de frutas y verduras. Ella tiene prisa y él está de mal humor. Se reúsa a subirse en el asiento para niños, así que ella lo deja empujar el carrito del mandado. Él lo empuja y lo jala. Luego se recarga hacia adelante y golpea su cabeza repetidas veces en la barra donde se sostiene el carrito. No puede ver hacia dónde va y choca con un barril de cacahuates. ¡Eso se sintió bien! Antes de que su mamá pudiera detenerlo, Chigo deliberadamente le da un empujón al carrito contra un exhibidor de melones. La próxima vez que hagan los mandados juntos, la mamá de Chigo va a asegurarse de que este tenga tiempo para correr y jugar primero.

El deseoso sensorial siempre anda buscando más aporte propioceptivo, puede morder, dar patadas, golpear y comportarse de una manera aparentemente agresiva. Algunos deseosos sensoriales emplean la auto-estimulación, como morderse su propia piel o pegarse en la cabeza contra la cuna o la pared. Estos niños se benefician con un tratamiento de integración sensorial que proporcione numerosas oportunidades para obtener aportación propioceptiva vigorosa que disminuya su alto nivel de excitación.

CÓMO AFECTA EL SENTIDO PROPIOCEPTIVO
LAS DESTREZAS COTIDIANAS

La propiocepción trabaja estrechamente con los sistemas táctiles y vestibulares, de manera que algunas funciones se sobreponen. Estas funciones incluyen:

- Conciencia corporal
- Control motor
- Graduación del Movimiento
- Estabilidad Postural
- Praxis (planeamiento motor)
- Seguridad Emocional

Conciencia Corporal

Una propiocepción eficiente proporciona información acerca de la conciencia corporal. El niño que tiene una propiocepción deficiente puede no estar consciente de la posición de su cuerpo y sus partes.

CÓMO AFECTA LA CONCIENCIA CORPORAL
LA CONDUCTA DE UN NIÑO

Un Niño Típico	Un Niño con Disfunción Propioceptiva
Para calmar a los niños antes de leer-les un cuento, la maestra de la clase de Jonás lleva a cabo un ejercicio de estiramiento. Dice, "Cierren los ojos y estiren bien un brazo hacia el techo. Bájenlo y ahora estiren el otro brazo, muy arriba". Jonás de tres años sigue las instrucciones sin dificultad.	Kenny de tres años, mantiene los ojos abiertos durante el ejercicio de esti-ramiento. Ve su brazo derecho para asegurarse de que se está moviendo. Cuando la maestra dice que estiren el otro brazo, Kenny mira rápidamente a Jonás para ver que está haciendo. Se confunde al tratar de imitar a Jonás. Vuelve a levantar el brazo derecho en vez del izquierdo.

Control Motor

La propiocepción proporciona la información necesaria para coordinar los movimientos básicos motores gruesos y finos. El niño con propiocepción deficiente tiene dificultades para controlar los movimientos motores grandes, tales como cambiarse de una posición a otra y los movimientos motores finos, tales como sujetar objetos.

CÓMO EL CONTROL MOTOR AFECTA
LA CONDUCTA DE UN NIÑO

Un Niño Típico	Un Niño con Disfunción Propioceptiva
Gary de once años, reúne algunos niños para un juego de nombre HORSE. Uno por uno, cada niño elige un lugar y todos toman su turno para pararse ahí y lanzar el balón en el aro. Con cada canasta que fallen, el jugador recibe una letra—H, O, R, S y E. Gary tiene un buen control motor y casi nunca acumula todas las letras para deletrear HORSE, lo cual lo sacaría del juego.	Julián de 11 años intenta jugar HORSE en la cancha de básquet. Es su turno y agarra la pelota. Su control motor está fuera de sincronía debido a que las sensaciones de discriminación sobre la posición del cuerpo y el movimiento de los músculos son difíciles para él. Intenta arrojar el balón adentro del aro pero sus músculos son muy débiles. Falla y recibe una H. Luego recibe una O, una R, una S y una E. Está fuera del juego.

Graduación del Movimiento

La propiocepción nos ayuda a graduar nuestros movimientos. Graduar el movimiento quiere decir que sentimos cuánta presión aplicar al flexionar y extender nuestros músculos. Podemos calcular cuál debe ser la cantidad y calidad de movimiento muscular y con qué tanta fuerza nos debemos mover. Por lo tanto, podemos calibrar la cantidad de esfuerzo necesaria para recoger una bola acojinada para limpiar el polvo, levantar una caja de cartón pesada, o jalar un cajón difícil de abrir.

Supongamos que usted está en un día de campo y coloca su limonada en la mesa, al lado del vaso vacío de alguien más. Más adelante, regresa por otro refrescante sorbo pero levanta la taza de la otra persona. Inmediatamente siente que dicha taza no es la suya porque no se siente llena. Y ¿cómo sabe? ¡La propiocepción le dice!

Puesto que el niño con disfunción no recibe los mensajes de sus músculos y articulaciones de una manera eficiente, tiene dificultad graduando sus movimientos para adaptarse a las cambiantes demandas.

CÓMO AFECTA LA GRADUACIÓN DE MOVIMIENTO LA CONDUCTA DE UN NIÑO

Un Niño Típico	Un Niño con Disfunción Propioceptiva
Julia, de siete años, va a ayudar a pintar el cobertizo de las bicicletas en el campamento. Lleva una brocha en la mano y un balde de pintura en la otra. De camino al cobertizo ajusta su cuerpo para mantenerse de pie a pesar de cargar diferentes pesos.	Ruth, de siete años, aprieta una brocha con la mano para que no se le caiga. Su conserje le da un balde de pintura para que se lo lleve. Ruth no puede percibir que tan pesado está, por eso no puede apretar sus músculos para pararse erguida. Se inclina mucho para un lado al ir cargando el balde hacia cobertizo.

Estabilidad Postural

La propiocepción nos proporciona el conocimiento subconsciente sobre nuestro cuerpo, el cual nos ayuda a estabilizarnos cuando nos sentamos, nos paramos y nos movemos. El niño con esta disfunción carece de la estabilidad para hacer ajustes posturales fundamentales para las actividades cotidianas.

CÓMO AFECTA LA ESTABILIDAD POSTURAL LA CONDUCTA DE UN NIÑO

Un Niño Típico	Un Niño con Disfunción Propioceptiva
Lázaro, de diez años, jala su silla y estudia la mesa del comedor. ¡Genial, elote entero! Come con los codos en la mesa. Su mamá le dice, "Come con modales, por favor", y él se endereza.	Adán, de diez años, se acomoda en la silla: un pie metido debajo de su cuerpo y el otro en el piso para que le dé estabilidad. Él sabe que su mamá desaprueba que ponga los codos en la mesa, pero no puede evitarlo, especialmente cuando come elote.

Praxis (Planificación Motora)

La praxis depende de una modulación y discriminación exacta de los mensajes propioceptivos. El planeamiento y secuenciación de acciones motoras es un desafío para las personas con dispraxia, especialmente si padecen de hipo respuesta.

153

CÓMO LA PRAXIS AFECTA
LA CONDUCTA DE UN NIÑO

Un Niño Típico	Un Niño con Dispraxia
Teodoro, de seis años, está practicando una rutina de marcha para la excursión. "Uno, dos, tres, cuatro, uno, dos, tres, cuatro", canta a la vez que levanta las rodillas rápidamente. Cuando el maestro de educación física agrega el movimiento de brazos y cuenta más rápido, Teodoro disfruta el reto extra que esto representa.	Carlos permanece al final de la fila mientras sus compañeros de primer año practican la marcha. Aun cuando canta, "Uno, dos, tres, cuatro", este inadecuado sensorial parece no poder coordinar sus rodillas en un patrón rítmico. Cuando agrega el movimiento de los brazos y se mueve más rápido todo se hace más frustrante. Carlos sólo puede arrastrar los pies y murmulla, "No puedo hacer esto".

Seguridad Emocional

La propiocepción contribuye a nuestra seguridad emocional al orientarnos sobre dónde se encuentran las diferentes partes del cuerpo y lo que estamos haciendo con el mismo. El niño con propiocepción deficiente no está seguro de su propio cuerpo. Es inseguro emocionalmente debido a que le falta la "sensación" del mismo.

CÓMO AFECTA LA SEGURIDAD EMOCIONAL
LA CONDUCTA DE UN NIÑO

Un Niño Típico	Un Niño con Disfunción Propioceptiva
Jimena, de cinco años, se levanta de la cama, se viste y camina a la escuela. Hace sus hojas de trabajo, juega afuera y se va a hacer los mandados con su mamá. Se siente bien consigo misma y el mundo en el que habita. Su sensación de seguridad se debe en parte porque puede depender de los mensajes que vienen de su cuerpo. Puede orientar su cuerpo fácilmente y esta habilidad le da la confianza para moverse durante el día.	Para Sara, de cinco años, casi todo lo que hace requiere de esfuerzo adicional—levantarse de la cama, vestirse, caminar a la escuela, hacer sus hojas de trabajo, jugar en el patio de juegos e ir a hacer mandados con su mamá. No se siente bien consigo misma o en el mundo en que habita. Su sensación de inseguridad se debe a los mensajes no confiables que provienen de su cuerpo, el cual no se mueve como ella quiere. Tiene poca confianza en sí misma.

Características de Disfunción Propioceptiva

Estás listas de cotejo le ayudarán a medir si su niño tiene una disfunción propioceptiva. Al ir marcando las características que reconoce, empezará a ver patrones emergentes que explican la conducta desincronizada de su hijo.

El niño con **hiper-responsividad** al input propioceptivo podría:

☐ Preferir no moverse.

☐ Molestarse cuando sus extremidades son movidas pasivamente.

☐ Molestarse cuando es necesario estirar o contraer sus músculos.

☐ Evitar las actividades que impliquen cargar el peso del cuerpo, como trotar, saltar, correr, gatear, rodarse y otros movimientos físicos que traigan una fuerte input propioceptiva a los músculos.

☐ Ser selectivo para comer.

El niño con **hipo-responsividad** podria:

☐ Tener bajo tono muscular

☐ "Fijar" los codos a las costillas cuando escribe, o tener las rodillas juntas firmemente cuando está de pie para compensar el bajo tonificación muscular.

☐ Quebrar los juguetes fácilmente.

El niño **buscador de sensaciones** podría:

☐ "Toparse y chocarse" deliberadamente contra objetos en su entorno, por ejemplo, brincar de lugares altos, lanzarse sobre un montón de hojas y taclear personas.

☐ Dar patadas en el suelo o golpear sus pies en el piso cuando camina.

☐ Dar taconazos en el piso o la silla.

☐ Dar golpes con un palo u otro objeto en la pared o reja cuando va caminando.

☐ Para modular su nivel de excitación, participa en actividades auto estimulantes, tales como darse cabezazos, morderse las uñas, chuparse el dedo, o presionarse los nudillos.

☐ Frotarse las manos en las mesas una y otra vez.

☐ Agradarle estar apretado envuelto en una cobija o estar metido en la cama de manera apretada a la hora de acostarse.

☐ Preferir que las cintas de los zapatos, capuchas y cintos estuvieran bien apretadas.

☐ Masticar constantemente los objetos, como los cuellos y los puños de la camisa, las cintas de la capucha, lápices, juguetes y goma de mascar. Puede que disfrute de comidas que sean chiclosas.

☐ Parecer ser agresivo.

El niño con **discriminación deficiente y dispraxia** podría:

☐ Tener una conciencia corporal y control motor deficientes.

☐ Tener dificultad para planificar y ejecutar el movimiento. Controlar y monitorear tareas motoras tales como ajustar un cuello o puede ser especialmente difícil ponerse los lentes si el niño no puede ver lo que está haciendo.

☐ Tener dificultad al posicionar su cuerpo, como cuando alguien le está ayudando a ponerse el abrigo, o cuando está tratando de vestirse o desvestirse.

☐ Tener dificultad para saber dónde se encuentra su cuerpo en relación con los objetos y la gente, frecuentemente se cae, se tropieza y se topa con obstáculos.

☐ Mostrar temor al estarse moviendo en el espacio.

El niño con una **graduación deficiente del movimiento** podría:

☐ Flexionar y extender sus músculos más o menos que lo necesario para hacer tareas tales como meter sus manos en las mangas o treparse en algo.

☐ Sostener los lápices y los colores de cera muy ligeramente como para escribir suavemente o apretarlos demasiado, tanto que las puntas se quiebran.

☐ Presentar un trabajo por escrito sucio, regularmente con hoyos grandes por las borraduras.

☐ Quebrar frecuentemente objetos delicados, parecer como un "toro en un bazar".

☐ Quebrar artículos que requieren de una manipulación simple, tales como los interruptores de una lámpara, pasadores del cabello y juguetes que necesitan armarse y desarmarse.

☐ Levantar un objeto con más fuerza de la necesaria, como un vaso de leche, ocasionando que el objeto vuele por los aires.

☐ Levantar un objeto con menos fuerza de la necesaria—y por lo tanto, no poder levantarla. Puede decir que los objetos como las botas o los juguetes están "muy pesados".

☐ Tener dificultad al levantar o sujetar objetos si no pesan lo mismo. Puede no entender los conceptos de "pesado" y "ligero".

El niño con **trastorno postural basado** en lo sensorial podría:

☐ Tener una mala postura.

☐ Recargar la cabeza en las manos cuando trabaja en un escritorio.

☐ Desplomarse en una silla, sobre una mesa, o mientras está sentado en el piso.

☐ Sentarse en la orilla de una silla y mantener un pie en el piso para tener más estabilidad.

☐ No ser capaz de mantener el balance al pararse en un pie.

El niño con **inseguridad emocional** podría:

☐ Evitar participar en las experiencias de movimiento que son comunes porque lo hacen sentirse incómodo o inadecuado.

☐ Ponerse rígido, concretándose a las actividades que ha dominado y resistirse a los nuevos desafíos físicos.

☐ Faltarle confianza en sí mismo, diciendo, "No puedo hacerlo", aun antes de intentarlo.

☐ Ser tímido en situaciones desconocidas.

La disfunción propioceptiva usualmente coexiste con problemas del sentido táctil (Capítulo Tres) y/o la disfunción vestibular (Capítulo Cuatro).

Capítulo Seis

Cómo Saber Si Su Niño

Tiene un Problema con

el Sentido Visual

Dos Niños de Séptimo Año en la Escuela

Muy pocas personas adivinarían que Francisca, de 12 años, tiene una disfunción visual. Es la que mejor lee en séptimo año y le encanta la literatura. Todo lo que hace es leer, leer, leer.

Hoy, después de comer rápidamente, se escabulle de la cafetería y se va rumbo a la biblioteca, su paraíso. Se agacha para evitar a los estudiantes que se desplazan rápidamente en el transitado pasillo. Entra a la biblioteca, encuentra un par de títulos acerca de papalotes y se va a un rincón interno del cuarto. Se echa al suelo, se recarga en un librero frente a la pared en blanco y se sumerge en los libros.

Francisca adora la tranquilidad de la biblioteca, donde no entrecierra los ojos ni tiene dolores de cabeza. La razón es que la biblioteca tiene focos de espectro completo en el techo, a diferencia de las luces fluorescentes que parpadean en los salones de clase. También, en su silencioso rincón, no existe la brillante luz del sol que a través de las persianas venecianas le irrita los ojos.

Aparece Carisa, que también tiene una disfunción visual no detectada, buscando a Francisca. Ajena a la mayoría de los obstáculos, Carisa se topa con un carrito de libros. El carrito se voltea;

los libros salen volando. Torpemente junta los libros y los avienta adentro del carrito.

Carisa con frecuencia se confunde acerca de dónde se encuentra en el espacio y tiene un pobre sentido de orientación. También es difícil ponerle atención a las palabras de la página o mover suavemente los ojos de un renglón a otro. Su fortaleza es escuchar, así que le va bien en francés, español, poesía y música. Carisa, como dice Francisca, es una niña muy inteligente, pero no necesariamente una buena lectora.

Francisca escucha que Carisa se acerca. "¡Hola!"—le dice, echándole una mirada a su amiga.

Carisa le ha pedido a Francisca que eche un vistazo a los libreros para encontrar algunos títulos, porque ese trabajo visual detallado la confunde. Murmulla: "¿Encontraste algunos libros buenos acerca de papalotes? ¿Algunos diseños sorprendentes?"

"Aquí está un modelo en forma de mariposa para ti"—dice Francisca, y "aquí está la oropéndola de Baltimore que quiero copiar". Las niñas admiran las ilustraciones y murmullan acerca de los papalotes que confeccionarán en la clase de arte. Están esperando el día que está por llegar, para ir a Washington, DC, para ver el desfile del Festival de los Cerezos y para volar los papalotes en el Centro Comercial National Mall.

Más tarde, en la clase de arte, intentaron trabajar en sus papalotes e inmediatamente empezaron los problemas. Un problema es cambiar la mirada entre el libro de ilustraciones y su trabajo, y viceversa. Enfocarse y volverse a enfocar es difícil. Otra dificultad es transponer los diseños que han escogido a las alas de los papalotes. No pueden visualizar como ampliar la mariposa y el pájaro porque es una destreza visual relacionar las partes al diseño completo y aún no la han desarrollado.

La maestra de arte va a su mesa y frunce el ceño al ver los esfuerzos mal alineados de las niñas. Ve la manera de decir algo positivo: "Veo que ambas están trabajando muy arduamente".

Las niñas la ven con ansiedad. Carisa se pregunta si la maestra está enojada. Observando su cara, no está segura.

"Mmm", dice la maestra. "La próxima vez, ¿qué tal si empiezan con algo menos complicado? A veces menos es más".

"Si", Carisa está de acuerdo. "Algo más simple". Se relaja un poco. Probablemente la maestra no está enojada. Al menos, no se oye molesta.

Francisca murmulla: "Yo creo que podría pintar círculos grandes, en vez de un pájaro".

Suena la campana y las niñas recogen sus cosas y se van, la maestra les sonríe con una sonrisa de comprensión. Realmente no puede entender por qué estas alumnas tan inteligentes batallan por un proyecto de arte que debería de ser apto para su capacidad. ¿Por qué Francisca y Carisa no pueden entender las imágenes que tienen frente a sus ojos?

Patrones Atípicos de Conducta

¿Por qué, de hecho, Francisca y Carisa no pueden entender lo que ven?

Ambas muestran patrones de conducta atípica. Francisca es hiper-responsiva a las sensaciones visuales. La manera en que su cuerpo compensa es sobreacomodando (un problema con sus destrezas visuales básicas). Si, puede leer bien, pero la mayoría de las estimulaciones visuales la hacen sentirse sobre cargada. Tiene dificultad para encontrar su camino en un pasillo aglomerado, tolerar las luces parpadeantes y mantener el contacto visual.

Carisa es hipo-responsiva a los estímulos visuales. Tiene dificultad para entender qué es lo que está viendo, dónde se encuentra en el espacio y dónde está en relación a ello. Un problema es la compresión de la atención visual; se puede enfocar sólo en un objeto a la vez en lugar de ver todo el esquema completo. La atención comprimida causa pobre figura-fondo visual (un problema de discriminación). Ella no capta el sentido que tiene que el carrito esté en su camino, los títulos en los libreros y lo que está impreso en la hoja. Lee erroneamente señales visuales y expresiones faciales.

Adicionalmente, ambas niñas tienen dispraxia visual. Sus erebros son ineficientes integrando el input visual con el output motor. Por lo tanto, sus respuestas motoras- visuales están retrasadas y son torpes. No pueden usar su visión con facilidad para guiar sus movimientos y llevar a cabo un plan, como reproducir los diseños copiando el libro de ilustraciones.

En las siguientes páginas usted aprenderá cómo el sentido visual se supone debe de funcionar, seguido de una explicación de los tipos de disfunciones que atenúan la visión del mundo de estos niños de séptimo año.

EL BUEN FUNCIONAMIENTO DEL SENTIDO VISUAL

La visión es un sistema sensorial complejo que nos permite identificar lo que vemos, anticipa qué es "lo que se nos va a presentar" y nos prepara para responder. Usamos la visión, primero que nada, para detectar contraste, margen y movimiento para poder defendernos a nosotros mismos; y segundo, para guiar y dirigir nuestro movimiento y así poder interactuar con un propósito en nuestro medio ambiente, socializar y aprender.

El estímulo que activa la visión es la luz, o el cambio de luz. Este estímulo es externo y no tenemos contacto físico alguno con el, como lo tenemos con los estímulos del sentido táctil, vestibular y propioceptivo.

La característica única de la visión es proporcionar información temporal (tiempo) y espacial (espacio). Vemos las cosas en secuencia y a la misma vez vemos un volumen de espacio. Por ejemplo, cuando leemos, movemos nuestros ojos de un grupo de palabras al siguiente. Al mover nuestros ojos hacia una nueva posición vemos y recibimos otro grupo de palabras. La visión nos permite procesar un enorme volumen de espacio, en un abrir y cerrar de ojos.

Es asombroso que la visión sea tan importante para nosotros, porque, en términos de evolución, la visión es nueva al sistema nervioso. El olfato era el sentido dominante de nuestros ancestros y aún es crucial para muchos animales. Hoy en día, la visión es el sentido dominante de todo ser humano para aprender dónde estamos y qué es lo que está pasando a nuestro alrededor, o qué es lo que pudiera pasar en cualquier momento.

La visión no debe de ser confundida con la vista, la cual es únicamente una parte de la visión. La vista, por supuesto, es la habilidad básica para ver la "E" grande en la gráfica de la pared. La vista es un pre-requisito para la visión. O vemos, o no vemos. No podemos aprender ni nos pueden enseñar a ver.

La visión, a diferencia de la vista, no es una destreza con la que nacemos, sino que más bien la desarrollamos gradualmente conforme vamos integrando nuestros sentidos. Al ir creciendo, aprendemos a entender lo que vemos.

¿Cómo? ¡Por medio del movimiento! El movimiento es la base de todo aprendizaje. Le enseña a los ojos a encontrarle sentido a lo que están viendo, en cambio, si permanece sentado mientras está leyendo o viendo la pantalla de la computadora fijamente, el movimiento no desempeña su función.

DATOS INTERESANTES ACERCA DE LA VISIÓN

- 80% de la información que adquirimos viene por medio de los ojos.

- 80% del proceso visual es responsable de lo que vemos, y 20% es responsable de dónde y cómo vemos.

- 66-$\frac{2}{3}$% de la actividad del cerebro está dedicada a la visión cuando los ojos están abiertos. Tres mil millones de impulsos entran a SNC cada segundo; dos mil millones de estos son visuales.

- 93% de la comunicación humana es no verbal; 55% de la comunicación viene por medio de ver las expresiones faciales y expresiones corporales de la persona que está hablando.

- 75-90% de lo que se aprende en el salón de clases depende de la visión.

- 90% de los problemas visuales nunca son diagnosticados.

- 25% de los estudiantes en edad escolar tienen problemas de visión que no han sido diagnosticados.

- 70% de los menores infractores tienen problemas de visión sin diagnóstico.

Los sistemas vestibulares y propioceptivos influencian profundamente a nuestra visión. Cuando estiramos y contraemos los músculos posturales para acostarnos, sentarnos, o pararnos usando los dos pies, las sensaciones bombardean nuestro cerebro y esto facilita el movimiento de los ojos. Cuando nos movemos, cambiamos de dirección y la posición de nuestro cuerpo, la cabeza y ojos, nosotros fortalecemos nuestras destrezas visuales. Cuando nos involucramos en una actividad con propósito, nuestros ojos mejoran su coordinación. Por lo tanto, el movimiento, balance, control muscular y las respuestas posturales son "imprescindibles" para un desarrollo visual apropiado.

El sentido táctil también tiene un fuerte impacto en la visión. El niño en edad infantil roza sus dedos de los pies con las manos y voltea a ver qué es lo que ha tocado. El niño en edad preescolar agarra una naranja y pone atención visual a sus características táctiles. Mañana él puede ver otra naranja y saber que es redonda, áspera, sólida y que la puede agarrar, apretar, rodar y aventar perfectamente. El estudiante de más edad puede visualizar imágenes, como la de una pirámide, un policía o una pizza de peperoni sin tocar o ver una de verdad. ¡Es realmente importante tener un sinnúmero de experiencias concretas para poder ver bien!

El sentido auditivo también afecta la visión. Cuando escuchamos un sonido, la información auditiva refuerza nuestro procesamiento visual para ver de dónde proviene. Un portazo, un amigo nos llama por nuestro nombre, o un pájaro canta; volteamos para localizar y ver el origen del sonido. También, oír refuerza nuestro procesamiento visual de lo que se está diciendo. Por ejemplo, escuchar o decir la palabra "manzana" provoca la imagen visual de una manzana.

En efecto, necesitamos todos nuestros sentidos para desarrollar la visión, así como necesitamos la visión para desarrollar otros sentidos—incluyendo el sentido del olfato y del gusto. La capacidad de saber numerosos detalles sensoriales de lo que vemos, como el aroma y el sabor de un panecillo, incluso antes de comerlo, es el feliz resultado de la integración sensorial.

Dos Componentes: El Defensivo (¡"Está bien"! o ¡"Ah, Oh"!) Y El Discriminativo ("¡Ajá!")

Al igual que los otros sentidos, la visión tiene dos componentes. Nuestra primera respuesta es siempre defensiva (vea el Capítulo Dos). La visión actúa principalmente para protegernos del peligro. Cuando la luz llega a los ojos, nuestra respuesta inmediata es refleja, es decir, involuntaria y sin control consciente. Automáticamente, generamos respuestas adaptativas para poder ver claramente, una visión clara y única es una capacidad de supervivencia esencial.

Destrezas visuales básicas—los mecanismos inconscientes de la vista—incluyen:

- Agudeza, la capacidad de ver los objetos detalladamente.

- Adaptarse de la obscuridad a la luz brillante, por ejemplo: cuando salimos de un pasillo con luz tenue hacia el sol.

- Acomodar cada ojo para poder enfocarnos en los objetos que están a diferentes distancias, en puntos lejanos y cercanos, como cuando volteamos hacia atrás y hacia enfrente desde el escritorio para ver algo por la ventana, o cuando copiamos las ecuaciones desde un pizarrón a nuestro cuaderno.

- Detección de movimiento, como una araña trepando la pared, el carro que viene calle abajo, o los compañeros entrando al salón de clases.

- Binocularidad (visión de los dos ojos), la habilidad de barrer ambos ojos juntos de manera coordinada y usarlos como un equipo para formar una sola figura mental de las imágenes que los ojos capturan por separado, como ver hacia el cielo con los dos ojos para tan sólo ver una luna.

- Las destrezas ocular-motoras (ojo-motriz), incluyen la atención fija en un objeto (fijación), el movimiento eficiente de un punto a otro o de una palabra a otra (sacadas), y seguir un objeto en movimiento (movimientos de persecución ocular suave), como una pelota en el aire.

Teniendo como base unos ojos saludables, en condiciones funcionales, podemos empezar con el componente discriminativo de la visión, que abarca las funciones cognitivas conscientes a nivel superior. (Se usan varios términos para estas funciones, incluyendo: "percepción visual-espacial", "cognición visual", "cognición espacial", "percepción de forma y espacio", y "discriminación visual", que es el término usado aquí).

La discriminación visual nos ayuda a refinar los detalles de lo que vemos, dónde se encuentra ese objeto en el espacio, y dónde estamos en relación al mismo. Este "qué, dónde y cómo" de la visión guía nuestras respuestas a lo que vemos.

CÓMO LAS DESTREZAS VISUALES BÁSICAS
AFECTAN LA CONDUCTA DE UN NIÑO

Un Niño Típico	Un Niño con Destrezas Visuales Deficientes
Eduardo, de trece años, vive para jugar béisbol. Es un "genio físico", dice su entrenador, esto se debe en parte a sus excelentes destrezas visuales. Al sostener el bate, mantiene fácilmente sus ojos en la pelota y cambia su enfoque rápidamente de un punto lejano (jardinero Mario) hacia un punto cercano (base). Cuando lanza, el buen funcionamiento de sus ojos para trabajar en equipo, le ayuda a ver exactamente dónde poner la pelota. Esto es natural en él.	Antes de que Mario, de 8vo año, obtuviera sus lentes y terapia de la visión, no era un jugador de pelota destacado. Ahora, listo para sostener el bate, fija su mirada en el lanzador y le resulta más fácil seguir las pelotas con la vista. Cuando Mario está en el campo de juego, ya no se le dificulta coordinar sus movimientos oculares. Cuando está muy cansado, puede ser que aún vea doble pero la mayor parte del tiempo es uno de los jugadores más valiosos del equipo.

Las destrezas discriminatorias incluyen:

- Visión periférica—estar consciente de las imágenes a nuestro alrededor por medio de los lados de nuestros ojos, principalmente para detectar movimiento.

- Percepción de profundidad—ver objetos y espacios alrededor de uno mismo en tres dimensiones y juzgar las distancias relativas entre los objetos, o entre uno mismo y los objetos, para bajar las escaleras o evitar pisar en las grietas del pavimento.

- Campo visual estable—distinguir cuales objetos se mueven y cuales objetos permanecen estacionarios.

- Relaciones espaciales—incluyendo la direccionalidad (razonar que tan cerca están los objetos uno del otro y en relación a uno mismo) y lateralidad (con nuestra doble lateralidad como referencia, la consciencia de derecho/izquierdo, enfrente/atrás y arriba/abajo).

- Discriminación visual—distinguir las similitudes y diferencias en el tamaño, figura, patrón, forma, posición y color.

- Constancia de la forma—reconocer una forma, símbolo o figura aunque su tamaño, posición o textura cambie, para igualar, separar o categorizar objetos, o para saber si la letra es una "u" o "n," o "p" o "q".

- Figura—Fondo Visual—diferenciar los objetos que se encuentran en primer plano y los que se encuentran al fondo, para distinguir una palabra en una página, o una cara en una multitud.

- Atención visual—usar los ojos, el cerebro y el cuerpo a la vez por suficiente tiempo para permanecer en una actividad, como leer, seguir indicaciones, o ver un objeto o una persona.

- Memoria visual—reconocer, asociar, almacenar y recuperar detalles visuales que hemos visto anteriormente.

- Memoria Secuencial—percibir las palabras e imágenes en orden y recordar su secuencia, importante para leer y escribir.

- Visualización—formar y manipular imágenes de los objetos, gente o escenarios la mente de nuestros ojos, un pre requisito para el desarrollo del lenguaje.

- Integración sensorial visual—combinar la visión con el tacto, movimiento, balance, postura, audición y otros mensajes sensoriales.

Con ambos componentes de la visión en sincronía, no sólo vemos, sino también respondemos de forma adaptativa a lo que vemos en nuestro entorno social y físico. Las destrezas visual-motrices son movimientos basados en la discriminación de la información visual. Estas destrezas gradualmente evolucionan, y aprendemos a conectar lo que vemos con los que hacemos, o praxis. Después de mucha práctica, podemos coordinar el "qué, dónde y el cómo" de la visión con el movimiento motor grueso y motor fino. ¿Está nuestro calcetín cubierto de lana? ¿Podemos quitársela? ¿Es el bache profundo y ancho? Podemos movernos a su alrededor.

Las destrezas visual-motrices incluyen:

- Coordinación ojo-mano—la capacidad de los ojos para guiar las tareas propias del sistema motor fino, como la manipulación de juguetes, meter cuencas en palitos, usar herramientas, comer, vestirse, escribir y seguir los patrones impresos para ensartar cuentas o construir estructuras con cubos.

- Coordinación ojo-pie—la capacidad de los ojos para guiar las actividades del sistema motor grueso, como el juego del avioncito, meterse a la bañera, y patear una pelota.

- Coordinación ojo-oído—la capacidad de los ojos para ver una letra, integrar el mensaje con la información auditiva almacenada, y decirle a una persona como decirlo o usarlo en una palabra.

El niño que ha desarrollado habilidades de discriminación visual y visuo-motriz ha practicado mucho viendo a su alrededor, moviéndose a su alrededor, y ha participado activamente en una variedad de experiencias sensoriales. Este niño puede calcular exactamente dónde están los objetos en el espacio y puede edificar una torre de bloques, o visualizar un puente elegante con un diseño en tercera dimensión. Puede reconocer un martillo, una "R" y un trapezoide, sin importar si está hacia arriba o hacia abajo. Puede alinear columnas de números y escribir nítidamente entre los márgenes al realizar trabajos escolares. Se puede mover con fluidez en una habitación o en el campo de juego. Puede desplazarse en la misma dirección en la que se desplazan los demás en un desfile. Puede andar en bicicleta del garaje hasta el mercado, dibujar, leer y seguir un mapa del tesoro.

SENTIDO VISUAL DESINCRONIZADO

La Dra. Ayres y sus talentosos seguidores han encontrado que muchos niños con discapacidad de aprendizaje tienen disfunción visual. Generalmente, sus cerebros no son eficientes para coordinar las destrezas de discriminación visual y visión-motriz con los mecanismos vestibulares, propioceptivos y de postura. En pocas palabras, sus ojos y sus cuerpos están fuera de sincronía.

El desarrollo errático de la visión es común en los niños con autismo—aunque con frecuencia se ignora. El niño con autismo a menudo tiene poco contacto visual, tiene dificultad para ocuparse de y dar sentido a los objetos y a las personas en su medioambiente. Cuando está estresado visualmente, puede entrecerrar los ojos y "auto estimularse" (aletear sus manos frente a sus ojos). "Auto estimularse" es un intento compensatorio para abrir un espacio visual, relajar su atención visual comprimida y funcionar mejor.

UN EJEMPLO DE DESTREZAS VISUALES
FUNCIONANDO COMO DEBE SER

Imagínese este escenario para entender que tan importante son todos los componentes de la visión para sobrevivir: Usted anda caminando por la banqueta junto a un verde parque y nota un camino en diagonal que pasa por el lado opuesto. Se desvía de la banqueta y se va por ese camino (direccionalidad). Mueve los ojos (visión binocular) de izquierda a derecha (escaneando) y percibe que el entorno del parque es tranquilo. De reojo (visión periférica), usted capta un movimiento ligero (detección de movimiento) que proviene de un bulto grande envuelto en una cobija roja y situado en una banca (discriminación visual). Usted se queda inmóvil para que el bulto no lo note. A distancia, usted evalúa la escena. ¿Podría ser que ese bulto sea una persona acostada (constancia de la forma)? Se parece a otros bultos que usted ha visto (memoria visual). Se enfoca para que su visión no sea borrosa (acomodación). Usted fija la mirada en el bulto, en la banca, el árbol y el camino (fijación) y se concentra en toda la escena (atención visual). ¿Es esta situación favorable para usted, desfavorable para usted, o neutral? ¿Dónde está el bulto en relación a donde está usted? y ¿dónde se encuentra usted en relación a la seguridad de la transitada calle (relaciones espaciales)? ¿Puede usted encontrar su camino hacia la salida del parque (encontrar camino)? El bulto de pronto se mueve, y usted brinca (defensa visual). Sin dudarlo, analiza si va a pelear, a huir, a comérselo, darle de comer, o a aparearse con el mismo, usted responde de una manera adaptativa auto protegiéndose. Usted simplemente apunta sus pies en la dirección opuesta y corre (coordinación ojo-pie).

Por supuesto, muchos niños que no tienen autismo también tienen una obvia y no-tan-obvia disfunción visual. Cuando la disfunción involucra movimiento (tropezarse en el aire), postura (dejarse caer sobre el escritorio), y percepción de su cuerpo (dificultad para aprender izquierda y derecha), entonces lo más probable es que el problema este basado en lo sensorial y el TPS sea la causa.

Aun así, cuando la disfunción implica discriminación visual sin movimiento (como igualar colores o leer un mapa), el TPS no es necesariamente el origen de este problema. La causa podría ser un problema de agudeza visual, como la miopía, o un trastorno cognitivo, como el Síndrome de Down. Es realmente importante determinar la causa subyacente de los problemas visuales para que el tratamiento apropiado concuerde con el problema específico.

El niño con TPS y visión deficiente puede tener uno o más problemas al modular, discriminar y al usar las sensaciones visuales para responder adaptativamente al mundo.

Trastornos de Modulación Sensorial

HIPER-RESPONSIVIDAD VISUAL—"¡OH, NO!"

El niño que presenta defensiva visual, reacciona de manera dramática a los estímulos benignos del medio ambiente como contrastes, reflejos, superficies brillantes y luces resplandecientes. Él podría voltear la vista ante las luces repentinas, intensas o parpadeantes, quizá protegiéndose los ojos con las manos, lentes de sol o una visera. El niño también puede perturbarse por los objetos en movimiento como artículos colgantes que se muevan o la aglomeración de personas en un entorno con mucho ruido. Quizá se agache cuando los objetos vengan en su dirección, como una pelota u otro niño que se mueva rápidamente.

CÓMO LA HIPER-RESPONSIVIDAD AFECTA LA CONDUCTA DE UN NIÑO

Un Niño Típico	*Un Niño con* *Hiper-responsividad Visual*
Laura, de once años, está cuidando a su hermanito en el área de juegos. Él camina inseguro hacia los columpios. A última hora, Laura nota que está en el camino directo de un niño que se está columpiando muy fuerte. Sin dudarlo, jala el brazo de su hermano y lo aparta del camino.	Dorotea, de once años, es niñera de un vecino. En el parque, el niño pequeño jalonea a Dorotea hacia los columpios. El rápido movimiento de los niños en los columpios la alarma. Cierra los ojos para evitar la conmoción. Uno de los que se está columpiando accidentalmente la golpea a ella y al niñito tirándolos al suelo.

HIPO-RESPONSIVIDAD VISUAL—"JO, JAM"

El niño que tiene baja respuesta podría no poner atención al estímulo visual nuevo, como a las decoraciones de los días festivos, o al reacomodo de los muebles en el salón de clase. Puede que no reaccione rápida y eficientemente cuando los objetos vengan hacia él—por ejemplo: cuando le avientan una pelotita.

CÓMO LA HIPO-RESPONSIVIDAD
AFECTA LA CONDUCTA DE UN NIÑO

Un Niño Típico	Un Niño con Hiporespuesta Visual
Sebastián, un niño de cuarto año, voltea a ver la tarea escrita con tiza en el pizarrón. Copia la tarea en su cuaderno, voltea a ver el pizarrón otra vez para compararla con lo que escribió y asegurarse de que está correcto, mete sus cosas a la mochila y se dirige hacia la puerta.	Mientras que otros niños copian la tarea del pizarrón, Rex, de nueve años, mira fijamente por la ventana. La maestra le hace señas y le dice: "Sería más fácil si escucharas lo que hay de tarea en vez de leerlo. Te diré que es lo que vas a escribir". Rex se muestra agradecido, pero no puede sostenerle la mirada. Se le queda viendo como atravesándola.

Puede que desconozca si hay la luz brillante o sol. Podría no parpadear o apartarse de la luz deslumbrante. Podría quedársele viendo a los objetos y parecer que no los está viendo, o a la cara de las personas como si no estuvieran ahí.

BUSCADOR DE SENSACIONES—"¡MÁS!"

El niño que busca más estimulación visual a comparación de la mayoría de los otros niños puede pedir demasiado tiempo frente al televisor o al monitor de la computadora, y puede que le atraigan las luces brillantes, parpadeantes, como las luces intermitentes o las franjas de luz solar que atraviesan las persianas de la ventana.

CÓMO EL BUSCADOR DE SENSACIONES
AFECTA SU CONDUCTA

Un Niño Típico	Un Niño Buscador de Sensaciones
A Lucita, de cuatro años, le molesta ligeramente la luz fosforescente y reflectiva, pero la ignora durante la hora de "Muestra y Cuenta". Luego se da la hora de jugar afuera. Después de escuela, va a casa de Lupe. Se junta brevemente con ella para ver un video hasta que se aburre y busca unos disfraces para probárselos.	Lupe, de cuatro años, se le queda viendo al parpadeo de la luz fosforescente. Los largos momentos que dura "prendida" y que brevemente se "apaga" la distraen de la presentación de "Muestra y Cuenta". Después de la escuela, Lucita se va a casa de Lupe a jugar. Lupe se sienta cerca de la TV y se le queda viendo fascinada al cautivador video, mientras que Lucita se escabulle y se prueba disfraces.

Discriminación Visual Deficiente

El niño típico puede distinguir cualidades específicas de lo que ve y puede ver la diferencia entre las personas y las cosas que ve.

El niño con discriminación visual deficiente no percibe lo que ve. En vez de relacionar la información visual con las sensaciones auditivas de tacto y movimiento, su cerebro puede conectar mal los mensajes. Por ejemplo, si conectar la vista con los sonidos es un problema, no sabría hacia donde ver cuando escuche la voz de la maestra. Si al conectar la vista con las sensaciones de tacto es un problema, no sabría—tan sólo con ver- que un clavo es filoso y un martillo es pesado. Si conectar la vista con las sensaciones de movimiento es un problema, podría ser que no se desviara para evitar toparse con los muebles. Si todas las piezas sensoriales no se integran en su cerebro de manera unificada, le es más difícil adaptarse receptivamente a las escenas que sus ojos están captando.

Puede ser que el niño no pueda igualar o distinguir los colores, formas, números, letras y palabras. Puede ser que no distinga las palabras impresas, ni siquiera su propio nombre. Puede que, al ir creciendo, se tope con símbolos similares, letras y números, como ▲ y ▼, q y p, y 1,000 y 1,000,000. Puede ser que tenga dificultad para enfocarse y concentrarse en los detalles de las ilustraciones, rompecabezas, instrucciones de los Legos, libros de cuentos, pruebas geométricas, recetas, patrones de costura y cosas por el estilo.

CÓMO AFECTA LA DISCRIMINACIÓN
VISUAL LA CONDUCTA DE UN NIÑO

Un Niño Típico	Un Niño con Discriminación Visual Deficiente
Samantha, de cinco años, está estudiando la página de una revista llamada: "¿Qué está mal en esta ilustración?" Detecta un "4" al revés en un reloj de la cocina, un plátano en donde debe de estar el auricular del teléfono y una diminuta araña en la fila de hormigas marchando hacia el tazón de azúcar. Con una risita, intenta compartir la página con Ana, pero la falta de atención de Ana la decepciona.	Ana, una niña con disfunción visual que asiste al jardín de niños, ve brevemente a "¿Qué está mal en está ilustración?" cuando Samantha se la muestra. Pero Ana no puede detectar fácilmente los detalles visuales, entonces la página no retiene su atención. Encoge los hombros y se la regresa a Samantha. No identifica la decepción de Samantha.

El niño podría intentar en vano diferenciar entre los objetos que están en primer plano o que se encuentran al fondo. Quizá no disfrute analizar los libros que estén demasiado ilustrados como el de ¿Dónde está Waldo? Podría equivocarse al decidir cuales piezas quedan en el rompecabezas y quizá no podría detectar a un amigo en una multitud.

Puede malinterpretar pistas visuales importantes en interacciones sociales, como las expresiones faciales y los gestos, los cuales constituyen más de la mitad de nuestra comunicación humana. ¡Es una gran desventaja no poder discriminar si una persona está frunciendo el ceño o está sonriendo!

Destrezas Visuo-Motrices

El niño típico usa la información visual para dirigir su movimiento previsto y con propósito. Puede mover su cuerpo eficientemente si usa las destrezas visuales-motrices de manera sincronizada, puede llegar del Punto "A" al Punto "B", ver y copiar un dibujo simple o una estructura hecha de bloques y ver, alcanzar y agarrar un objeto.

El niño con destrezas visuo-motrices deficientes tiene dificultad para usar la visión y dirigir sus movimientos. La dispraxia visual puede causar problemas para visualizar, planificar y llevar a cabo una secuencia de movimientos complejos, como rodarse en la cama para ver el despertador. Podría inclinarse demás al intentar agarrar objetos. Podría tropezarse al subir los escalones. Quizá le cueste trabajo caminar en una viga de equilibrio, andar en bicicleta, amarrarse las cintas de los zapatos, cortar muñecas de papel, ponerle mantequilla a un pan o ensartar una aguja. Podría estar desconcertado, ser inseguro emocionalmente, y estar "perdido en el espacio".

La coordinación deficiente ojo-mano podría significar que el niño tiene dificultad para usar sus ojos y sus manos juntas. Podría tener dificultad para manipular los juguetes y los artículos escolares, agarrar pelotas, utilizar los colores de cera, los lápices y para abrocharse la ropa.

La coordinación deficiente ojo-pie impedirá que el niño camie, corra y juegue con facilidad en el campo de juegos. La coordinación deficiente ojo-oído interferirá con su capacidad para ver y después pronunciar una letra o palabra, y por lo tanto, con sus destrezas para hablar, leer y escribir.

CÓMO AFECTA LA COORDINACIÓN OJO-MANO LA CONDUCTA DEL NIÑO

Un Niño Típico	Un Niño con Coordinación Ojo-Mano Deficiente
A la hora del refrigerio, David, de tres años, se sirve jugo en una taza, se detiene justo antes de que el jugo llegue al borde. Después del refrigerio, se pone a hacer un rompecabezas. Parece ser que una de las piezas no queda. La estudia y se da cuenta de que la pieza esta al revés. Corrige su error y termina el rompecabezas. Entonces se pone a hacer otro, más complicado.	A la hora del refrigerio, Federico se sirve un jugo hasta que la taza se desborda. La maestra lo limpia y le ofrece un rompecabezas simple. Federico intenta formar las cuatro piezas, pero no puede hacer que encajen. Frustrado, avienta el rompecabezas de la mesa. Nomás pide sentarse en un rincón cómodo y abrazar la mascota.

El niño con dispraxia visual quizá no pueda hacer planes a futuro y resolver problemas en los ojos de su mente. Puede que vea los materiales, sabe que algo se puede hacer con ellos, pero no puede emplear las funciones visuales y las destrezas necesarias para hacer que algo deseable realmente pase.

CÓMO LA PRAXIS VISUAL
AFECTA LA CONDUCTA DE UN NIÑO

Un Niño Típico	Un Niño con Dispraxia Visual
Pablo y Rafa, niños de 2do año, están jugando con soldados de juguete. La idea de Pablo es formar un mapa del campo de batalla en la caja de arena, agrega piedras y ramitas, y alinea su ejército en posiciones estratégicas. Al ir progresando el trabajo, visualiza como alinear a sus hombres estratégicamente—algunos detrás de una piedra, otros entre las ramas frondosas y otros detrás de las colinas de arena. Este es un trabajo emocionante y absorbente.	Rafa está de acuerdo en que un campo de batalla en la caja de arena es una buena idea, pero no tiene ningún diseño o estrategia en mente. Tiene dificultad para secuenciar y utilizar bien la información visual. Permite que Pablo haga sugerencias y lleve a cabo el plan. El lado de Rafa en el campo de batalla en su mayoría es campo abierto. El alinea a sus soldados en filas paralelas y espera a que empiece la batalla.

La integración bilateral y respuestas posturales pobres o inmaduras con frecuencia interfieren con la destreza visuo-motriz. El niño puede tener dificultad para coordinar ambos lados de su cuerpo y estabilizar su cabeza, torso y las extremidades para funcionar con eficacia y para apoyar cualquier destreza visuo-motriz.

CÓMO AFECTAN LAS RESPUESTAS POSTURALES
LA CONDUCTA DE UN NIÑO

Un Niño Típico	Un Niño con Trastorno Postural
En su pupitre, Benjamín, un niño de 1er año, se sienta derechito y lee las instrucciones del libro de ejercicios. Las entiende, agarra su color de cera y conecta los puntos.	Claudio, de seis años, se desploma en el pupitre. Gira en la silla, intentando ponerse cómodo para poder leer el libro de ejercicios. Inclina su cabeza de una y otra manera. Las palabras bailan en la página.

Afortunadamente, hay ayuda disponible. Un optometrista de desarrollo puede proporcionar terapia visual para fortalecer el control óculo-motriz, la discriminación visual y la coordinación ojo-mano (ver el Capítulo Ocho).

También, cuando los terapeutas ocupacionales proveen terapia utilizando un marco de trabajo de integración sensorial para aliviar los problemas vestibulares, propioceptivos y problemas posturales, con frecuencia la visión mejora. Si la terapia no es una opción, un estilo de vida sensorial enriquecida con experiencias visuales es esencial para asegurar un desarrollo adecuado de la visión. ¡El moverse significa ver!

Características de la Disfunción Visual

Estas listas de cotejo le ayudarán a usted a evaluar si su niño tiene disfunción visual. Al ir usted marcando las características que va reconociendo, podrá empezar a ver los patrones emergentes que ayudan a explicar la conducta desincronizada de su niño.

El niño con problemas de destreza visual básica podría:

☐ Tener dolores de cabeza, vista cansada, u ojos rojizos, con ardor, con comezón o llorosos.

☐ Frotarse los ojos o parpadear, fruncir el ceño y entrecerrar la vista excesivamente.

☐ Quejarse de que ve imágenes borrosas cuando ve las ilustraciones, impresiones o rostros.

☐ Quejarse de ver doble.

☐ Quejarse de que las palabras parecen moverse en la página.

☐ Voltear o inclinar su cabeza al ir leyendo de un extremo a otro de la página.

☐ Acercarse demasiado un libro, o bajar la cara muy cerca al escritorio.

☐ Tener dificultad para ver el libro de historietas o el pizarrón, y pedir que le permitan acercarse más.

☐ Tener dificultad al cambiar su vista de un objeto a otro, como cuando está viendo del pizarrón a su trabajo, y cometer errores al copiar.

☐ Tener dificultad para enfocarse en objetos fijos.

☐ Perder frecuentemente la parte en la que va en la página, volver a leer las palabras o renglones y omitir números, letras, palabras o renglones cuando lee o escribe, y necesita usar su dedo para saber en dónde va.

☐ Tener dificultad para rastrear o seguir un objeto en movimiento, como una pelota de ping-pong, o para seguir un renglón con las palabras impresas.

☐ Fatigarse fácilmente durante las tareas escolares y las actividades relacionadas con el deporte.

El niño que tiene dificultad para modular las sensaciones visuales podría:

☐ Protegerse los ojos para filtrar lo que ve, cerrar o cubrirse un ojo, o parpadear.

☐ Evitar las luces brillantes y la luz solar, digamos que prefiere ponerse lentes de sol, aunque esté en el interior.

☐ Sentirse incómodo o abrumado cuando hay objetos o gente moviéndose.

☐ Agacharse o intentar evadir los objetos que se dirigen hacia él, como una pelota u otro niño.

☐ Retirarse para no participar en el salón de clases y evitar las actividades de movimiento con el grupo.

☐ Evitar el contacto directo con los ojos.

☐ Padecer dolores de cabeza, nausea o mareos cuando usa los ojos.

☐ No estar consciente del contraste de luz/obscuridad, orillas y reflejos.

☐ No estar consciente del movimiento, con frecuencia se topa con objetos en movimiento como los columpios.

☐ Tardarse para responder a la información visual, como los obstáculos en su camino.

☐ Buscar las luces brillantes, luces intermitentes y la luz directa del sol.

☐ Buscar la estimulación visual, como los golpecitos de los dedos, girar, observar los diseños y las orillas como las líneas del techo y las del cerco.

☐ Moverse excesivamente (retorciéndose, inquieto) durante las tareas visuales, como las actividades del libro de ejercicios.

El niño con discriminación visual deficiente podría:

☐ Tener dificultad para ver objetos en tres dimensiones (percepción de profundidad).

☐ Parecer estar abrumado por objetos en movimiento o por la gente, ya que tiene un problema de discriminación entre lo que se mueve y lo que no (campo visual estable).

☐ Tener dificultad para calcular las distancias relativas entre los objetos, como las letras, palabras, números o dibujos en una página; entre sí mismo y los objetos en su entorno, con frecuencia se topa con las cosas (relación de espacio).

☐ No entender los conceptos como arriba/abajo, adelante/atrás, antes/después, y primero/segundo (relaciones espaciales). El niño puede tener problemas para enlazar las cuentillas en orden, seguir un patrón para construir con bloques, o para encontrar el camino (yendo de un lugar a otro sin perderse, o encontrar su camino hacia un lugar nuevo).

☐ Tener dificultad para los deportes en equipo que requieren estar consciente de la posición en el campo de juego o en la cancha y conocimiento de las posiciones y movimientos de sus compañeros de equipo.

☐ Confundir las similitudes y diferencias en las fotografías, palabras, símbolos, y objetos. Tener dificultad para distinguir las propiedades físicas de los objetos.

☐ En repetidas ocasiones confundir los principios y finales similares de las palabras ("casa/caza", "valla/baya/vaya", "ventana/vitrina").

☐ Tener dificultad con la tarea escolar que tiene que ver con el tamaño de las letras, el espacio entre las letras, las palabras en el renglón y el alineamiento de los números (constancia de forma). El niño puede poner las letras al revés ("b/d") o las palabras ("casa/saca") al estar leyendo o escribiendo.

☐ Tener dificultad para diferenciar objetos en primer plano y a lo lejos, esto es necesario para distinguir una palabra en una página, o una cara entre la multitud (figura-fondo visual).

☐ No poder formar imágenes mentales de los objetos, gente o escenarios para visualizar lo que lee o se oye, o relacionar las ilustraciones y las palabras con lo que "es real" (visualización).

☐ Tener dificultad para describir sus pensamientos y acciones, tanto oralmente como por escrito.

☐ Deletrear deficientemente.

☐ Tener dificultad para recordar que hizo o vio durante el día.

☐ No poder interpretar como se sienten los objetos con tan sólo verlos; el niño debe de tocar al gatito para saber que es suave y peludo.

☐ No comprender que es lo que está leyendo, o perder el interés rápidamente.

☐ Tener un período de atención a corto plazo para leer o copiar información del pizarrón, y tener memoria visual deficiente sobre lo que leyó.

El niño con destrezas visuales-motrices deficientes podría:

☐ Tener una coordinación ojo-mano deficiente—la eficiencia del trabajo en equipo de los ojos y las manos, necesarias para jugar con juguetes, utilizar herramientas, vestirse, escribir y tareas académicas.

☐ No poder usar los ojos para guiar los movimientos de las manos que son necesarios para orientar exactamente los dibujos y las palabras en una página. Quizá no pueda colorear sin salirse de las líneas. Podría escribir de manera torcida usando los espacios incorrectamente.

☐ Tener dificultad con las funciones del sistema motor-fino en lo que se refiere a las relaciones de espacio, como al formar rompecabezas, reacomodar los muebles de la casa de muñecas y al cortar siguiendo la línea marcada.

☐ Tener una coordinación ojo-pie deficiente y dificultad para subir los escalones o patear pelotas.

☐ Tener dificultad con las funciones del sistema motor-grueso y tener dificultad para moverse en el área de juegos, como alcanzar y saltar en el pasamanos.

☐ Evitar los deportes y las actividades en grupo cuando se requiere movimiento.

☐ Tener dificultad con actividades rítmicas.

☐ Tener coordinación y balance deficiente.

☐ Tener dificultad para pronunciar una palabra en silencio y luego decirla, o podría pronunciar mal palabras similares al seguir leyendo (coordinación ojo-oído).

☐ Orientar los dibujos de manera deficiente en la página, o escribir hacia arriba o hacia abajo.

☐ Tener una pobre postura cuando está en la mesa o escritorio, o torcerse de manera inusual para ver a la maestra o el libro.

☐ Retirarse para no participar en el salón de clases.

☐ Tener baja autoestima.

Capítulo Seite

Cómo Saber Si Su Niño

Tiene un Problema con

el Sentido Auditivo

Un Niño de Tercer Año
en las Clase de Música

Este es el primer lunes después de las vacaciones y María tiene dolor de estómago. No quiere ir a la escuela porque los lunes los niños de tercer año van al salón multiusos para la clase de música. María odia a la maestra, la mal humorada Srita. Cruz, quien insiste en que los niños se sienten quietos durante toda la lección. No está adaptada a las niñas como María, las cuales aprenden mejor por medio del movimiento.

Los niños están practicando para el concierto de primavera. Cuando entran al salón, primero se sientan y cantan canciones populares. María abre la boca para pronunciar las palabras, pero sin voz, porque la Srita. Cruz le dijo: "Si no vas a seguir el tono de la canción, no cantes en voz alta". La Srita. Cruz no entiende que María cantaría siguiendo el tono si pudiese, pero no puede.

Después de cantar, los niños tocan los instrumentos. La mitad de los estudiantes tocan las canciones en su flauta dulce, mientras que los otros los acompañan con los tambores, palos de madera y otros instrumentos de percusión no afinados. Después los grupos se cambian y repiten el repertorio.

María odia la flauta dulce porque nunca sabe si la nota que está tocando suena como debería. No tiene buen timbre de voz, los sonidos más altos o más bajos en relación de uno con el otro. María intenta tocar B, por ejemplo, pero su flauta dulce a veces hace un chillido en un tono que es muy agudo y suena más alto, como C. Los otros niños sigilosamente se mueven y la Srita. Cruz tiene una mirada desagradable.

Tocar los instrumentos sin tono es de alguna manera más fácil, pero María también tiene problemas con el ritmo, el tiempo y la dinámica. Llega tarde, no puede agarrar el ritmo o mantenerlo y toca fortissimo cuando debería tocar *pianissimo*. María nomás "no capta" cuando se trata de tocar música.

Hoy, los niños entran al salón y están sorprendidos de ver a un maestro nuevo. El Sr. López sonríe conforme se van sentando. Dice: "Ahora yo soy su maestro. La Srita. Cruz ha decidido no regresar después de sus vacaciones. Me dio algunos consejos de como dirigir esta clase, pero voy a tirar esos consejos por la ventana y voy a hacer algo diferente. Vamos a meter todo nuestro cuerpo en este negocio de crear música. ¡Todos arriba! ¡A moverse!"

En vez de hacer que los niños se sienten, los deja de pie en un punto y cantan las escalas musicales, doblándose para tocar el piso y estirándose hacia el techo para igualar las notas ascendentes y descendentes. Después se van moviendo por el salón cantando canciones. Les da instrucciones para que caminen y canten lentamente, corran y canten rápido, zapateen y canten en voz alta, de puntitas y canten suavemente.

María observa a otros niños por un momento hasta que capta lo que está pasando. Una vez que se empieza a mover, adora agacharse, estirarse y la locomoción. No tan sólo está escuchando la música—está incorporándola en su cuerpo. Todo empieza a tener sentido.

Finalmente, con sus cuerpos y voces ya preparadas, los niños agarran los instrumentos. Con un nuevo sentido del timbre de la voz y ritmo en su cuerpo, María entiende cómo puede transponer algo de ese sentimiento en la música. Tocar la flauta dulce no es tan difícil el día de hoy.

El próximo lunes, María estará entusiasmada por ir a la escuela. ¿Dolores de estómago en el día que toca música? ¡Eso ya no se escucha!

Patrón Atípico de Conducta

Cuando procesa los sonidos, María muestra un patrón atípico de conducta. Sus problemas de procesamiento auditivo son un tipo de Trastorno de Discriminación Sensorial.

Canta y toca la flauta dulce de manera desafinada, porque no puede discriminar las diferencias del timbre de voz en los tonos musicales. Está fuera de ritmo cuando toca los instrumentos de percusión, debido a que su sentido de tiempo y ritmo son inadecuados. Tiene que voltear a ver a otros niños cuando sigue las instrucciones del maestro, porque no es suficiente con escuchar las instrucciones—necesita información visual para ayudarse a entender lo que escucha.

Muchos niños con Trastorno de Discriminación Sensorial también tienen problemas de modulación, pero María no. (Ella no tiene defensividad auditiva; no es ajena a los sonidos; no está deseosa de ruidos fuertes y constantes). De alguna manera es torpe, pero una vez que entiende las expectativas del Sr. López, los movimientos de su cuerpo y la planificación motriz mejora.

El Buen Funcionamiento del Sentido Auditivo

Los sistemas vestibular y auditivos funcionan juntos al ir procesando sensaciones de movimiento y sonido. Estas sensaciones están estrechamente entrelazadas porque ambas empiezan a ser procesadas por las células ciliadas en los receptores del oído.

El oído, o la audición, es la capacidad de recibir sonidos. Nacemos con esta destreza básica. No podemos aprender cómo hacerlo; o escuchamos o no.

Las destrezas auditivas empiezan a desarrollarse desde el vientre. El sistema nervioso auditivo es el primero en funcionar. En tándem con el sistema vestibular, se conecta con los músculos por todo el cuerpo y ayuda a regular el movimiento, equilibrio y coordinación.

La influencia del oído en el desarrollo físico es profunda. De hecho, el oído es vital no sólo para oír, balancearse y la flexibilidad, sino también para la coordinación bilateral, respiración (respirar), hablar, autoestima, relaciones sociales, visión, y por supuesto, aprendizaje académico.

Dos Componentes: Defensivo (*"¡Okay!"* o *"¡Ah, Oh!"*) y Discriminativo (*"¡Ajá!"*)

El sentido auditivo, como los otros sentidos, empieza con un componente defensivo. Cuando éramos bebés, nos sobresaltábamos cuando escuchábamos un ruido fuerte o inesperado. Gradualmente, nuestros cerebros desarrollaron la capacidad para modular las sensaciones y decirnos si podíamos disfrutar y utilizar o no el sonido o si deberíamos evitarlo para nuestra propia protección. Cuando nos damos cuenta de que el sonido era sólo el cerrón de una puerta y nada de peligro, regresamos a un estado de calma y alerta.

La capacidad de oír y modular las sensaciones del sonido fundamenta nuestra capacidad para realmente escuchar los sonidos de nuestro alrededor y entender su significado. Nosotros no nacemos con la habilidad de escuchar; la adquirimos, al ir integrando las sensaciones vestibulares y auditivas. Gradualmente, al ir interactuando deliberadamente con el medio ambiente, aprendemos a interpretar lo que oímos y a desarrollar destrezas sofisticadas de discriminación auditiva.

El componente discriminativo del sentido auditivo evoluciona conforme el niño se va moviendo, va tocando y participando en muchas experiencias multisensoriales. Las funciones discriminativas que nos ayudan a refinar los detalles acerca del "qué" y dónde" de los sonidos, incluyen:

- Localización—la capacidad de identificar el origen del sonido, como la voz de los padres, o el "¡Yu-ju!" de los amigos—y a calcular la distancia entre el sonido y uno mismo.

- Rastreo—la capacidad de seguir un sonido, como el de un helicóptero cuando se para en el cielo o los pasos de alguien al ir dando pasos ligeros y rápidos alrededor de la casa.

- Memoria auditiva—la capacidad de recordar que escuchó, por ejemplo: conversaciones, indicaciones, tareas o la letra de una canción y referirse a esto instantáneamente (memoria inmediata) o después (memoria aplazada).

- Secuencia auditiva—la capacidad de poner en orden lo que se escuchó y repetirlo en un orden lógico, como el alfabeto, la conjugación de los verbos en español, o las palabras multisilábicas como "obstáculo" o "nuclear".

- Discriminación auditiva—la capacidad de comparar y contrastar los sonidos del medio ambiente, como una licuadora y una aspiradora, para oír las similitudes y diferencias de los sonidos de las palabras, como burdo/busto, baril/barril, butano/banano.

- Figura-fondo auditiva—la capacidad de distinguir el trasfondo y el primer plano de los sonidos, para poder escuchar el mensaje principal sin distraerse.

- Asociación—la capacidad de relacionar un sonido nuevo a un sonido familiar, como conectar el ladrido del nuevo perrito del vecino con la categoría de "perro" y la capacidad de relacionar un símbolo visual, como una letra del alfabeto o una nota musical, con su particular sonido.

- Cohesión auditiva—la capacidad más elevada de la escucha para unir varias ideas en un todo coherente, para sacar inferencias de lo que se dice, para entender acertijos, bromas, juegos de palabras, problemas matemáticos verbales y tomar notas en clase.

- Atención auditiva—la capacidad de mantener suficiente enfoque para escuchar la lección de la maestra, una conversación o una historia, esencial para unificar todas las demás destrezas de procesamiento auditivo.

UN EJEMPLO DE DESTREZAS AUDITIVAS EN ACCIÓN

Usted asiste al Día de Campo en la escuela de su niño. Doscientos adultos y niños, caminan por allí hablando y riéndose. En conjunto, el nivel de los decibeles es alto, pero usted se acostumbra. Inesperadamente, un maestro de Educación Física que se encuentra justo atrás de usted grita las instrucciones por medio de un altavoz. Usted se agacha y se cubre los oídos. ¿Qué es lo que está gritando? Usted no está seguro porque tuvo que aislar el ruido. Se desplaza por los

---

lados. Ajá, ahora puede escuchar su mensaje de hacer una fila cada clase (atención auditiva). Usted escucha ahora un sonido diferente—es alguien tocando el tambor (discriminación auditiva) que dirige la banda desde la escuela hacia la multitud (traqueo). Usted se encuentra marchando al ritmo constante (coordinación oído-cuerpo) conforme va avanzando hacia la orilla del campo. Busca a su niña, pero no la ve. A través del ruido, usted la escucha llamándola: "¡Hola Mamá!" (figura-fondo). Usted voltea hacia el origen del sonido (localización) y saluda a su niña del otro lado del campo. Entonces la banda toca el himno nacional, la multitud enmudece. Todos cantan (memoria auditiva). Otro padre de familia dice: "¿No es esto fabuloso?" Usted asiente con la cabeza (lenguaje receptivo) y responde: "¡Los Días de Campo siempre son divertidos!" (Lenguaje expresivo). El juego inicia.

Cuando los componentes defensivos y discriminativos están en sincronía, podemos responder adaptativamente a los sonidos. Sabemos de qué son los sonidos y de dónde vienen, o podemos hacer conjeturas basadas en los sonidos que hemos escuchado previamente. Con información acerca de "qué" y "dónde" de los sonidos, podemos desarrollar una coordinación auditiva-motriz —lo que yo llamo: "coordinación oído-cuerpo"—y aprender cómo y cuándo moverse de acuerdo con los sonidos. El llanto de un bebé al tener hambre nos prepara para amamantar. Un fuerte arrebato nos hace sentir vergüenza ajena, los cláxones de la hora pico nos ponen tensos y, claro que, la música ordenada, como la de Mozart nos hace ponernos alerta y organizarnos.

Cuando procesamos sonidos normalmente, podemos apagar el singular producto humano del habla y el lenguaje. El habla y el lenguaje están entrelazados, pero no son iguales. El habla es la producción física del sonido. El habla depende del impecable funcionamiento de los músculos de la garganta, lengua, labios y mandíbula. Los sistemas vestibulares, propioceptivos y táctiles gobiernan el control motor y la planificación motora para usar esos músculos finos y producir una habla comprensible.

El lenguaje es el uso de palabras con significado, las cuales son símbolos que representan objetos e ideas. Consecuentemente, el lenguaje es un código para descifrar lo que implican las palabras y cómo las usamos para relacionarnos con los demás.

El lenguaje que asimilamos y entendemos, por medio de escucharlo y leerlo, se llama "receptivo". El lenguaje receptivo se enfoca en sonidos externos, ejem.: voces de otras personas y sonidos en nuestro alrededor.

El lenguaje que expresamos para comunicarnos, por medio de hablar, cantar o escribir, es "expresivo". El lenguaje expresivo se enfoca en sonidos que escuchamos internamente y que reproducimos, lo más exactamente posible, por medio de nuestra propia voz.

Escuchamos, nos movemos, hablamos y leemos con nuestro oído. La conciencia corporal, el balance, coordinación motora, control muscular, respuestas posturales, secuenciación, destrezas del lenguaje, planificación a futuro y la solución de los problemas se hacen más fuertes al ir procesando los sonidos que nos rodean.

EL SENTIDO AUDITIVO DESINCRONIZADO

Un problema de procesamiento auditivo frecuentemente ocurre con el TPS. Aun así, este problema también puede manifestarse por sí solo, como resultado, tal vez, de padecer infecciones del oído o pérdida del sentido del oído.

Con o sin TPS, un niño puede oír adecuadamente, pero procesar los sonidos lenta o incorrectamente. Puede tener un problema para modular o discriminar las sensaciones del sonido. O puede padecer dispraxia y paralizarse cuando escucha sonidos, sin saber cómo o cuándo empezar o detener una actividad. Su ritmo y sincronía están desactivados, esto afecta como se mueve, lee y se comunica.

Su lenguaje puede verse afectado. Le puede ser difícil recordar qué es lo quiere decir, poner sus pensamientos en orden, o expresarse con palabras. Puede tener problemas para pronunciar las palabras de manera suficientemente clara para darse a entender. Puede no estar consciente de cómo se sienten y trabajan en conjunto su boca, labios y lengua. Puede decir: "joya" en vez de "olla", o "eso" en vez de "estos", debido a que le es difícil colocar los músculos necesarios para la articulación.

Trastornos de Modulación Sensorial

HIPER-RESPONSIVIDAD AUDITIVA—"¡OH, NO!"

Para la mayoría de nosotros, la mayor parte del tiempo cuando hay ruidos fuertes en dirección a nosotros, un músculo en el oído medio se contrae para amortiguar las vibraciones. Este mecanismo nos protege de ser abrumados o de dejarnos sordos. Sin embargo, cuando nos sentimos amenazados ("¡Ah, oh!") y entramos en una modalidad de pelear/huir/bloquearse, este pequeño músculo no se contiene. De pronto, se vuelve imprescindible poner suma atención a todos los sonidos.

Las personas cuya defensividad auditiva las mantiene constantemente alerta deben de escuchar cada uno de los sonidos. Algunas personas responden al ruido ordinario con un infantil sobresalto por todo el cuerpo porque se distraen fácilmente. Este estado de alerta incesante que pone los nervios de punta utiliza energía, interfiere con el aprendizaje e impide el desarrollo del lenguaje y las interacciones sociales.

CÓMO LA HIPER-RESPONSIVIDAD AFECTA LA CONDUCTA DE UN NIÑO

Un Niño Típico	*Un Niño con Hiper-responsividad*
Antes de la hora de comida, Brenda, una niña de quinto año se apresura al baño de la escuela. La descarga de los inodoros y el zumbido de las secadoras de las manos son sonidos fuertes, pero estos sonidos cotidianos no le molestan. Cuando escucha sonidos fuertes y repentinos como el chillido de los neumáticos o las alarmas contra incendios, pone atención y se estremece. Por lo demás, sus oídos reaccionan brevemente al escuchar sonidos inesperados, como cuando los libros se caen del escritorio, y luego los ignora.	Cuando Nelia, de diez años, llega de la escuela a su casa, se apresura a ir al baño. Nunca usa el baño en la escuela porque el ruido de los inodoros le lastima los oídos. La descarga de los inodoros la aturde tanto como las Cataratas del Niágara. Nelia también da un brinco y pone las manos sobre sus oídos cuando un lápiz cae al suelo o la puerta hace clic al cerrarse. Su hiper-sensibilidad a los sonidos hace que todos se refieran a ella como "Nelia la Nerviosa".

Las personas dentro del espectro de autismo (y otros, también, claro) con frecuencia tienen hiperrespuesta auditiva. Los sonidos que complacen a otros, como el trinar de los pájaros o el crujir de las hojas, pueden hacerlos sentirse como si les estuvieran raspando los tímpanos del oído.

Con o sin autismo, el niño que evade las sensaciones reacciona enérgicamente, con rapidez y de forma negativa a los sonidos fuertes e inesperados. Estaría alerta a la mayoría de los sonidos—hasta los que son muy débiles o agudos para la mayoría de la gente que los escucha. Cuando escucha las sirenas a todo volumen, las torres de bloques derrumbándose, o gente masticando, se podría quejar o cubrirse los oídos. De hecho, este niño puede preocuparse incesantemente por la posibilidad de que haya ruidos fuertes, y esa preocupación puede afectar su conducta.

Si la vibración fuerte de las cuerdas metálicas de la guitarra lo lastima, podría resistirse a cantar con los demás. Si el ruido de un globo que se revienta lo angustia; se podría reusar a ir a fiestas de cumpleaños. Si el concierto de rock va a tener un sonido fuerte, podría preferir pasar una tarde solo en casa. Si no puede alejarse del bullicio, podría subir su propio tono de voz, gritando: "LA-LA-LA-LA", para contrarrestar el ruido, algo así como combatir el fuego con fuego.

HIPO-RESPONSIVIDAD—"JO-JAM"

El "indiferente sensorial" parece no estar consciente de los sonidos que otros oyen y escuchan. Pero ¿El niño que parece no estar consciente verdaderamente no lo está? En muchos casos, no sabemos. Los niños con autismo, por ejemplo, quienes no se pueden expresar, claramente podrían percibir más de lo que detectamos con tan sólo verlos.

El niño con hipo-responsividad a los sonidos no responde de manera visible a los sonidos suaves, voces suaves y a los murmullos que podrían estar "bajo su radar". De la misma manera, parece no responder a sonidos ordinarios, voces, preguntas y comentarios. Cuando llega a responder, podría hablar muy suavemente, casi susurrando.

CÓMO LA HIPO-RESPONSIVIDAD
AFECTA LA CONDUCTA DE UN NIÑO

Un Niño Típico	Un Niño con Hiporespuesta Auditiva
En el área de juegos, Asher y Franco del Jardín de Niños juegan con sus camiones debajo del pasamanos. Otro niñito, Vito, está subiéndose y listo para soltarse. Dice: "¡Cuidado, Cuidado!" Asher salta ágilmente fuera de su camino, justo en el momento crítico.	Franco está agachado debajo del pasamanos absorto con su camión. Oye a Vito gritar: "¡Cuidado!"—pero no responde y continúa jugando. Vito se suelta y termina cerca de él. Sobresaltado, Franco suelta un quejido: "No hagas eso". Vito dice: "Te dije que iba a brincar, bebito".

EL BUSCADOR DE SENSACIONES– "¡MÁS!"

Al "buscador de sensaciones" le fascinan las aglomeraciones y los lugares bulliciosos con acción como los rodeos, carreras de vehículos y desfiles. Se siente complacido cuando hay ruidos fuertes y usualmente quiere subirles el volumen a los aparatos. Podría hacer sus propio griterío usando su "voz externa" en el salón de clases y en la cocina, aplaudiendo y cantando escandalosamente.

CÓMO EL BUSCADOR DE SENSACIONES
AFECTA SU CONDUCTA

Un Niño Típico	Un Niño Buscador de Sensaciones
Neva, de siete años, está jugando en la casa de Kita. Neva se cubre los oídos cuando su amiga le sube mucho a la televisión. "¡Ouch! Vamos a hacer algo más" dice Neva. Las niñas deciden hacer Campanas con Cucharas. Cada una toma una yarda de cordón, cuelgan las cucharas poniendo una más grande en medio. Se enredan las orillas del cordón en sus dedos índices y se las acercan a los oídos. Se inclinan hacia enfrente y golpean las cucharas en el mostrador de la cocina, mesas y sillas. Un golpecito suave manda vibraciones hacia la parte superior del cordón hacia los oídos de Neva. ¡Gong! Igual que la campana de una iglesia.	Kita y su amiga Neva no pueden ponerse de acuerdo acerca del volumen de la televisión. A Neva le gusta bajito y a Kita le gusta tan fuerte como para sentir las vibraciones por entre la silla. En vez de discutir, las niñas hacen Campanas con Cucharas y caminan alrededor de la cocina, golpeado las cucharas en los mostradores y en los muebles. Kita saca una parrilla del horno y la golpea con la cuchara fuertemente causando un estruendo. ¡Wow! Talla las cucharas en los peldaños. Le gusta como retumba el metal. La parrilla es música para sus oídos.

DISCRIMINACIÓN AUDITIVA—"¿JAH?"

El niño podría tener dificultad para detectar las similitudes y las diferencias de las palabras. Podría resultarle difícil captar o poner atención a la voz de la maestra sin distraerse por los ruidos en el trasfondo. Su lenguaje receptivo podría verse afectado: Quizá escuche con deficiencia y batalle al estar leyendo. Podría parecer que no está obedeciendo o no sigue bien las instrucciones ya que no puede decodificar lo que se ha dicho. Su lenguaje expresivo puede ser inadecuado: podría tener dificultad para participar en las conversaciones, contestar preguntas y expresar sus pensamientos por escrito.

CÓMO LA DISCRIMINACIÓN AUDITIVA
AFECTA LA CONDUCTA DE UN NIÑO

Un Niño Típico	Un Niño con Discriminación Auditiva Deficiente
La maestra de preescolar de Silvia canta, "Este viejo, él toca dos, él toca la destreza de Nick en mi..." Hace una pausa y se inclina hacia enfrente, invitando a sus estudiantes de cuatro años a que completen la rima. Alguien dice: "¡zapato!" Silvia dice: "¡No, no zapato esta vez! ¡Vamos!" La maestra y casi todos los niños se ríen." "Adiós" rima con "dos", entonces esto cumple con el requisito, y ¡claro que es chistoso!	"Este Viejo, él tocó cuatro, él tocó la destreza de Nick en mí..." La maestra se inclina hacia Lolita y la invita a decir la palabra que rima. "¡Cinco!" dice Lolita. "Dime una palabra que rime con cuatro", dice la maestra. "¡Seis!" dice Lolita. Su dificultad con la discriminación auditiva y la coherencia significa que ni entiende el cometido ni tampoco la broma. Simplemente no capta.

Un fenómeno que se observa a menudo es que un niño que normalmente no habla mucho o correctamente empieza a hablar una vez que se empieza a mover. De hecho, cuando corre o se columpia, podría de pronto gritar, cantar o hablar. Como autoterapia para empezar a verbalizar sus pensamientos, podría de repente empezar a caminar alrededor del salón. Los movimientos activos incitan a echar a andar la bomba y el habla empieza a fluir.

El niño con problemas vestibulares y del lenguaje se beneficia bastante de la terapia que se encarga de ambos tipos de trastornos simultáneamente. Los terapeutas del habla y del lenguaje reportan que con tan sólo poner a un niño en el columpio durante el tratamiento puede tener grandes resultados. Los terapeutas ocupacionales han encontrado que cuando un niño con trastorno vestibular recibe tratamiento, las destrezas del habla y del lenguaje pueden mejorar, así como su balance, movimiento y la planificación de las destrezas motrices. Otros tratamientos incluyen la terapia auditiva, como la capacitación de integración auditiva de Guy Berard (AIT por sus siglas en inglés), o el método desarrollado por Alfred Tomatis, que mejora el ritmo del movimiento y el lenguaje. Algunas de las experiencias que los niños tienen con el entrenamiento auditivo incluyen:

- Intervalo de atención y enfoque.

- Interacciones sociales.

- Control motor y del habla.

- Sensibilidad y discriminación auditiva.

- Expresión musical.

- Autoestima, estado de ánimo y motivación.

- Comprensión del lenguaje hablado.

- Leer, deletrear y escribir.

- Coordinación bilateral.

- Balance físico y postura.

Otras maneras de ayudar al niño en edad escolar con disfunción auditiva incluyen atenuar el sonido en un salón de clases con mucho ruido, puede ser con una alfombra; poner al niño en un lugar lo más alejado posible de peceras con burbujas y de las entradas; y usar señales visuales para ayudarlo a suplementar la información auditiva que se le pudiese pasar.

Es importante determinar la causa de los problemas auditivos de un niño para poder tratarlo apropiadamente. Cuando el TPS es la raíz, un patólogo del habla/lenguaje o un terapeuta profesional capacitado para proporcionar terapia de integración sensorial es la opción lógica. Cuando el TPS no es el origen de los problemas auditivos, los profesionales que proporcionan consejo y tratamiento pueden incluir a un pediatra, un otólogo (doctor especializado en las enfermedades del oído) o un audiólogo (un especialista en la evaluación de discapacidades auditivas).

CÓMO EL MOVIMIENTO AFECTA LA FUNCIÓN AUDITIVA

Un Niño Típico	Un Niño con Trastorno Auditivo
Los niños de cuarto año no pueden salir a su receso porque está lloviendo, entonces Havana charla con sus amistades mientras que forman un rompecabezas. Cuando empieza la hora de matemáticas después del receso, los niños no se pueden calmar. La maestra inicia la clase con Hokey-Pokey. Sacudiendo sus brazos, piernas y cabeza, volteándose por sí misma, Havana se empieza a sentir alerta otra vez. Cuando la maestra le pide la respuesta del problema de matemáticas, Havana responde correctamente.	Catalina se pierde del receso en los días lluviosos. Deambula intranquila por el salón. El "Hokey-Pokey" no ayuda, no puede entender las indicaciones. Se siente somnolienta cuando empieza la clase de matemáticas. La maestra le hace una pregunta fácil. No puede responder. El siguiente día es un día soleado y los niños salen. Catalina se la pasa en el columpio todo el tiempo. Más tarde, la maestra le hace otra pregunta de un problema de matemáticas. Catalina lo responde correctamente. La maestra se pregunta por qué a veces Catalina está "conectada" y a veces "desconectada".

CARACTERÍSTICAS DEL TRASTORNO AUDITIVO

Estas listas de cotejo le ayudaran a medir si su niño tiene un trastorno auditivo. Al ir usted marcando las características que reconoce, empezará a ver los patrones emergentes que explican la conducta desincronizada de su niño.

El niño con dificultades para **modular las sensaciones auditivas** podría:

☐ Sentirse perturbado por los ruidos fuertes, incluyendo el sonido de las voces.

☐ Sentirse perturbado por ruidos repentinos, como un trueno, alarmas de fuego, sirenas y globos reventándose.

☐ Sentirse perturbado por pequeños sonidos metálicos, como aquellos que se originan de un xilófono o de los golpecitos de los cubiertos.

☐ Sentirse perturbado por los sonidos al morder, masticar, sorber, tragar y eructar. Esta condición es conocida como misofonía, literalmente conocido como: "odio a los sonidos".

☐ Sentirse perturbado por sonidos altamente agudos, como aquellos que provienen de los silbatos, violines, sopranos, y al rechinar la tiza (el gis) en el pizarrón.

☐ Sentirse perturbado por sonidos que no le molestan a otras personas, como bajarle el agua al inodoro, una campana de la iglesia que está a distancia, o música suave.

☐ Buscar sonidos que serían fuertes o molestos para otros.

Con **discriminación auditiva deficiente**, el niño podría:

☐ Parecer no estar alerta al origen del sonido, o podría echar un vistazo a su alrededor para localizar de dónde proviene.

☐ Tener dificultad para reconocer ciertos sonidos, como las voces o los carros que vienen por la calle.

☐ Tener dificultad para rastrear un sonido en el medio ambiente, como los pasos.

☐ Tener dificultad para recordar, repetir y referirse a las palabras, frases, conversaciones, la letra de las canciones, o instrucciones recibidas en el momento (memoria inmediata) y más tarde (memoria retardada).

☐ Tener dificultad para reconocer la diferencia entre los sonidos, como un golpeteo de cerca o a distancia, voces de enojo o placenteras, o notas altas y bajas.

☐ No enfocarse o mantener la atención a una voz, conversación, historia o sonido sin distraerse con otros sonidos.

☐ Tener dificultad para asociar nuevos sonidos a los sonidos con los que ya está familiarizado, o con símbolos visuales (letras, números, notas musicales) a sus respectivos sonidos.

☐ Tener dificultad al escuchar o leer chistes, problemas matemáticos expresados verbalmente, definiciones de crucigramas, o discusiones y entender como toda la información encaja en un todo coherente.

☐ Tener un sentido del tiempo y ritmo deficientes cuando aplaude, marcha, canta, brinca la cuerda, o toca los instrumentos rítmicos de un grupo musical.

El niño puede también tener dificultad con el **lenguaje receptivo**, y podría:

☐ Tener problemas para discriminar los sonidos de las palabras cuando se oyen igual, particularmente con las consonantes al final de las palabras, como en pato/gato, posa/cosa, palo/malo.

☐ Tener un período de atención corto para escuchar cuentos o para leer.

☐ Malinterpretar preguntas y peticiones.

☐ Ser capaz de seguir sólo una o dos instrucciones en una secuencia.

☐ Voltear a ver a otros antes de responder.

☐ Pedir frecuentemente que le repitan las cosas o, ser menos probable que lo haga en comparación a otros, pedir que le aclaren las indicaciones o descripciones que son ambiguas.

☐ Tener dificultad para reconocer las rimas.

☐ Tener dificultad para aprender nuevos idiomas.

El niño podría tener dificultad con el **lenguaje expresivo**, y podría:

☐ Haber aprendido a hablar tardíamente.

☐ Tener dificultad para poner sus pensamientos en palabras habladas o escritas.

☐ Hablar "sin relación al tema", por ejemplo, hablar acerca de su camiseta nueva cuando otros están conversando sobre los animales del zoológico o un juego de balompié.

☐ Tener dificultad para "cerrar los círculos de comunicación", por ejemplo, "responder a las preguntas y comentarios de otros cuando se lo piden.

☐ Tener dificultad al corregir o revisar lo que ha dicho para que otros puedan entender.

☐ Tener un escaso vocabulario.

☐ Utilizar una estructura carente de madurez en sus oraciones (gramática y sintaxis deficiente).

☐ Tener pobre capacidad para deletrear.

☐ Tener una imaginación limitada en los juegos de fantasía.

☐ Tener dificultad para inventar rimas.

☐ Cantar desentonadamente.

☐ Tener dificultad con la lectura, particularmente cuando lee en voz alta.

☐ Necesitar más tiempo a comparación de otros niños para responder a los sonidos y a las voces.

El niño podría tener dificultad con el **habla y la articulación**, y podría:

☐ No poder hablar de manera suficientemente clara para ser entendido.

☐ Tener una calidad de voz desafinada y monótona.

☐ Hablar en voz muy alta o muy baja.

☐ Hablar con voz ronca, fuerte, chillante, débil o entrecortada.

☐ Hablar con timidez o sin fluidez ni ritmo.

☐ En general, el niño podría:

☐ Estar cansado al final del día.

☐ Tener poca motivación o interés en las tareas escolares.

☐ Tener dificultad para planificar tareas y organizarse.

☐ Ser torpe y descoordinado al moverse.

☐ Tener mala sincronización y facultades atléticas deficientes.

☐ Tener bajo autoestima.

☐ Ser tímido y tener una tendencia a retirarse de situaciones sociales.

☐ Mejorar su capacidad para hablar mientras o después de hacer movimientos intensos.

La Parte II de este libro le dará consejos específicos y prácticos conforme usted vaya iniciando el proceso de evaluación, diagnóstico y tratamiento. También encontrará muchas sugerencias y actividades para ayudar a su niño en casa y en la escuela.

PARTE II:

LIDIANDO CON

EL TRASTORNO

DEPROCESAMIENTO SENSORIAL

Capítulo Ocho

Diagnóstico y Tratamiento

Este capítulo le ayudará a aprender a cómo reconocer y documentar la conducta desincronizada de su niño. Hace sugerencias sobre cuándo y cómo buscar una evaluación profesional y diagnóstico. Se incluyen descripciones de varios tipos de intervención, con énfasis en TO-IS, lo cual es terapia ocupacional (TO) utilizando un esquema de integración sensorial (IS).

La Búsqueda de Repuestas de los Padres

Una madre me escribió esta carta:

"Para cuando Roberto llegó a la edad de dos años, sentí que tenía una necesidad especial, pero no podía entender que era. Requería atención constantemente. Los "Tiempos fuera" no funcionaban porque yo no podía controlarlo. Era desafiante, desobediente, irrespetuoso y exigente. Siempre estaba ocupado, siempre hablando (¡con una aptitud verbal fabulosa!), testarudo, conflictivo y se frustraba fácilmente. Me sentía bendecida por tener a Roberto y no lo cambiaría por nada del mundo, por supuesto que no, pero me ponía a prueba constantemente y me rechazaba.

"¿Cuál era la razón por la cual se portaba así? ¿Cómo podría yo recobrar el control? ¿Cuál método de disciplina lo haría cambiar? Si su conducta era un intento para llamar mi atención, ¿Cómo se la podría dar de tal manera que lo satisfaga? ¿Cómo podría ayudarle a un niño con tanta energía a canalizarla positivamente? Estaba desesperada por encontrar respuestas.

"Empecé a buscar información por medio de mi pediatra. Él recomendó un neurólogo que lo evaluó para determinar si tenía convulsiones (los resultados fueron normales) y no creía que tenía TDA. Después vimos a un psicólogo quien dijo que Roberto era un niñito normal y activo. Después vimos a un alergólogo porque a él se le antoja la leche, y después un otorrinolaringólogo porque seguido parece estar fatigado y además ronca. Yo pensé que podría tener los adenoides infectados, pero no fue así.

"Después vimos a un especialista en desarrollo infantil quien tenía algo de conocimiento acerca de problemas sensoriales. No llevo a cabo una evaluación formal, pero pudo ver que Roberto tenía un sistema vestibular inmaduro de baja reactividad, con retrasos en el procesamiento visual y auditivo. Nos sugirió actividades específicas para hacerlas en casa, pero no dieron buenos resultados porque Roberto no cooperaba. Como la terapia en casa no funcionaba, entonces sometimos a Roberto a una evaluación para descartar TDA (resultó negativo)" "Finalmente, un vecino me dio el nombre de una TO quien llevó a cabo una evaluación formal. A los tres años y medio fue diagnosticado con Trastorno de Procesamiento Sensorial. Fue un doble alivio saber que el problema de Roberto había sido identificado y saber que la terapia ¡realmente ayuda! Después de cuatro sesiones, ella piensa que con algunos meses de terapia, Roberto tiene un alto potencial para beneficiarse de la TO y que su 'problema nervioso' será reparado y será más fácil manejar su conducta.

"El pediatra piensa que la terapia no cambiará nada y sugiere someterlo a más disciplina y ver a un psicólogo para niños. Pero ya hemos empezado a ver resultados y queremos continuar con la terapia ocupacional mientras que la TO piense que es necesario. Tengo esperanzas de que vamos por el camino correcto.

"Esto no se compara con nada de lo que he pasado, es muy difícil para mí. Soy una persona muy 'activa' con muchas amistades que me llaman para pedirme consejos, y por primera vez en mi vida adulta yo necesito consejos, ¡bastantes! Siempre trabajé muy arduamente para que nuestras vidas fueran 'perfectas', pero tan sólo pasar el día con Roberto ha sido un logro.

"Aún no hemos acabado, pero vamos progresando. En vez de sentirme toda desesperada y sola en esto, ahora estoy emocionada y con esperanzas. Cuando veo brotar la naturaleza dulce y amorosa de Roberto, me siento segura de que reestableceremos la armonía en nuestro hogar".

RECONOCIENDO CUANDO SU NIÑO NECESITA AYUDA PROFESIONAL

Usualmente, ir creciendo significa que un niño refuerza las habilidades que ya ha adquirido. Un niño típico desarrolla la capacidad de correr después de haber aprendido a caminar, después de haber aprendido a pararse, después de haber aprendido a arrastrarse.

Para el niño desincronizado, sin embargo, crecer no siempre significa ser mejor en varias tareas físicas e intelectuales porque el cimiento básico para organizar la información sensorial de manera eficiente no es lo suficientemente sólida.

¿Si crecer no ayuda, entonces qué? ¡Intervención temprana! La intervención más apropiada para el Trastorno de Procesamiento Sensorial es TO-IS, la cual ayuda al niño a desarrollar su sistema nervioso.

Antes de recibir TO-IS o alguna otra forma de intervención, el niño necesitará evaluación profesional y un diagnóstico. ¿Cómo sabe usted si una evaluación es necesaria?

Siete Ideas Racionalizadas Que Evitan Reconocer el TPS

Al menos siete explicaciones evitan que algunas personas reconozcan el TPS y por lo tanto buscar un diagnóstico. Los educadores y terapeutas frecuentemente escuchan estos comentarios.

1) *"Parece TDAH, suena como TDAH, debe de ser TDAH"*. Los síntomas del TPS podrían parecerse a los síntomas de varios otros problemas.

2) *"Nunca he escuchado nada así, entonces no puede importante"*. Muchos pediatras, maestros y otros expertos en temas de la primera infancia no están familiarizados con el TPS y no pueden explicárselo a los padres de familia. Afortunadamente, se ha empezado a tener un amplio conocimiento conforme más estudios de investigación y libros con términos simples llegan al público en general.

3) *"¡A Mi Hijo No!"* Aun cuando los padres de familia aprendan algo acerca del TPS, podrían estar renuentes a creer que está afectando a su hijo. La gente no busca respuestas si está en etapa de negación de que existe un problema.

4) *"¿Entonces qué tal si él no es un Einstein? Lo queremos, así como es"*. Aceptar a un niño "justo en la etapa en la que está" es fabuloso, pero algunas veces los padres de familia son demasiado tolerantes. Podría ser que estén satisfechos con el desarrollo irregular de su niño, aunque su hijo no lo esté.

5) *"Entonces, ¿Qué tal si no hace lo que otros niños hacen? Está avanzado para su edad"*. Los padres de familia podrían pensar que la conducta de su hijo, que no es nada similar a la conducta de un niño, significa que es "muy listo" para jugar con plastilina y en las áreas de juegos. Sin embargo, todos los niños necesitan poder jugar antes de poder ser exitosos en la escuela. La capacidad de leer a la edad de cinco años no garantiza que esté listo física, social y emocionalmente para asistir al kínder.

Lo que se ve como una conducta precoz podría, de hecho, indicar disfunción neurológica. Juan se incorporó por si solo en su cuna a la edad de cinco meses. ¡A los nueve meses, caminó—de puntitas! Sus padres pensaron que estaba avanzado para su edad a comparación de otros bebés, hasta que se dieron cuenta que su hiper-responsividad táctil lo llevaba a evitar tocar las sabanas de la cuna y el piso.

El niño podría omitir las experiencias típicas de la niñez porque no puede llevarlas a cabo. Es relevante preguntarse a uno mismo qué es lo que evita. La respuesta podría ser elusiva, los padres podrían no darse cuenta de lo importante que es moverse, tocar y jugar. Esto es común en las familias donde el niño es el mayor o es hijo único. Sin otro niño, uno más organizado para compararlo con el desorganizado, los padres podrían desconocer las habilidades apropiadas de esa edad.

6) *"Es muy inteligente, ¿Y qué si no puede amarrarse la cinta de sus zapatos?"*. A pesar de tener TPS, el niño podría tener muchas fortalezas. Podría ser un genio matemático, un experto en dinosaurios, o un fabuloso narrador de historias. En cambio, el mismo niño podría ser débil en cuanto a las aptitudes de autoayuda, deportes, o la escritura. El niño que está desincronizado con frecuencia desarrolla una o dos destrezas aisladas. Trabaja arduamente para dominar estas habilidades pero estas no le ayudan a generalizar su aprendizaje para adquirir habilidades más complejas.

Por ejemplo, uno de mis estudiantes de preescolar aprendió a tocar "Martinillo" en el xilófono. Él estaba sumamente complacido. Lamentablemente, era lo único que sabía tocar. Lo tocaba repetidamente y no había forma de convencerlo para que tocara "El Viejo Mac Donald", otro tono simple. Otro niño aprendió a montar en una bicicleta pequeña en la escuela, esto fue un gran logro para él. Sin embargo, no tenía ni idea de cómo aplicar lo que aprendió en una bicicleta más grande en casa.

Cuando el niño tiene habilidades en varias áreas, o logra una actividad aislada, los padres, maestros y pediatras a menudo creen que no tiene problemas definibles. Piensan que "tan sólo es haragán" para aprender habilidades nuevas.

7) *"Puede hacer todo bien, si él quiere"*. El niño podría tener días buenos cuando coopera, está calmado y tiene la capacidad, y días malos cuando está furioso, inquieto y frustrado. Es fácil confiarnos, erróneamente, de que la disfunción no es el problema, ya que el TPS puede manifestarse de diferentes maneras, en diferentes momentos.

Los padres podrían creer que la conducta errática del niño es cuestión de elección. No lo es. Ningún niño escoge ser desorganizado, sin embargo, el niño que no está sincronizado puede ser crónicamente inconsistente en su conducta.

Tres Razones Válidas para Buscar Ayuda

¿Aún no tiene la certeza de si buscar un diagnóstico? Si es así, considere los siguientes criterios.

1) *¿El desempeño del niño de alguna forma se ve obstaculizado por este problema?* La respuesta es sí, si se le dificulta hacer "las cosas que se hacen de manera natural": arrastrarse, correr, brincar, escalar, hablar, escuchar, abrazar y jugar. La respuesta es también sí, si tiene baja autoestima. De hecho, la baja autoestima es una alerta del TPS. Ocasionalmente, el niño será referido con un profesional de salud mental. Pero, si no se atienden los problemas neurológicos fundamentales, el niño sólo desarrollará técnicas puramente compensatorias, a lo más.

2) *¿El problema del niño obstaculiza el desempeño de otras personas?* Sí, si este le ocasiona un comportamiento que pudiera no molestarle a él, pero si a todos los demás. El niño podría fastidiar a otros niños cuando los empuja, podría frustrar a su maestra cuando se pone inquieto, podría aterrorizar a sus papás cuando es temerario—sin poder comprender por qué siempre están disgustados con él.

Sí, si es un "angelito en casa", por ser un lugar seguro, pero un "diablillo en la calle", por ser un lugar impredecible y le da miedo. Sí, si es un angelito en la escuela, donde se las arregla para comportarse, pero un demonio en casa, donde se descontrola al final del día. Cuando su conducta difiere radicalmente en situaciones diferentes, está enviando señales de estrés.

3) *¿Debería usted de poner atención cuando un maestro, pediatra, o amigo le sugiere que siga buscando ayuda?* Sí, si ellos han lidiado con muchos niños y pueden reconocer la conducta desorganizada. Aunque el consejo podría lastimarle, también podría confirmar lo que usted siente, pero no ha podido enfrentar. Piénselo de esta manera: si el empleado de la gasolinera le dice que su automóvil necesita una afinación porque no está funcionando bien, le haría caso. ¿Qué tal una afinación para su niño desincronizado?

Documentando la Conducta de Su Niño

Los padres conocen a sus hijos mejor que nadie, pero con frecuencia no comprenden lo que saben. Digamos que usted está preocupado por las dificultades de su niño, la cuales no encajan en el esquema de las categorías médicas tradicionales de niños con enfermedades o discapacidades. Digamos que el pediatra tampoco puede identificar el problema, y dice: "No tiene nada. Eventualmente todo va a salir bien".

¿Qué debe usted hacer?

Primero, confíe en sus instintos y documente sus observaciones.

La documentación es una parte importante del proceso para identificar y abordar las necesidades de su niño. Evidencia anecdótica es tan importante como un diagnóstico profesional. Tome nota de las observaciones que usted ha hecho en casa y de los incidentes que los maestros han notado en la escuela. Entonces, provisto con datos específicos, usted estará mejor preparado para reconocer patrones de conducta y para describirle las dificultades de su hijo al doctor o terapeuta quien está familiarizado con el TPS.

¿Se acuerda de Tomi, Verónica, y Patricio? (vea las páginas 4-7). Los problemas de Tomi son táctiles; los de Verónica son vestibulares; los de Patricio son propioceptivos. (Estos niños imaginarios tienen problemas obvios. En la vida real, la disfunción no está tan clara).

Abajo se encuentran unas gráficas que los padres de estos niños prepararon. La primera gráfica de cada niño documenta los "momentos difíciles": situaciones que causan la conducta desincronizada. La segunda gráfica documenta los "momentos fáciles": situaciones en las que Tomi, Verónica y Patricio funcionan bien. (Las gráficas de Santiago, las del buscador de sensaciones que es demasiado activo y raro, serían similares).

Quizá usted también quiera hacer gráficas y llenarlas con los puntos que le ayuden a resolver el misterio de su maravilloso pero desconcertante niño.

Los Momentos Problemáticos de Tomi (Disfunción Táctil)

Los papás de Tomi tomaron la decisión de hacer trabajo de detectives debido a que nadie los podía ayudar. Empezaron a graficar sus momentos más difíciles, con la esperanza de descubrir modelos que les ofrecieran ideas acerca de su conducta. Aquí está la gráfica:

Conducta	Fecha Hora	Circunstancias
¡Berrinche! Se rehusó a vestirse	10 de octubre 8:30 am	Dice que sus calcetines están muy apretados y odia su suéter nuevo de cuello de tortuga.
Inconsolable en la escuela.	14 de octubre 10:00 am	La maestra dijo que estaba bien hasta que fue hora del proyecto de arte (pintar con los dedos).
Tiró el plato en el piso de la cocina.	22 de octubre medio día	Pensé que le gustaría el queso fresco (en vez del yogurt) para variarle. ¡Qué equivocación!
Gritó en el supermercado. Le arrojó una uva a una ancianita amigable.	23 de noviembre 4:30 pm	El día antes del Día de Gracias. Una tienda con mucha gente y mucho ruido. Una ancianita (una extraña) le despeinó el cabello.
Con una sola mano destruyó los juguetes en "El Taller de Santa Claus"	18 de diciembre 2:00 pm	Emocionado por los juguetes en la tienda de departamentos y no podía dejar de tocarlos. Fuera de control, como si fuese un toro en una tienda de cristales.

LA INTERPRETACIÓN DE
LOS MOMENTOS PROBLEMÁTICOS DE TOMI

Sin relación entre sí, como se puede ver en las anotaciones de la gráfica, se indica un patrón de disfunción táctil. Vamos a ver los incidentes, uno por uno.

Primer incidente: Tomi se molesta por la ropa que trae puesta, se siente incómodo con los cuellos altos y los calcetines gruesos. No está molesto a propósito. Simplemente no puede explicarse porque ciertas texturas lo irritan. Su sistema táctil mal regulado es el culpable, le comunica a nivel subconsciente que su ropa es una amenaza para su bienestar. Su madre comenta: "¡La persona que invente los calcetines que realmente no tengan costuras amasará una fortuna!"

Segundo incidente: Tomi está inconsolable en la escuela, por lo de pintar con los dedos. La maestra, creyendo que ofrece actividades placenteras a sus estudiantes, está desconcertada y anima a Tomi para que participe. Él odia la idea de traer las manos húmedas, sucias, siente que es un fracaso y desea que la maestra lo deje en paz. La escena se convierte en una situación muy infeliz.

Tercer incidente: Tomi hace una escenita a la hora del almuerzo. Tiene problemas para comer, su boca es extremadamente sensible a la textura de los alimentos. ¡Si usted recuerda la primera vez que se metió a la boca una almeja cruda, puede entenderlo! Tomi se come el yogurt porque le es familiar y es seguro. El queso tipo cottage con grumos, sin embargo, no es seguro. Tomi no puede explicar que su sistema táctil defensivo está mandándole señales de alerta, así que tira el plato.

Cuarto incidente: En el supermercado, Tomi le da un golpecito en la cabeza con una uva a una mujer amigable. ¿Por qué agrede?, hace que su madre desee poder abandonarlo a él y al pavo del Día de Gracias e irse a casa a llorar. La respuesta es simple: Para Tomi, la mujer es una amenaza. Es una desconocida y comete el "error" de darle una palmadita en la cabeza.

Para todos nosotros, la cabeza es particularmente sensible al toque ligero e inesperado. La mayoría de nosotros reaccionamos de forma inmediata cuando nos tocan ligeramente, lo hacemos para proteger las partes del cuerpo que necesitamos para sobrevivir. Puesto que Tomi es más sensible que la mayoría de los niños, reacciona con lo que nosotros podríamos considerar una respuesta excesiva.

Quinto incidente: Tomi entra entusiasmado hasta las lágrimas al ver los juguetes en el Taller de Santa. Si bien otros de su edad podrían estar satisfechos con tan sólo ver y acariciar los juguetes con un toque discriminativo, Tomi los "ataca". Un aspecto de su sistema táctil desincronizado requiere que maltrate los objetos para poder aprender acerca de estos. ¡Pobre Tomi! Desata un caos en el Taller de Santa debido a que quiere saber (y claro, adueñarse) de todos los juguetes.

En resumen, Tomi tiene disfunción táctil, esto implica que reacciona demás y tiene una discriminación deficiente.

Los Estupendos Momentos de Tomi

Observando que la conducta fuera desincronizada de Tomi tan sólo muestra las cosas a medias. Los papás de Tomi también agregan a la gráfica sus momentos estupendos (vea la siguiente página), cuando él está posiblemente más sincronizado.

Conducta	Fecha Hora	Circunstancias
Se quedó dormido fácilmente.	11 de oct. 7:30 pm	Pidió que le sobaran la espalda: "papí hazlo tú, mamí no". (Art se sintió complacido; generalmente Tomi me prefiere a mí en vez de su papá). "¡Hacia abajo, no hacia arriba!" Art le sobó la espalda fuertemente con firmeza, dándole hacia abajo y le dio 10 abrazos de oso para más presión profunda. Luego, Tomi le pidió a Art que lo pusiera a dormir—¡primera vez!
Disfrutó del baño y otra vez se quedó dormido fácilmente.	12 de oct. 7:30pm	Dos buenas ideas: que Tomi ayude con la temperatura del agua "en su punto" (tibiecita) y, usando la técnica de Art para sobar, primero con una toallita de baño y después con una esponja. "¡Más mamí, más!". Sobarlo lo relajó.
Pasó un buen día en la escuela	15 de oct. 9am—a medio día	Después de que le dije a su maestra que a él le gusta que lo soben, ella probó el juego "el Sandwich con gente". Él era el jamón, presionado por dos cojines del gimnasio. Le encantó. Pasó bien el resto del día.
Comió a la hora del almuerzo sin quejarse	15 de oct. 12:30 pm	Le dieron sopa—sin grumos. Se la zampó y hasta comió una segunda vez. ¿Por qué me tomó tanto tiempo darme cuenta de que come sólo alimentos suaves?

Conducta	Fecha Hora	Circunstancias
De hecho, disfrutó la salida al supermercado	30 de nov. 3:00 pm	Fuimos al supermercado que tiene carritos miniatura para los niños. Le gustó empujar uno, lo cargo con papas y manzanas, me ayudó bastante. Es buena idea llevarlo a la tienda cuando no hay tanta gente.
Se sentó en el piso de la cocina y me acompañó por una hora mientras que yo horneaba.	5 de enero 2:00 pm	Su maestra dijo que disfrutó agarrar los frijoles secos en el barril. (Evade el barril cuando tiene agua o arena). Llené un traste con chícharos, frijoles pintos y lentejas, le di unas tazas con medidas y un cucharon. Muy entretenido y charlando midió y vació frijoles. Dijo: "este es un trabajo divertido".

INTERPRETACIÓN DE
LOS MOMENTOS ESTUPENDOS DE TOMI

Primer incidente: El tacto firme y predecible siempre ha hecho sentir a Tomi cómodo. Pide que le soben la espalda de arriba hacia abajo—de la manera como crece su cabello. (Sobar hacia arriba "lo pone de malas" y "le cae mal"). Prefiere la presión profunda de su padre contrario a la suave caricia de su madre. La presión firme, calmante suprime su hiper-responsividad y lo prepara para dormir.

Segundo incidente: La mamá de Tomi lo invita a que la ayude a ajustar la temperatura del agua antes de meterse a bañar. A él le gusta tener algo de control, en vez de que lo sambutan en el agua que está "¡Muy caliente!" o "¡Muy fría!". Esta noche, Tomi se mete voluntariamente. También, sigue el ejemplo de su marido y le soba firmemente la espalda y las extremidades con una toallita de baño y luego con una esponja, en vez de echarle agua hasta que esté limpio. Él se relaja, y el resultado es otro momento placentero al irse a dormir.

Tercer incidente: La maestra pone a prueba una actividad de presión profunda en la escuela, con mucho éxito. Tomi disfruta ser batido con "mostaza" y que sus compañeros de clase gateen arriba de él. Es terapéutico y divertido, la actividad del "sandwich de personas" también le ayuda a interactuar con sus compañeros.

Cuarto incidente: Tomi no puede tolerar los grumos en sus alimentos. Le gusta cuando su madre prepara la sopa con una textura suave.

Quinto incidente: A Tomi le gusta empujar el carrito del mandado. Puede agarrar bien el manillar porque es suave, lo cual no irrita sus manos. Se siente bien cuando empuja algo con resistencia porque pone a trabajar sus músculos profundos. También, la mamá de Tomi está poniendo más atención a su miedo a las multitudes. Se fija que ir a la tienda cuando está todo tranquilo hace la salida más amena.

Sexto incidente: A Tomi le gusta agarrar los frijoles secos porque no son pegajosos y se queda involucrado en su juego. Comparando las notas acerca su conducta, su madre y la maestra pueden formular estrategias para proporcionarle experiencias táctiles favorables en la casa y en la escuela.

Vicisitudes de Verónica (Disfunción Vestibular)

Los papás de Verónica toman nota acerca de la conducta inconsistente de su hija:

Conducta	Fecha Hora	Circunstancias
Camino al buzón de la esquina, se tambalea y cae. Gritó llorando "¡Estoy muy cansada, cárgame!"	4 de junio 9:30 am	Después de dormir toda la noche y desayunar bien, ¿Por qué no tendría fuerzas? Pero a veces, al final del día, ¡tiene muchas ganas de ir!
Se rehusaba a que la dejara en la fiesta de cumpleaños de Elena. Una vez que empezaron los juegos, agarró cuerda y estaba incontrolable.	9 de junio 2:30 pm	Tan emocionada por la fiesta, hasta que llegamos. Todos los compañeros de clase fueron invitados a jugar "a los encantados" y a las "carreras de relevos". Yo era la única mamá que se tuvo que quedar, y Verónica fue la única niña que no jugó. Cuando finalmente se me despegó, las actividades verdaderamente la hicieron agarrar cuerda. Se les ponía a todos en la cara, gritando, empujando y corriendo incontrolablemente. Todos estaban llorando. Nos retiramos temprano.
Se descontroló en el área de juegos. El berrinche duró 20 minutos.	3 de julio 2:30 pm	Ayer estaba encantada con el área de juegos; hoy la odia. ¡Es el mismo lugar, la misma hora, el mismo clima, pero una niña diferente! Todo lo que hice fue darle vuelta algunas veces en el columpio de llanta. Por lo general le gusta mucho ese columpio.

Conducta	Fecha Hora	Circunstancias
Cuando señalamos hacia la luna, se quedaba viendo nuestros dedos en vez de ver el cielo.	4 de septiembre 9:30 pm	Se levantó más tarde de lo que acostumbra. Los otros chiquillos en el día de campo del vecindario estaban emocionados por la brillante luna y las estrellas. Verónica no entendió que era lo que se suponía que debería estar viendo.

LA INTERPRETACIÓN DE LAS VICISITUDES DE VERÓNICA

Primer incidente: La fatiga de Verónica temprano por la mañana es síntoma de un bajo tono muscular; tiene el cuerpo suelto y lánguido. Una pequeña excursión al buzón de la esquina requiere más energía de la que puede reunir en ese momento. También, su tronco es inestable y sus respuestas posturales son deficientes, tiene balance y coordinación motora deficientes. Las notas de su madre, sin embargo, dicen que en la noche Verónica tiene energía después de haber experimentado movimientos intensos.

Segundo incidente: Las situaciones nuevas angustian a Verónica. Tiene dificultad para controlar sus movimientos, esto causa que se sienta insegura emocionalmente, así que se agarra de su madre. La coordinación y la planificación motriz deficientes entorpecen su capacidad para poder socializar eficientemente con sus compañeros de clase. Necesita de mucho movimiento fuerte, pero cuando eventualmente se une a los juegos, se excede, choca y se topa con otros niños.

Tercer incidente: Sabiendo que Verónica con frecuencia disfruta el columpio de llanta, su madre piensa que lo disfrutaría aún más con una ayudadita para que gire más rápido. Sin embargo, Verónica no puede tolerar lo inesperado, el movimiento pasivo. A Verónica no le gusta estar en el columpio de llanta cuando alguien más lo está moviendo; solamente le gusta cuando ella tiene el control.

Cuarto incidente: Ver la luna presenta otro problema. El movimiento de los ojos de Verónica no está bien coordinado. El trabajo en equipo de sus ojos y la percepción de la profundidad son deficientes a causa de que sus ojos no trabajan bien juntos y debido a su pobre percepción de la profundidad. Dentro de su marco visual, ve que sus papás menean los dedos y parece que no puede ver más allá de su espacio inmediato.

En resumen, Verónica es hipo-responsiva ante las sensaciones vestibulares. Los problemas asociados a esto son bajo tono muscular, dispraxia, disfunción postural y control ocular deficiente.

Las Victorias de Verónica

Los papás de Verónica también toman nota de situaciones exitosas:

Conducta	Fecha Hora	Circunstancias
Se pasó 5 minutos parada de cabeza. Después estaba calmada y atenta.	6 de junio 8:00 pm	Intenté meter a Verónica a la cama para que escuchara un cuento, pero estaba acelerada, caminando en círculos. Finalmente, se fue a la esquina y se puso de cabeza. Le leí el cuento y escuchó calladita. Después puso los pies en la tierra, se subió a la cama y se quedó dormida instantáneamente.
¡En el parque, se columpió por cuarenta y cinco minutos! Llena de vida, alegre y parlanchina toda la tarde.	2 de julio 2:30 pm	Primero, se acostó atravesada en el columpio, de panza, y se empujaba con los dedos de los pies. Segundo, se sentó en el columpio y me pidió que la empujara por un largo tiempo. Tercero, se dio vueltas ella sola en el columpio de llanta. ¡No estaba mareada, pero yo sí, sólo de verla!

Conducta	Fecha Hora	Circunstancias
Anduvo de puntitas en un sube y baja improvisado. Después parecía estar más sincronizada de lo acostumbrado.	12 de julio 2:30 pm	Verónica se unió a su hermano mayor y sus amigos cuando estaban jugando en el "sube y baja" que habían hecho poniendo un tablero de aglomerado sobre una viga de ferrocarril. Se meció de lado a lado y disfrutó la sacudida cuando la punta del tablero de aglomerado topaba en el suelo. Se divirtió mucho ingeniándoselas de diferentes maneras para balancearse.
Jugó feliz (¡para variar!) con otros niños en el lago.	1ro de agosto 4 pm	En vez de aventar y agarrar la pelota, se divirtió sentándose y acostándose en ella. Cuando se caía en el césped, se reía. Los otros niños estaban interesados en sus ideas, y todos tomaron su turno. ¡Es fabuloso verla jugar con los demás!

INTERPRETACIÓN DE LAS VICTORIAS DE VERÓNICA

Primer incidente: Ponerse de cabeza, los pies en el aire, es una forma de autoterapia. Aunque esta posición parezca extraña, ayuda a regular el procesamiento ineficiente de Verónica. Por medio de su oído interno está recibiendo información útil sobre la fuerza de gravedad.

Segundo incidente: Verónica disfruta columpiarse de diferentes maneras por más tiempo de lo normal. Cuando decide cómo moverse y por cuánto tiempo, se está involucrando activamente en autoterapia. Colgarse al revés le da un tipo de aporte vestibular intenso que su cerebro desea. Mecerse suavemente hacia enfrente y hacia atrás, una forma de movimiento lineal a través del espacio, es relajante. Girar en el columpio de llanta, una forma de movimiento rotatorio, también le ayuda a regular su sistema vestibular.

El hecho de que no se maree cuando se da vueltas indica que su sistema vestibular está fuera de sincronía. Normalmente, girar prolongadamente haría que una persona se sintiera mareada, pero esto a Verónica la hace sentirse magníficamente.

Después de columpiarse, es parlanchina y vivaz. Las actividades han activado los centros del lenguaje en su cerebro. Como todos los niños, tiene mucho que decir; a diferencia de la mayoría de los niños, con frecuencia tiene problemas para expresar las palabras. Cuando "se inspira", las palabras empiezan a fluir.

Tercer incidente: Mecerse de lado a lado es una forma de movimiento linear llamado oscilación. Igual que al columpiarse, organiza el sistema vestibular de Verónica. Le gusta la sensación de sacudirse cuando la tabla topa en el suelo. Las sacudidas la excitan sensorialmente de una manera positiva al mandar mensajes extra a sus articulaciones y músculos. Cuando dirige su propio juego, juega con una finalidad y con buena atención.

Cuarto incidente: Aventar una pelota de playa también representa un gran reto ya que las destrezas motrices de Verónica son deficientes. Sin embargo, disfruta un reto diferente: mantener su balance mientras está sentada en la pelota. Cada niño tiene una motivación interna para resistir la gravedad. ¡Algunas veces todo lo que el niño necesita es el equipo adecuado, en el lugar adecuado y en el momento adecuado! Cuando los otros niños se unen a su juego, la autoestima de Verónica sube y está feliz de jugar con ellos.

Los Problemas de Pablo (Trastorno Propioceptivo)

Los papás de Pablo preparan esta gráfica buscando patrones de conducta:

Conducta	Fecha Hora	Circunstancias
Caminando se topó con un poste de teléfonos y recibió tres puntadas.	9 de julio 3:30 pm	Saliendo de la nevería, le iba poniendo atención a su cono, no hacia donde se dirigía. ¡Qué exasperante y que frustrante!
Agarró la estatuilla de porcelana de su abuelita; luego la hizo añicos cuando la trato de poner a su lugar.	2 de agosto 8:00 pm	Quizá estaba cansado después del largo trayecto para llegar a la casa de su abuelita, pero, aunque este descansado es torpe. El descontento de la abuela empeoró la situación. No estaba enojada con él, tan sólo estaba triste, él estaba inconsolable.
Intentando jugar a agarrar la pelota de playa, fallaba en cada intento.	4 de agosto Al mediodía	Pablo, ya sea arremete contra la pelota en el momento equivocado o le pega y la manda lejos. Sus primos más pequeños son crueles y dicen: "¡Bebé! ¡Bebé! ¿Ni siquiera sabes cómo agarrar una pelota?"
En el restaurant, derramó la leche en el mantel y en su ropa de salir.	Día del Trabajo; 6:30 pm	Algunas veces parece que Pablo no puede conseguir que la leche llegue a su boca. Aunque la mesera fue cariñosa, Pablo estaba afligido
Iba tarde el primer día en el cuarto año escolar porque hizo un berrinche cuando se estaba abotonando su camisa nueva.	6 de sept. 8:30 a 9:30 am	Primero se resistía a ponerse la camisa, y luego la abotonó incorrectamente, diciendo: "La hicieron mal. Nunca hago nada bien". Trabaja muy duro para hacer la más simple de las cosas.

LA INTERPRETACIÓN DE LOS PROBLEMAS DE PABLO

Primer incidente: Pablo se topa en un poste porque comerse su cono requiere de toda su atención. En realidad, no puede masticar y caminar al mismo tiempo. ¡La frustración de su madre no es nada en comparación a la de Pablo!

Segundo incidente: Pablo calcula mal el peso de la estatuilla de la abuela. Claro que, la abuela está disgustada. Es difícil entender que su descuido es provocado por el pobre control sobre la fuerza que pone en cada uno de sus movimientos.

Tercer incidente: Agarrar la pelota de playa es tan fácil para Pablo como lo es para la mayoría de nosotros capturar una mariposa. Tiene problemas para moverse a través del espacio, para coordinar sus brazos y piernas, y para anticipar el impacto de la pelota. ¡Con razón sus primos son "tan crueles!" No les gusta jugar con él porque no pueden predecir qué es lo que va a hacer y cómo lo va a hacer. Ven que sus movimientos son torpes y lo consideran un "idiota".

Cuarto incidente: La ida al restaurant es un desastre. Cuando Pablo levanta un vaso con el cual siente que no está familiarizado, las sensaciones de sus músculos no pueden decirle cuanta fuerza necesita aplicar. El vaso de leche vuela por el aire, y Pablo, una vez más, provoca un desastre.

Quinto incidente: Abotonarse una camisa tiesa es difícil para Pablo. La típica ansiedad del primer día de escuela, más su madre apresurándolo para que se mueva rápido, más su torpeza, se suman a la profunda desesperación de Pablo. Tiene baja autoestima porque se mueve ineficientemente. Cuando grita, "nunca hago nada bien", de verdad cree lo que dice.

En resumen, el problema principal de Pablo es la discriminación deficiente de las sensaciones propioceptivas, táctiles y vestibulares, junto con el desorden motriz con base sensorial.

En resumen, el problema principal de Pablo es la discriminación deficiente de las sensaciones propioceptivas, táctiles y vestibulares, junto con el desorden motriz con base sensorial.

Las Cosas Positivas de Pablo

Los papás de Pablo también toman nota de sus experiencias positivas:

Conducta	Fecha Hora	Circunstancias
Está complacido de escribirle una notita breve a su abuela antes de nuestro viaje.	28 de julio 3:30 pm	Antes de empezar a escribir, Pablo se truena los nudillos y se aprieta los dedos. Explica: "Mis manos funcionan mejor cuando hago esto". ¡Escribió sin quebrar la punta del lápiz!
Le encanta jugar el "juego de la postura" de la abuela.	4 de agosto 10 am	La abuela lo reto a caminar con un libro de cocina sobre su cabeza por más tiempo que ella. Pablo "ganó" y obtuvo un viaje a la tienda de tarjetas de béisbol. Ella lo hace "ponerse en forma". Él la adora.
Disfrutó del juego de tira y jala en la playa.	7 de agosto al mediodía	Tuvimos que jugar un juego tonto de "tira y jala" con los primos para comprobar que nuestra familia es tan fuerte como la de ellos. ¡A Pablo le encantó! Dijo: "Es maravilloso estar en un equipo". Está desarrollando una actitud competitiva este verano. Asombroso.
Ayudó a lavar el automóvil de Ron; y luego se ofreció voluntariamente a lavar el mío también	28 de dic. 2 pm	Pablo se ofreció a arrastrar cubetas de agua desde la casa. ¡Puede levantar cargas demasiado pesadas! Disfrutó ayudar a Ron a lavar con la esponja y secar el automóvil. Dijo: "te aseguro que te da gusto tener un hijo como yo". Es un deleite escucharlo decir eso. Necesitamos asignarle más quehaceres.

LA INTERPRETACIÓN DE LAS COSAS POSITIVAS DE PABLO

Primer incidente: Pablo está "despertando" los músculos con los que escribe cuando se truena los nudillos y se aprieta los dedos. Necesita estimulación extra en sus manos para manipular el lápiz. Su madre comenta que después de que hace este ejercicio no quiebra la punta del lápiz, como lo hace generalmente.

Segundo incidente: La técnica de la abuela para mejorar la postura de Pablo es terapéuticamente adecuada. El peso de un libro comprime los músculos de su cuello y hombros, le da información sensorial extra. Se para más derecho, con una conducta adaptativa para resistir la gravedad. La técnica de la abuela es también buena psicológicamente. Correctamente supone que él va a aceptar su desafío porque es divertido y no exige mucho. El logro aumenta su autoestima, y quizá el día de mañana intente un mayor desafío --- ¡como un diccionario!

Tercer incidente: Jalar la cuerda organiza el sistema propioceptivo de Pablo. Disfruta el "tira y afloja" porque se siente bien cuando estira sus músculos. También le gusta estar en un equipo donde todos estén trabajando juntos y no se pueda señalar a nadie como el "perdedor". Como todos los niños, Pablo tiene la motivación interna para usar sus músculos eficientemente, pero no tiene "iniciativa propia". No sabe cómo incorporarse en actividades que beneficien su sistema propioceptivo a menos de que la oportunidad sea puesta literalmente en sus manos.

Cuarto incidente: Pablo estira sus músculos vigorosamente cuando arrastra las cubetas con agua, exprime la esponja, y le pasa la toalla al automóvil. Esta actividad lo energiza y está listo para lavar otro automóvil. El plan de su madre de darle más quehaceres ayudará a Pablo, todo niño necesita sentirse útil.

Diagnosticando el Problema

Considere el adagio: "Cuando escuche cascos de caballo, busque caballos, no cebras". Documentar las respuestas de su niño le ayudará a encontrar esos "caballos", las situaciones específicas que causan la conducta desincronizada.

Es probable que usted pueda detectar el problema claramente. Probablemente no. ¿Qué es lo que debe de hacer? ¿Dónde empieza? Usted tiene tres opciones:

1) Podría usted tomar el método de "esperar a ver qué"—¡pero por favor no lo haga! No es aconsejable relajarse y esperar a que su niño fuera de sincronía se ponga al día, si su disfunción lo limita a diario. Posiblemente, con el tiempo, él funcionará mejor—pero probablemente su vida sólo será más difícil. ¿Por qué arriesgarse si conseguir la ayuda ahora podría marcar una diferencia enorme en su capacidad para sobrellevar los problemas?

2) Podría mejorar un estilo de vida sensorial de su niño. Uniendo fuerzas con la maestra, podría desarrollar un programa en el hogar y la escuela que ayudaría a su niño a fortalecer sus habilidades. (Vea el Capítulo Nueve).

3) Podría consultar con especialista(s) quien(es) podría(n) revisar a su hijo para ver si hay posibles factores de riesgo o para hacerle una evaluación completa del Trastorno de Procesamiento Sensorial. (Los exámenes de detección y las evaluaciones se describen abajo). Primero pídale al pediatra una recomendación para ir con un especialista. Si el doctor se opone a esta idea por alguna razón, intente con uno de los sistemas de apoyo que están en la lista de abajo.

Dónde Buscar Apoyo

Todo lo que podamos aprender sobre el desarrollo de nuestros niños nos hace ser mejores padres y maestros. Ya sea que usted tenga la certeza o no la tenga de que su niño tiene TPS, recopilar información acerca de sus puntos fuertes y de sus debilidades va a afectar la forma en que usted lo eduque, lo discipline y hasta de cómo lo vea.

Si usted vive en los Estados Unidos, para conseguir un tamizaje o una evaluación, empiece con cualquiera de estos recursos gratuitos, disponibles bajo *IDEA 2004 (Individuos con Discapacidades Educativas—Ley del 2004)*:

SI SU NIÑO TIENE MENOS DE TRES AÑOS

Cada estado de los Estados Unidos tiene un sistema de Servicios de Intervención Temprana para bebés y niños pequeños (desde el nacimiento hasta los tres años) que tengan retraso de desarrollo—como ciertas discapacidades donde existe la posibilidad de que resulten en un retraso de desarrollo—y sus familias. El niño tiene derecho a una recomendación y a una revisión sólo si cumple con los requisitos para ser evaluado. Si la revisión indica que existe una sospecha de discapacidad, entonces tiene derecho a la intervención pero sólo si él o ella cumplen con los diversos requisitos estatales.

La evaluación para determinar si su niño cumple con los requisitos para recibir los Servicios de Intervención Temprana es gratuita. Usted califica para los servicios si se determina que, por medio de una evaluación, su niño tiene retrasos de desarrollo en una o más de cinco áreas de desarrollo (cognitivo, físico, comunicación, social/emocional, o desarrollo adaptativo) o está en alto riesgo de desarrollar algún retraso debido a un diagnóstico físico o alguna condición mental. Si los problemas de procesamiento sensorial de su niño afectan cualquiera de estas cinco áreas de desarrollo, entonces él o ella podrían cumplir con los requisitos para recibir Servicios de Intervención Temprana.

Si se decide por medio de la evaluación que su niño cumple con los requisitos, entonces se desarrollará un Plan de Servicios Individualizados para la Familia (IFSP por sus siglas en inglés). El IFSP describe un plan de apoyo y servicios para ayudarles a ustedes como familia a apoyar el desarrollo de su niño de la mejor manera. El IFSP incluye coordinación de servicios y también podría incluir terapia ocupacional, terapia física, terapia del habla y del lenguaje, junto con otros servicios dependiendo de las necesidades que tenga. Los servicios por medio de la intervención temprana frecuentemente se llevan a cabo en el hogar, o algunas veces en un centro comunitario. Estos servicios son gratuitos o a bajo costo dependiendo de los reglamentos en su estado.

Si le preocupa algo en el desarrollo de su niño, puede pedirle a su pediatra una recomendación para obtener Servicios de Intervención Temprana, o podría comunicarse directamente con el programa local de intervención temprana y pedir que evalúen a su niño. Puede encontrar información acerca de los Servicios de Intervención Temprana en su estado por medio del Internet buscando por el nombre de su estado y bajo el término "intervención temprana".

SI SU NIÑO TIENE TRES AÑOS DE EDAD O MÁS

Si su hijo tiene tres años o más, su distrito escolar local es donde usted deberá empezar.

El requisito para recibir servicios por medio de las escuelas públicas es recibir formación escolar. Si los retos de procesamiento sensorial de su hijo repercuten en su capacidad para lograr un progreso eficaz en la escuela, él o ella podrían recibir servicios por medio de las escuelas públicas sin costo alguno para la familia.

Los requisitos para recibir servicios de educación especial varían de estado a estado. Por tal motivo, es muy importante entender los requisitos que pide su estado. Esta información ayuda a los padres a tener expectativas realistas y evita la frustración de los padres y las escuelas.

Este es el trato: Si su niño cumple con los requisitos, se les exige a las escuelas públicas que desarrollen un Programa de Educación Individualizada (un IEP por sus siglas en inglés), que incluya apoyo y servicios para asegurar que a su hijo le den educación pública gratuita y adecuada (FAPE por sus siglas en inglés). Si su hijo no cumple con los requisitos, la escuela no tiene que proporcionar esos servicios.

La Ley, *IDEA 2004*, para Individuos con Discapacidades Educativas (IDEA por sus siglas en inglés) requiere que las escuelas proporcionen educación especial y servicios correspondientes para los estudiantes que cumplan con los requisitos. Sin embargo, no todos los niños con trastorno de procesamiento sensorial cumplen con los requisitos. Para participar, el rendimiento académico de su hijo deberá de estar seriamente perjudicado por una de las 13 categorías de discapacidad educativa incluyendo una discapacidad de aprendizaje específica, algún otro impedimento de salud, autismo, perturbación emocional grave, retraso mental, impedimento auditivo, sordera, impedimentos del habla o del lenguaje, impedimentos de la visión/ceguera, impedimentos ortopédicos, lesión traumática del cerebro, sordera-ceguera, o varias discapacidades.

La categoría de discapacidad educativa de "otros impedimentos de salud" incluye problemas de salud crónicos o agudos (uno de los cuales es TDAH) que afecten negativamente el rendimiento académico del niño. En algunas situaciones, el TPS puede ser considerado como "otro problema de salud", descrito en la ley como "fuerza, vitalidad o estado de alerta limitados, incluyendo un estado de alerta elevado a los estímulos ambientales que resulte en un estado de alerta limitado en relación al ambiente educativo". Es importante destacar que el TPS no siempre es reconocido como un problema de salud, esto se debe en gran parte a que aún no ha sido incluido en el *Manual de Diagnósticos y Estadísticas de Trastornos Mentales (DSM-5)*.

Si no cumple con los requisitos bajo *IDEA 2004*, el niño con TPS podría cumplir con los requisitos bajo la Sección 504 de la *Ley de Rehabilitación de 1973*, la ley de derechos civiles antidiscriminatorios. Un niño cumple con los requisitos para que se hagan ajustes razonables (los cuales podrían incluir servicios) si tiene un impedimento físico o mental que limite considerablemente una o más de las actividades principales de la vida diaria. Las actividades principales de la vida diaria incluyen funciones como la del cuidado de sí mismo, llevar a cabo tareas manuales, caminar, ver, oír, hablar, respirar, aprender y trabajar.

Si el niño no cumple con los requisitos bajo las dos: *IDEA 2004* y la Sección 504, indague en los siguientes lugares:

- El preescolar al que asiste su niño o en el centro de educación para la niñez temprana, los cuales podrían sugerirle algunos Terapeutas Ocupacionales locales TO quienes están familiarizados en tratamientos TO-IS y que trabajan bien con niños.

- Organizaciones privadas sin fines de lucro para enfermedades mentales y servicios sociales, las cuales podrían proveer servicios. El costo de estos con frecuencia depende de sus ingresos.

- Un hospital de enseñanza multidisciplinaria para que reciba una evaluación completa.

- El Departamento de Terapia Ocupacional del hospital local para niños.

- El Instituto STAR para Trastornos de Procesamiento Sensorial, www.spdstar.org, el cual publica gratuitamente en Internet el directorio de TOs y otros profesionales que trabajan con individuos que tienen TPS.

¿Qué es un Tamizaje?

Un examen de detección es un procedimiento rápido y sencillo durante el cual un TO u otro examinador capacitado revisa sí los niños han adquirido o no determinadas habilidades. Frecuentemente, grupos de niños pasan por el tamizaje al mismo tiempo en las escuelas o en los centros de educación temprana para la niñez.

El propósito de un examen de detección es para identificar a niños que podrían tener una o más deficiencias de desarrollo: cognitivas, físicas, habla y lenguaje, psicosociales, de autoayuda, o adaptativas.

Un tamizaje es corto, "para ver-observar" informalmente. No es una prueba ni un examen a fondo. Cuando existe alguna indicación de que el niño podría tener un problema, se notifica a los padres y se les exhorta para que lleven a su niño a una evaluación completa.

¿Qué es una Evaluación?

Una evaluación formal es un examen a fondo, individualizado para ver a la persona en su totalidad y medir sus aptitudes. El tipo de profesional que lleva a cabo la evaluación depende del problema(s) que su niño presente. Un terapeuta ocupacional es un profesional que generalmente evalúa a niños con presuntos problemas de procesamiento sensorial. Estos profesionales también podrían ser parte, como un optometrista para el desarrollo (doctor de los ojos), audiólogo (especialista en problemas relacionados con la pérdida auditiva), patólogos del habla/lenguaje, pediatra, psicólogos, educadores en educación especial y/o trabajador social. Si el niño tiene TPS severo, un equipo multidisciplinario compuesto de varios de estos profesionales podría ser necesario y generaría un reporte más comprensivo.

Una parte de la evaluación es la entrevista al padre o madre de familia y/o un cuestionario, como el historial médico, sensomotriz, o de desarrollo. Algunas veces también se les pide a los maestros que llenen los cuestionarios (ver p. 48). Sus respuestas le ayudarán al TO o a otros profesionales a evaluar a su hijo, al igual que los patrones de conducta desde el nacimiento podrían confirmar las observaciones clínicas.

Proporcionar información acerca de su niño le ayudará a usted también, de hecho, después de llenar el cuestionario sensoriomotor, una madre notó que: "Hemos estado desconcertados de nuestro niño de cuatro años por lo cauteloso que es, su retraso del lenguaje, es selectivo para comer, y por su sensibilidad al tacto, pero nunca entendimos cuál era la conexión. "¡Ahora empiezan a encajar las piezas del rompecabezas!"

Otra parte de la evaluación de su niño son las visitas con el TO en un hospital, clínica, consultorio, escuela, o en casa de usted. La evaluación está basada en exámenes estandarizados – cuando sea posible–, en observaciones estructuradas, en análisis de las limitaciones y fortalezas de su hijo.

Además de eso, las observaciones en su ambiente natural (no en forma de examen), como en su casa o en la escuela o en la guardería del niño, también son importantes para evaluar y observar las habilidades reales de su niño en un ambiente familiar. Dependiendo de cuantos exámenes se requieran, la evaluación podría llevarse de una a varias horas, en un período de varios días.

El TO considera las fortalezas y limitaciones del niño. ¿Dónde, cuándo, con qué frecuencia, y con qué tanta intensidad, ocurren los problemas? ¿Durante cuánto tiempo el niño ha manifestado problemas de conducta? ¿A qué edad equivalen sus habilidades? ¿Qué es lo que está pasando en casa o en la escuela que podría estar afectando su capacidad de funcionar? ¿Cuáles situaciones hacen brotar lo peor o lo mejor de sí mismo? ¿Por qué—según la opinión del TO- el niño está fuera de sincronía?

La pregunta crucial es: "¿Qué tipo de problema de procesamiento sensorial es este?" ¿Es defensividad táctil? ¿Disfunción postural, bilateral, u ocular? ¿Deficiencia de discriminación auditiva? La Dra. Ayres y sus seguidores siempre han insistido en determinar las necesidades sensoriales del niño para que el tratamiento sea específico.

Después de una cuidadosa consideración, el terapeuta redacta un reporte detallado y tiene una consulta con los papás para ayudarles a interpretar los resultados. (Algunas veces un doctor dará su diagnóstico basado en el reporte del evaluador). Frecuentemente, el reporte es informativo. Si usted recibe uno que es difícil de entender, llame al profesional otra vez para que le explique más claramente. Él/Ella quiere ayudarle, no confundirlo.

No se puede designar la terapia si el niño es simplemente inmaduro. A medida que pasa el tiempo, numerosas experiencias sensoriomotrices podrían ser el mejor tratamiento para la persona de lento desarrollo. El profesional podría sugerir actividades específicas que ustedes pueden llevar a cabo en casa como familia, o que la maestra del niño puede implementar en la escuela. Todos pueden disfrutar de estas actividades que con frecuencia ayudan a los niños a fortalecer sus habilidades neurológicas.

Sin embargo, si es evidente que existe un problema considerable, el profesional recomendará directamente sesiones de terapia. Si usted decide registrar a su niño, no estará obligado a quedarse con el profesional que llevó a cabo la evaluación. Es importante encontrar al terapeuta adecuado, ya que una buena combinación entre el terapeuta y el niño afectará su progreso.

¿Quién Paga el Tratamiento?

Aunque el tratamiento claramente podría ser indicado para su niño, no todas las pólizas de seguro de salud cubren el gasto. Si su pediatra pone por escrito que la terapia del niño es una necesidad médica, esto le dará alguna oportunidad de cobertura. Sin embargo, los problemas sensoriales no siempre son aceptados o reconocidos como un problema de salud.

La razón es que el TPS todavía no está incluido en todas las publicaciones de los sistemas de clasificación de diagnóstico, como el *Manual de Diagnósticos y Estadísticas (DSM-5)*. Sin embargo, el TPS actualmente está incluido en el *Diagnóstico de Clasificación de Salud Mental y Trastornos de Desarrollo en la Infancia y Niñez Temprana (DC:0-5)*. Al ir aumentando el reconocimiento formal de este trastorno, de igual manera se irá apoyando la investigación multidisciplinaria y la disponibilidad de servicios para los niños y sus familias.

Si, además del TPS, su hijo tiene problemas médicos, físicos y de desarrollo que sean graves, entonces cumple con los requisitos para recibir servicios. Si su hijo está registrado en clases de educación especial en una escuela pública, entonces los servicios asociados a la terapia ocupacional, terapia física y terapia del habla/lenguaje podrían ser parte del programa de educación gratuito, pero sólo si el equipo de la escuela de su niño determina que estos servicios son requeridos para que su niño progrese en la escuela.

Si un niño cumple con los requisitos bajo *IDEA 2004* o la Sección 504, el distrito de las escuelas públicas es responsable legalmente de desarrollar un Programa de Educación Individualizado (IEP por sus siglas en inglés) o un Plan de Servicios Especiales bajo la Sección 504, y proveer la educación especial así como los servicios relacionados y adaptaciones que estén incluidos en estos documentos. Si el niño no cumple con los requisitos, los padres aún podrían pedir que los maestros y las escuelas provean acomodaciones para el niño, aunque no se les exige a los maestros ni al distrito escolar que lo hagan.

Es importante entender que los servicios prestados por las escuelas públicas no se encargan de todos los desafíos que su niño tiene con el TPS ya que están específicamente enfocados en asegurar que su niño pueda participar y progresar en la escuela. En algunas situaciones, los padres podrían buscar tratamiento TO-IS fuera de la escuela, aparte de lo que la escuela pública este proporcionando para abordar todas las necesidades relacionadas con el TPS del niño.

De otra manera, pagar por la terapia dependería de usted.

Entonces—usted debe de considerar el gasto a comparación de los beneficios.

Un beneficio es lo que los terapeutas ofrecen: su capacitación y experiencia, su equipo terapéutico, y su capacidad para proporcionar experiencias que su niño no puede recibir en otro lugar. Otra cosa, lo más importante, el beneficio de saber que usted está velando por los intereses de su niño. Al invertir en el tratamiento ahora, usted evitaría problemas que quizá después podrían causar un dolor más grande y una terapia más costosa.

Tendrá que tomar varias decisiones, pero si consigue intervención temprana para su hijo, probablemente verá un cambio enorme en su conducta, sus sentimientos, sus habilidades y en la vida de su familia.

LA EVALUACIÓN DEL TERAPEUTA OCUPACIONAL

Un terapeuta ocupacional normalmente evalúa al niño en su oficina. Por lo general la evaluación es una experiencia placentera. El costo puede variar, espere gastar varios cientos de dólares. Este será dinero bien invertido, y podría estar cubierto por el seguro médico.

El procesamiento sensorial es sólo uno de varios problemas que un TO está capacitado para atender. Aquí están algunas de las áreas principales que un TO investiga y que afectan la capacidad del niño para participar en las actividades de la vida diaria o en sus "ocupaciones":

- Niveles de desarrollo del sistema motor grueso y fino.

- Integración visuo-motriz (formando rompe cabezas o copiando formas/figuras).

- Discriminación visual.

- Control neuromuscular (balance y postura).

- Respuestas a la estimulación sensorial (tacto, vestibular, y propioceptivo)

- Coordinación bilateral.

- Praxis (Planificación motora).

El TO también podría identificar necesidades en otras áreas, como dificultades de atención, un posible retraso en el lenguaje, o señales de un problema auditivo, visual, o emocional. Si determina que su niño tiene dificultades distintas al TPS, o que las necesidades de su hijo superan lo que su capacidad puede proveerle al niño, podría referirle con otro profesional.

Diferentes Terapias, Diferentes Enfoques

Después de una evaluación, el próximo paso es hacer arreglos para el tratamiento. El tratamiento de más beneficio para el TPS es la terapia ocupacional utilizando un marco de trabajo de integración sensorial (TO- IS).

Terapia Ocupacional

La terapia ocupacional (abreviada TO) incluye evaluaciones, valoraciones, tratamientos y consultas. La terapia ocupacional es el uso de una actividad determinada para maximizar la independencia y el mantenimiento de la salud de un individuo que está limitado por una lesión física o enfermedades, impedimentos cognitivos, una disfunción psicosocial, una enfermedad mental, y discapacidad de desarrollo o aprendizaje, o una condición adversa del medio ambiente. Para un niño, las actividades placenteras incluyen: columpiarse, escalar, brincar, abotonarse la ropa, dibujar y escribir. Dichas actividades son la "ocupación" del niño.

Las metas específicas de la terapia ocupacional usando un marco de trabajo de integración sensorial (TO-IS) son para mejorar la participación social de la persona, su autoestima, auto regulación y habilidades sensoriomotrices.

EL TERAPEUTA OCUPACIONAL

Un terapeuta ocupacional (también abreviado como TO) es un profesional de la salud que cuenta con un post grado universitario o maestría después de haber concluido un curso de estudios, además de la experiencia por medio de la pasantía en las ciencias biológicas, físicas, médicas y de conducta. El curso incluye neurología, anatomía, ortopedia, psicología, y psiquiatría.

El TO podría trabajar con su niño individualmente o en un grupo, en la escuela, en la clínica, hospital, centro de salud mental de la comunidad, o en su casa. El TO ideal es aquel que se especializa en pediatría y quien ha recibido capacitación adicional de postgrado en la teoría y tratamiento de integración sensorial.

Bajo la guía de un terapeuta, el niño recibe de forma activa la información de movimiento y tacto de manera divertida, valiosa y natural, lo cual le ayuda a su cerebro a modular estos mensajes neurales fundamentales. El niño responde favorablemente al tratamiento IS, debido a que su sistema nervioso es flexible y cambiante. La terapia le enseña al niño a tener éxito—¡y eso a él *le encanta!*

ACTIVIDADES QUE EL TO PODRÍA PROPORCIONAR

Todo niño es diferente, por lo tanto, la secuencia y los tipos de actividad que un terapeuta ocupacional provee para su niño serán individualizados. Diseñará un programa basado en sus necesidades específicas, encontrando de nuevo en su sistema donde las primeras habilidades están dominadas. Siguiendo los intereses del niño, lo guiará por medio de actividades que impacten su sistema nervioso central y desafíen su capacidad de responder favorablemente a los estímulos sensoriales de manera organizada.

Por ejemplo, su niño podría tener dificultad para brincar, escalar, pedalear triciclos y vestirse. Cuando el problema principal es el TPS, estos problemas no pueden "corregirse" enseñándole específicamente a como brincar, escalar, pedalear y ponerse un saco. No necesita lecciones para brincar, sino más bien necesita oportunidades para integrar todas las sensaciones. Un terapeuta capacitado puede entrelazar las artes y las ciencias al mismo tiempo para ofrecerle estas oportunidades utilizando aparatos llamativos y su conocimiento profesional.

Aquí está una pequeña muestra de las actividades que un TO podría proporcionarle:

- Para reducir la defensividad táctil—que le soben los brazos y las piernas con esponjas y telas de diferentes texturas.

- Para mejorar la discriminación táctil—encontrar juguetes escondidos manipulando una pelota hecha de masilla terapéutica.

- Para desarrollar una mejor consciencia corporal y mejorar la seguridad en su postura—balancearse en un columpio especial suspendido del techo, para experimentar sensaciones de movimiento específicas.

- Para mejorar el balance—acostarse, o sentarse en una pelota grande e inflable para terapia.

- Para mejorar la coordinación bilateral—usando un bolillo amasador con ambas manos para batear una pelota que cuelga del techo, mientras que esta acostado.

- Para mejorar la planificación motriz—desplazándose por áreas de obstáculos.

- Para mejorar habilidades del sistema motor fino—jugar con imanes para fortalecer los músculos de las manos y estabilizar las articulaciones sueltas.

- Para mejorar la extensión en contra de la fuerza de gravedad—andando por todo el piso, o con la cabeza hacia enfrente bajando una rampa, mientras que está acostado boca abajo en una motoneta.

- Para mejorar la flexión—colgándose de un columpio cilíndrico que está suspendido del techo.

- Para reducir la inseguridad gravitacional—columpiándose suavemente de un columpio plano; brincando en una tabla de balance con pelota abajo para rebotar al mismo tiempo.

- Para mejorar el control ocular y la discriminación visual—jugando con bolsitas llenas de frijoles, globos y pelotas suspendidas.

El factor más importante que determinará el éxito de la terapia es la motivación interna del niño para explorar y aprender del medio ambiente. La motivación del niño para girar en un columpio, tocar ciertas texturas, o para ser presionado suavemente entre dos tapetes de gimnasio le indica al terapeuta qué es lo que el sistema nervioso del niño está buscando.

De acuerdo con la Dra. Ayres, "Las sensaciones que ponen contento al niño tienden a ser integradoras". Cuando el niño está participando activamente en su propia terapia, pasa a ser más organizado, se divierte y se siente sincronizado.

Otros Tipos de Terapia

Si bien el niño desincronizado se beneficiará mayormente de la terapia ocupacional, a veces otra clase de terapia sumamente específica también ayudará. A pesar de que el TPS es un problema neurológico, la mayoría de los neurólogos no están capacitados para evaluar esto en niños y ellos no proporcionan terapia IS.

TERAPIA FÍSICA

La terapia física es una profesión de la salud, dedicada a mejorar las habilidades físicas del individuo. Incluye actividades que fortalecen el control muscular y la coordinación motora del niño, especialmente de sus músculos grandes. En ocasiones al usar agentes físicos como el masaje, una tina con hidromasaje para bañarse, o ultrasonido, los terapeutas físicos ayudan al niño a que sus músculos estén listos para el movimiento voluntario. Algunos terapeutas físicos reciben capacitación adicional en la teoría de integración sensorial y tratamiento. Vea www.apta.org

TERAPIA DEL HABLA Y DEL LENGUAJE

La terapia del habla y del lenguaje incluye actividades diseñadas a cumplir con metas específicas para el niño. El niño podría necesitar ayuda con habilidades del habla, como la pronunciación de los sonidos "L," "K," o "Sh"; monitorear el tono de su voz; y fortalecimiento del control oral-motriz de los músculos de su boca. También podría beneficiarse de las actividades diseñadas para expandir sus habilidades del lenguaje, como narrar cuentos en sus propias palabras, conversar y jugar juegos para desarrollar memoria y vocabulario. La terapia con un patólogo del habla capacitado en problemas orales-motrices y de alimentación podría ser de mucha ayuda puesto que muchos niños con TPS son selectivos para comer. De hecho, cuando el niño recibe tratamientos simultáneamente de un terapeuta ocupacional quien ha sido entrenado en esta área, ocurren beneficios óptimos de explorar la boca del niño. Vea *www.asha.org*

TERAPIA DE LA VISIÓN

Un optometrista del desarrollo proporciona una evaluación completa del sistema visual, determinando no solamente si la persona puede ver, también cómo ve—las funciones de la visión de "¿Qué es?, ¿Dónde está? y ¿Dónde estoy?". Después de una evaluación, el optometrista proporcionará terapias con el lente adecuado o terapia visual (VT por sus siglas en inglés). La VT incluye actividades educativas sensoriomotrices que fortalecen el control ocular motriz, la discriminación visual, y la coordinación de los ojos y las manos.

Junto con los lentes o los prismas, la VT ayuda al niño a integrar la información visual con la aportación de otros sentidos, como el auditivo, táctil, y de movimiento. Con frecuencia, este tratamiento ayuda a que los ojos y el cuerpo del niño funcionen en sintonía y previene los problemas visuales relacionados con el aprendizaje. Ver *www.optometrists.org, www.pavevision.org, www. covd.org,* y *www.oepf.org.*

ENTRENAMIENTO AUDITIVO

El entrenamiento auditivo es un método de estimulación por medio del sonido diseñado para mejorar las destrezas auditivas y de comunicación, destrezas de aprendizaje, coordinación motora, consciencia corporal y autoestima de la persona. Varios métodos, incluyendo los métodos desarrollados por los Doctores Alfred Tomatis, Guy Berard, Ron Minson, y Sheila Frick y Kate

O'Brien Minson, utilizan audífonos especiales. Durante un curso de varios días, el niño escucha música y voces filtradas por medio de los audífonos, participa en actividades visuales y de balance, y participa activamente en ejercicios de voz. La terapia ayuda a oír con atención y a distinguir entre los sonidos, ayuda al sistema vestibular a integrar los mensajes sensoriales de balance y postura, y a que la persona se enfoque más, se concentre y se organice. Vea *www.integratedlistening.com* o *www.VitalLinks.net*.

QUIROPRÁCTICO

La quiropráctica es la filosofía, arte y ciencia de detectar y corregir la subluxación del cuerpo humano. La subluxación es una dislocación parcial o anormal del movimiento de un hueso en una articulación. El quiropráctico ayuda a los niños con TPS al abordar específicamente la estructura y función de los nervios, músculos y articulaciones que controlan la postura y movimiento que influencian nuestra capacidad de interactuar con nuestro medio ambiente. Vea *www.chiroweb.com/find/children.html*

TERAPIA CRANIOSACRAL

La Terapia Cráneo-Sacral (CST por sus siglas en inglés) es un método sutil o gentil para evaluar y optimizar la función del sistema cráneo-sacral (las membranas y fluidos cerebroespinales que protegen el cerebro y la médula espinal). La CST incluye la manipulación táctil ligera de los huesos del cráneo, sacro y el coxis para corregir el desbalance que puede afectar adversamente el desarrollo del cerebro y la médula espinal, y a su vez puede resultar en una disfunción sensorial, motriz y neurológica. Desarrollado por el Dr. John Upledger, la CST es utilizada por una variedad de profesionales de la salud. Vea *www.upledger.com*

EQUINOTERAPIA

La equino terapia significa: "tratamiento con la ayuda del caballo". Los terapeutas ocupacionales, físicos y del habla usan el caballo como una modalidad para mejorar la postura, movimiento, función neuromotora y procesamiento sensorial de las personas con discapacidades. El movimiento del caballo, con la intervención de terapia tradicional, influye en el tono muscular, promueve la acción muscular y mejora las reacciones vestibulares, la integración sensomotriz, y el control postural de línea media. Vea *www.americanhippotherapyassociation.org.*

ARTES MARCIALES

Para los niños de la escuela primaria y para niños más grandes, las artes marciales, como el Karate y el Tae Kwon Do, pueden ser muy terapéuticos. (El Dr. Larry Silver, quien escribió el prólogo de *El Niño Desincronizado*, recomienda con frecuencia las artes marciales a sus clientes que padecen TPS.) Vea *www.martialarts.about.com/cs/kids*

TERAPIA NUTRICIONAL

La buena nutrición es esencial para el desarrollo, mantenimiento eficiente, funcionamiento, nivel de actividad óptimo, y la resistencia a enfermedades e infecciones. Un nutricionista puede ayudarle a una persona con deficiencias nutricionales a lograr el balance entre los carbohidratos, grasas, proteínas, vitaminas, minerales y agua. Vea *www.AutismNDI.com*

PSICOTERAPIA

La psicoterapia a veces es apropiada, particularmente si el niño está deprimido o tiene problemas de conducta o de autoimagen. (La psicoterapia se encarga de los efectos del TPS, pero no de las causas subyacentes). Las psicoterapias incluyen terapia de la conducta, para ayudarle al niño a encargarse de los síntomas problemáticos de la conducta; la terapia de familia, para ayudarle al niño, a los papás, y a hermanos/hermanas a tener una unidad más saludable; y la terapia de juego, para promover el desarrollo socio emocional del niño. Los terapeutas pueden ser psicólogos clínicos, trabajadores sociales clínicos con licencia, y psiquiatras para niños. Vea *www.icdl.org*

REUNIENDO AL TERAPEUTA Y AL NIÑO

Antes de la primera sesión con el TO (u otro terapeuta), usted querrá preparar a su niño. Puede decirle: "Hoy vas a conocer a alguien que te ayudará a que seas más fuerte. Tiene juguetes y unos juegos fabulosos. Su consultorio es como un gimnasio donde harás cosas que se sienten bien. Pienso que te vas a divertir mucho".

Enfatizar que la terapia será divertida es importante. Muchos niños con Trastorno de Procesamiento Sensorial no se divierten mucho. Desearían hacerlo, pero simplemente no saben cómo.

Cuando usted piensa y habla positivamente acerca de la terapia, ayuda a que funcione para su niño. Asegúrele a su hijo que esto no es un castigo o algo para que se ponga a la defensiva. El niño se podría culpar a sí mismo por ser torpe o por estar cansado frecuentemente, diciendo: "Soy un bueno para nada". Necesita que reafirmación frecuente de que es bueno, y que la terapia lo hará ser aún mejor.

Ya sea que el tratamiento se lleve a cabo en una clínica con muchas personas, en la escuela, o en su propio subterráneo, se le involucrará a usted. Parte del trabajo del terapeuta es colaborar con los padres para diseñar actividades que le ayuden al niño a funcionar mejor en el hogar. El terapeuta también podría dar sugerencias para que la maestra modifique el ambiente del salón de clases.

Usted y su hijo deben de llevarse bien con el terapeuta ya que el tratamiento pasará a ser parte de la vida de su niño. ¡La bondad de ajuste es esencial! Si su niño se resiste a ir a la terapia, o si a usted no le tiene confianza al terapeuta, entonces algo no va bien, cámbielo por otro si es posible. El tratamiento será más exitoso si todos los participantes tienen una relación de trabajo respetuosa y placentera.

Trabajar con el terapeuta tomará tiempo y esfuerzo, pero su participación definitivamente valdrá la pena. La terapia por sí sola no durará para siempre, pero los resultados serán de por vida.

Manteniendo el Record

Si usted aún no está haciendo un récord de anotaciones de la conducta y el desarrollo de su niño, ¡por favor empiece hoy! Sus notas deben incluir:

- Sus propias observaciones documentadas.

- Los comentarios e informes de los maestros.

- El nombre, dirección, y número telefónico de los profesionales con los que ha consultado o intenta consultar.

- Apuntes detallados, con las fechas de consulta y las conversaciones telefónicas con los profesionales.

- Confirmación escrita de la información que usted recibió oralmente, y

- Las evaluaciones, diagnósticos, y recomendaciones de los especialistas.

Una libreta en orden y organizada cronológicamente será una herramienta valiosa. Le ayudará a ver patrones que se le pudieron haber pasado. Le proporcionará evidencia del desarrollo desigual de su niño, tendrá usted que comprobar en cierto momento que su niño requiere servicios especiales. También le ayudará a sentirse más organizado y en control.

Un diagnóstico profesional, además de la terapia, deberá de darle cierto alivio. Mientras tanto, la vida en el hogar puede mejorar cuando usted sigue algunas de las sugerencias que se ofrecen en el siguiente capítulo.

Capítulo Nueve

Su Niño En Casa

Los padres pueden hacer que la vida en su casa sea más fácil, tanto para ellos como para su hijo al introducir un estilo de vida sensorial, que incluya actividades para fortalecer el desarrollo neurológico y las destrezas de autoayuda.

La Revelación de un Padre

Cuando Teresa tenía tres años, renuentemente entró a la escuela St. Columba. Estaba aterrorizada y cojeaba. Hablaba de manera entrecortada, se achicaba ante el contacto físico, y lloraba a la hora de salir. Sin embargo, estaba llena de vida, le encantaban los cuentos, la música y disfrazarse.

Durante el otoño, tamizamos a los niños de tres años para identificar un posible trastorno de procesamiento sensorial. Los resultados de Teresa sugerían la posibilidad de que hubiera cierta disfunción, pero no estábamos seguros. Simplemente pudo haber sido inmadura.

A pesar de que observamos con cuidado a los niños que se desarrollan tardíamente antes de recomendar terapia ocupacional, decidimos tener una junta con los papás de Teresa. Pensamos que podríamos promover el desarrollo físico y social de Teresa si lográbamos convencerlos de mejorar su estilo de vida sensorial.

Durante la junta escucharon amablemente nuestras sugerencias de sacar a Teresa al exterior todos los días, de darle más experiencias prácticas e invitar a niños a jugar a su casa.

"Bueno, esas ideas no van a funcionar", dijo la mamá. "A Teresa le molesta de sobremanera tener frío y andar desarreglada. No le gusta salir a jugar con otros niños. Sólo quiere estar con el bebé, conmigo y escuchar cuentos". Agregó a la vez que se iba poniendo de pie, "Nosotros no tenemos ningún problema con eso". La junta terminó, esto fue un resultado decepcionante para todos nosotros.

Y así pasó. Ya que los padres una y otra vez se resistían a nuestras sugerencias, decidimos retirarnos.

Entonces, apenas nos habíamos retirado, la hermana menor de Teresa tomó el control del hogar. Esta niña de dos años empezó a clamar a gritos para que se hicieran cambios en el estilo de vida de la familia. Era sociable y estaba llena de energía, le encantaba jugar afuera con los niños del vecindario. Su mamá se dio cuenta que la mejor manera de complacerla era sacándola todos los días a los juegos. Claro que Teresa también tenía que ir.

Después de las vacaciones de navidad, observamos a una "nueva" Teresa. Estaba participando más y jugaba feliz con otros niños. Se reía, hablaba, y hasta gritaba. Su desarrollo nos asombró y nos encantó.

Un día, su madre nos dijo, "Tengo que decirles algo, tuve una revelación. Hemos estado yendo al parque todos los días, aun cuando está congelando. Teresa se resistía al principio, pero ahora pide que vayamos. Ustedes tuvieron que decírmelo una y otra vez sobre un estilo de vida sensorial, hasta que finalmente hice caso. Ahora me doy cuenta de que un estilo de vida sensorial para ambas niñas tiene sentido y ¡hace una gran diferencia!"

Un Estilo de Vida Sensorial

Un estilo de vida sensorial que un TO recomienda, es un programa de actividades sensoriomotrices centrado en la familia para que los padres lo incorporen en su vida diaria. Estas actividades se individualizan para satisfacer las necesidades específicas del sistema nervioso del niño. El propósito del programa es ayudar a que el niño esté mejor regulado y más enfocado, a ser adaptable y hábil. Los padres y sus niños aprenden juntos a ajustar las actividades con el ritmo natural del día. (Un estilo de vida sensorial flexible es diferente a una "dieta sensorial". Esta un protocolo estricto que implica masajear las extremidades del niño con un cepillo especial, compresionando sus articulaciones de manera muy específica, y poniendo los dedos en su boca para darle un masaje oral – cada dos horas).

Un estilo de vida sensorial provee suficientes experiencias sensoriales para satisfacer las necesidades físicas y emocionales del niño. El niño que no está sincronizado necesita una rutina individualizada de estímulos a nivel táctil, vestibular y propioceptivo más que la mayoría, pero no sabe cómo conseguirla.

Una estilo de vida sensorial incluye una combinación de actividades para estar alerta, organizado, y calmado. Una actividad para estar alerta y calmado quizá sea primero, dependiendo de las necesidades de su hijo.

El niño con hipo-responsividad se beneficia de **actividades que lo ponen alerta**. Esto incluye:

- Cereal seco crujiente, palomitas de maíz, papas fritas, galletas saladas, nueces, rosquetes salados (*pretzels*), zanahorias, apio, manzanas, o hielo en cubos,
- Bañarse,
- Rebotar sobre una pelota terapéutica o balón de playa, o
- Brincar en un colchón o trampolín.

Las **actividades de organización** ayudan a regular las respuestas del niño. Éstas incluyen:

- Masticar barras de granola, barras de fruta, regaliz, albaricoques secos, queso, chicle, bagels, o cortezas de pan,
- Colgarse de manos de una barra fija,
- Empujar o jalar cargas pesadas, o
- Colocarse boca abajo.

Las **actividades para calmarse** ayudan al niño a disminuir la hiper-responsividad sensorial o la sobre estimulación. Éstas incluyen:

* Chupar un chupete, caramelo duro, paletas de fruta congelada, o una cucharada de crema de cacahuate (maní),
* Empujarse contra la pared con las manos, hombros, espalda, glúteos, y la cabeza,
* Mecerse, oscilar, o balancearse despacio de un lado a otro,
* Acurrucarse o frotar la espalda, o
* Bañarse.

Cuando inicia su propio programa en la casa, es mejor consultar a un terapeuta para ver lo que su hijo necesita. ¿Cuáles son las actividades adecuadas? ¿En dónde debe de hacerlas? ¿Cuándo? ¿Qué tan seguido? ¿Por cuánto tiempo?

Aquí están algunas directrices o guía:

* Establezca horas específicas durante el día para tener un orden estructurado, como después del desayuno, después de la escuela y antes de la hora de dormir.
* Si es posible, provea actividades que el niño desee. A menudo, el niño le va a decir. Aun si no puede decirle, "Mi sistema nervioso desesperadamente necesita una experiencia de movimiento intenso", a lo mejor usted le puede leer la mente al momento en que él se dispone a saltar desde el techo de la casita de juegos. ¡Encuentre otra manera para dejarlo brincar!
* Permita que el niño dirija el juego. Mientras que "¡más!" puede significar más, supervise que el niño no se emocione demás. "¡Alto!" quiere decir alto de inmediato. Durante la actividad, observe y escuche las señales no verbales: las expresiones faciales de relajación y satisfacción sugieren que la actividad lo hace sentirse bien; lloriqueos o risas bulliciosas sugieren que es hora de calmarse.
* Para que haya variedad, cambie la rutina y el entorno.
* Consulte periódicamente con el terapeuta para asegurarse que su programa está cumpliendo con las diversas necesidades de su niño.

Un estilo de vida sensorial es como un plan de ejercicios. Mejorará la habilidad de cada niño para que funcione sin problemas, ya sea que el niño esté sincronizado o no.

Promoviendo

El Procesamiento Sensorial Saludable en Casa

Muchos niños buscan más tacto y movimiento que otros. Les gusta Tocar y Sentir, Toparse y Chocar. Su alto nivel de actividad nos dice que si ellos pueden jugar "a chocar y rebotar" en el columpio de llanta, o dejarse caer en un montón de hojas, o revolcarse en un charco de lodo, lo van a "lograr". Ellos tienen razón.

Otros niños evitan las experiencias de tacto y movimiento que los hace sentirse incómodos. Estos niños necesitan guía para explorar su medio ambiente y sentirse seguros. Una vez que aprenden a jugar activamente, también consiguen hacerlo.

A continuación se encuentran algunas ideas para actividades multisensoriales que los padres y cuidadores pueden proporcionar a niños pequeños en sus casas. Cada cuerpecito se puede beneficiar de estas sugerencias—no solamente los niños que buscan dichas actividades, sino también los que tienden a explorar su medio ambiente.

¿Quieren más? Para obtener cientos de actividades detalladas para niños de todas las edades, vean mis libros, *The Out of Sync Child Has Fun* (Perigee, 2006), *The Goodenoughs Get in Sync* (Sensory World, 2010), *Growing an In-Sync Child* (Perigee, 2010), y *In-Sync Activity Cards* (Sensory World, 2012).

Actividades para Desarrollar el Sentido Táctil

El Aseo—Motiva al niño a frotarse la piel con una variedad de texturas. Ofrécele diferentes tipos de jabón (jabón de avena, crema para rasurarse, jabón en loción) y estropajos (esponjas de loofa, toallas gruesas, esponjas para tallar, cepillos de plástico).

Jugar con Agua—Llene el lavabo de la cocina con agua espumosa, jarras y botellas que no se quiebren, perillas de succión, esponjas, batidoras de huevo y bombas de agua de juguete. O, llene una tina con agua y juguetes y colóquela en el césped. Verter y medir son educativos y terapéuticos, así como también son grandes formas de entretenimiento.

Pintar con Agua—Dele al niño un balde de agua y una brocha para pintar los escalones del porche, la banqueta, el cerco, o su propio cuerpo. O, proporciónele una botella rociadora llena de agua limpia (porque los chorritos con frecuencia acaban en la boca del niño).

Pintar con los Dedos—Permita que el buscador sensorial literalmente se revuelque en esta actividad "sensacional". Motive (pero no fuerce) al evitativo sensorial a meter un dedo en la sustancia gomosa., Mezcle arena en la pintura o una gota de crema para afeitarse, crema de cacahuate (maní) o pudín en una bandeja de plástico para tener diferentes experiencias táctiles. Anímelo a dibujar formas, letras y números. Si él "hecha a perder algo", puede borrar el error con su mano y empezar otra vez.

Dibujar con los Dedos—Con su dedo, "dibuje" una forma, letra, número, o diseño en la espalda o en la mano del niño. Pídale al niño que adivine qué es y luego que pase usted el diseño a otra persona.

Jugar con Arena—En un cajón de arena, coloque juguetes pequeños (coches, camiones, personas, y dinosaurios), los cuales puede volver a arreglar, enterrar y redescubrirlos. En vez de arena, use frijoles secos, arroz, pasta, harina de maíz, palomitas de maíz y lodo. Hacer pasteles de lodo y ensuciarse también es terapéutico.

Caja Sensorial—Corte un hoyo en la tapadera de una caja de zapatos. Coloque carretes, botones, cubos, monedas, canicas, animales y coches en la caja. El niño mete una mano en el hoyo y le dice qué juguete está tocando. O, pídale que introduzca la mano y sienta un botón o un carro. O, muéstrele un juguete y pídale que encuentre uno igual en la caja. Estas actividades mejoran la habilidad del niño para discriminar objetos sin usar la visión.

"¿Puedes describirlo?"—Provéale objetos con diferentes texturas, temperaturas y pesos. Pida que le diga acerca de un objeto que este tocando. (Si puede persuadirlo de no verlo, el juego se hace más desafiante). ¿El objeto es redondo? ¿Frío? ¿Liso? ¿Suave? ¿Pesado?

Actividades motoras-orales—Las actividades que pueden proveer satisfacción oral son lamer pegatinas y pegarlas, sonar silbatos y kazoos, soplar burbujas, tomar con pajilla o en botella de deportistas, masticar chicle o pasearse en tubos de goma.

Cocinar de Forma Práctica—Haga que el niño mezcle masa para galletas, masa para pan, o pastel de carne en una bandeja poco profunda para asar (no en un tazón hondo).

Actividades Científicas—Tocar gusanos y yemas de huevo, atrapar luciérnagas, coleccionar bellotas y castañas, plantar semillas y hacer hoyos en el jardín provee experiencias táctiles interesantes.

Tocar mascotas—¿Qué puede ser más satisfactorio que tocar a un gato, perro o conejo?

Sándwich de Gente—Que el "salami" o el "queso" (su hijo) se coloque boca abajo en el "pan" (tapete de gimnasio o cojín de un sillón) con la cabeza más allá de la orilla. Con una "espátula" (esponja, estropajo, cepillo para embadurnar o para limpiar verduras, brocha, o una toallita) unte sus brazos, piernas, y el torso con mostaza, mayonesa, salsa de pepinillos, salsa de tomate, etc. utilizando movimientos firmes de arriba hacia abajo. Cubra al niño del cuello a la punta del pie con otro pedazo de "pan" (tapete de gimnasio o cojín de un sillón). Ahora presione firmemente sobre el tapete para quitar el exceso de mostaza, para que así el niño sienta la presión profunda y relajante. Hasta puede rodarse o gatear arriba de su hijo; el tapete distribuirá su peso. Su hijo sentirá que está en el cielo.

Actividades para Desarrollar el Sistema Vestibular

Rodar—Anime a su niño a rodarse por el piso y hacia abajo en una colina de césped.

Balancearse—Motive (pero nunca lo fuerce) a que el niño se balancee. El movimiento suave y lineal es calmante. Columpiarse rápido y alto en arco es más estimulante / provee de alerta. Si el niño tiene inseguridad gravitacional, empiece a columpiarlo despacio para que sus pies puedan tocar el suelo, o ponga al niño sobre su regazo mientras lo columpia. También dos adultos pueden menearlo en una cobija.

Dar Vueltas—En el área de juegos, deje que el niño se dé vueltas en el columpio de llanta o en el carrusel. Adentro, ofrézcale una silla giratoria o sentarse y dar vueltas. Monitoree las vueltas porque fácilmente el niño puede sobre estimularse. ¡No le dé vueltas sin su permiso!

Resbalarse—¿De cuántas maneras puede deslizarse un niño en un resbaladero? Sentado, acostado, de frente, de espalda, deteniéndose de los lados, sin detenerse, sentado a horcajadas; etc.

Pasearse en vehículos—Los triciclos, bicicletas, y patinetas (scooters) ayudan a los niños a mejorar su balance, planificación y coordinación motora.

Caminar en Superficies Inestables—Una playa de arena, un área de juegos "Puente de tablas", una colina de césped y una cama de agua son ejemplos de terreno movedizo que requieren que los niños ajusten su cuerpo mientras se están moviendo.

Mecerse—Proporcione una mecedora para que su niño se energice, organice, o se tranquilice.

Pasearse, balancearse, y caminar en un sube y baja.

Balancearse en un (balancín) Sube y Baja—Coloque una tabla en el centro de una madera de ferrocarril. (Para agarrar ideas, ver *The Out-of-Sync Child has Fun*).

Balancín

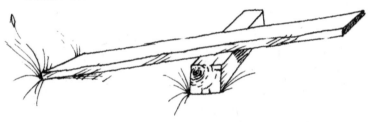

Sentarse en un Taburete en Forma de T—Un taburete en forma de T ayuda a mejorar el balance, postura y atención.

Taburete en Forma de T

Balancearse en un balón Terapéutico Grande—Su niño se puede acostar sobre su estómago, de espalda, o sentarse y rebotar. Algunos balones tienen asas para rebotar hacia arriba y hacia abajo (saltar).

Balón
Terapéutico
Grande

Barriga Hacia Abajo, Cabeza Levantada—Ponga al niño acostado en su estómago. En el piso, él puede mecerse de adelante hacia atrás con la canción "Rema, Rema, Rema tu Barco"; dibujar mientras está escuchando música, usando colores de cera, lo cual requiere que presione al marcar; y jugar con juguetes pequeños. En un columpio o balón terapéutico, puede "dibujar" en el piso o en la alfombra con un palo; tirar esponjas en una canasta; y batear con un tubo de cartón un balón suspendido.

Trotar—¡Corran juntos alrededor de la cuadra!

Actividades para Desarrollar el Sistema Propioceptivo

Levantar y Acarrear Cargas Pesadas—Ponga al niño a levantar y a acarrear botellas de refresco al día de campo, a que lleve los canastos de la ropa sucia al piso de arriba o las bolsas del supermercado a casa, con cosas que no se vayan a quebrar. También puede arrastrar una caja de libros, un balde de cubos, o un balde de agua de un punto a otro.

Empujar y Jalar—Ponga al niño a empujar o a arrastrar las bolsas del supermercado de la puerta a la cocina. Déjelo empujar el cochecito, la aspiradora, rastrillo, darle empujones a las cajas pesadas, remolcar a un amigo en trineo, o jalar un vagón cargado. El trabajo muscular arduo le da vida a los músculos.

Colgarse de Brazos—Coloque una barra fija en la entrada de la puerta, o lleve a su niño al parque para que se cuelgue en las barras trepadoras. Cuando se cuelga de manos sosteniendo su peso, el estiramiento de los músculos manda mensajes sensoriales a su cerebro. Al ir cambiando de una mano a otra conforme va avanzando por debajo de las barras, está desarrollando fuerza en la parte superior del cuerpo.

Cangrejo ermitaño—Coloque una bolsa grande de arroz o frijoles en la espalda del niño y que se mueva con una "concha" pesada en la espalda.

Presión de Articulaciones—Ponga una de sus manos en el antebrazo del niño y la otra en la parte superior de su brazo; presione despacio hacia su codo y alejado del mismo. Repítalo en la rodilla y el hombro. Presione su cabeza. Enderece y doble sus dedos, muñecas, codos, rodillas, tobillos y dedos del pie. Estas técnicas de extensión y tensión proporcionan tracción y compresión a sus articulaciones y son eficaces cuando se encuentra atorado en lugares apretados, como en los bancos de la iglesia, cines, coches, trenes, y especialmente en los aviones donde cambia la presión del aire.

Apretón Corporal—Siéntese en el piso atrás de su niño, con una pierna de cada lado. Ponga sus brazos alrededor de las rodillas del niño, jálelas hacia su pecho y apriete fuerte. Sujetándose fuerte, mézalo hacia adelante y hacia atrás.

Abrazos de Oso—Todo mundo necesita doce abrazos al día.

Verter—Permita que el niño vierta arena, frijoles, o agua de un envase a otro.

Abrir Puertas—¿Es difícil? ¡Entonces su niño necesita practicar! Tómese el tiempo para permitir que lo haga por sí solo.

Pararse Simultáneamente—Ponga a dos niños en el piso, espalda con espalda. Pídales que "entierren sus pies en el piso" y que se pongan de pie juntos presionando la espalda de uno con el otro.

Excavadora—Un niño se sienta en una caja grande de cartón o en un tapete de gimnasio doblado, y otro niño empuja el peso por el piso, usando su cabeza, hombros, espalda, o pies para hacer que se mueva.

Hacer Pulsos o Vencidas—Si usted es más fuerte que su niño, por favor déjelo ganar de vez en cuando.

Actividades para Desarrollar el Sistema Auditivo

Simplifique su lenguaje. Hable despacio, acorte sus comentarios, abrevie las instrucciones, y repita lo que ha dicho. Reafirme los mensajes verbales con comunicación gestual: expresiones faciales, movimiento de las manos y lenguaje corporal.

Hable con su niño mientras se está vistiendo, comiendo, o bañándose, para enseñarle palabras o conceptos, tales como sustantivos (lentes para el sol, cacerola), partes del cuerpo (dedo gordo, sentaderas) preposiciones (alrededor, a través), adjetivos (jugoso, jabonoso), tiempo (ayer, después), categorías (verduras, frutas), acciones (abrocharse el cierre, frotar), y emociones (encantado, afligido).

Comparta sus propias ideas. Modele un buen lenguaje y destrezas de comunicación. Aun si el niño tiene dificultades para responder verbalmente, puede entender lo que usted dice.

Tómese el tiempo para darle al niño la oportunidad de responderle y expresar sus pensamientos. No lo interrumpa, apure o presione para que hable.

Escuche y ponga atención. Vea a su hijo a los ojos cuando hable. Demuéstrele que sus ideas le interesan.

Ayude a su hijo a comunicarse más claramente. Si capta una palabra, diga, "Dime más del camión". Si no entiende lo que él quiere decir, permítale que se lo demuestre por medio de señas.

Recompense los comentarios del niño con sonrisas, abrazos y elogios, tales como, "¡Es una buena idea!" Sus comentarios positivos lo motivarán a hacer un esfuerzo para comunicarse. (No diga, "Que bien hablaste", lo cual no significa mucho para el niño e implica que todo lo que a usted le interesa son palabras, en vez del mensaje que el niño está tratando de comunicar).

Use ritmo para mejorar la memoria del niño. Dé instrucciones o enséñele hechos con una "canción infantil", substituyendo sus palabras a una melodía con la que él este familiarizado.

Apoye a su niño para que haga pantomimas mientras escucha historias y poemas, o música sin palabras.

¡Léale a su niño todos los días!

Actividades para Desarrollar el Sistema Visual

Hacer Figuras—Ponga a su niño a dibujar o a crear formas, letras y números en diferentes materiales, como plastilina, pintura de dedos, crema de afeitar, la espuma del jabón, arena, barro, cuerda, pudín, o masa de pizza.

Laberintos y Actividades de Punto a Punto—Dibuje laberintos en papel, la banqueta, o la playa. Haga que su niño siga los laberintos con su dedo, un cochecito de juguete, un color de cera, un marcador, o gis (tiza). En un papel cuadriculado, haga diseños de punto a punto para que el niño los recorra.

Tabla Perforada—Haga que su niño reproduzca su diseño o que haga el suyo propio.

Actividades de Cortar—Proporcione papel y tijeras y haga que su niño corte por los bordes o haga tiras. Dibuje líneas en curva en el papel para que él los corte. Cortar la plastilina también es divertido.

Actividades de Rastreo—Acuéstense sobre sus espaldas en el exterior y observen los pájaros o los aviones, sólo muevan los ojos mientras que la cabeza la mantienen quieta.

¡Rompecabezas!

¡Construir con Cubos!

Más Actividades para Desarrollar Habilidades Sensoriomotrices

El procesamiento sensorial es la base para las habilidades motoras finas, la planificación motriz y la coordinación bilateral. Todas estas destrezas mejoran conforme el niño practica las siguientes actividades que integran las sensaciones.

DESTREZAS MOTORAS FINAS

Cernir Harina—Extienda periódicos en el piso de la cocina y próveale harina, una cuchara y un colador. (Una manija giratoria es más fácil de manipular que una manija de presión, pero ambas desarrollan los músculos motores finos en las manos). Permítale que se sirva con la cuchara y lo cuele.

Ensartar y Enlazar—Proporcione agujetas, estambres de varios tamaños ensartados en agujas de plástico, o un limpiapipas y botones, macarrones, cereales circulares, cuentas de collar, carretes, sujeta papeles y cascabeles. Hacer pulseras y collares desarrolla la coordinación ojo-mano, la discriminación táctil y la coordinación bilateral.

Colecciones de Cartón de Huevos—Al niño le puede gustar clasificar conchas, piedras, nueces, frijoles, cuentas, botones, tapaderas de botellas, otros objetos que se encuentra y organizar estos en los compartimientos de un cartón de huevos.

Herramientas del Hogar—Levantar pedazos de cereal con pinzas; estirar ligas en una caja para hacer una "guitarra"; colgar servilletas, ropa de muñecas y toallas de papel con broches para la ropa; y aplastar cartones de huevo con un martillo son actividades que fortalecen varias destrezas.

Herramientas para la Oficina y el Salón de Clases—Haga que el niño corte con tijeras; utilice una engrapadora y una perforadora; dibuje con colores de cera y tiza (gis); pinte con brochas, plumas, palos y goteros; ponga pegadura sobre un papel en forma de letras o dibujos, espolvoree brillo en la pegadura y sacuda el excedente; envuelva cajas con papel, cinta adhesiva y cuerda.

PLANIFICACIÓN MOTORA

Saltar desde una Mesa—Coloque un tapete de gimnasio a un lado de una mesa bajita y anime al niño a que salte. Después de cada caída, pegue cinta adhesiva en el tapete para marcar el área donde cayó. Anime al niño para que salte cada vez más lejos.

Caminar como Animales—Motive al niño a que se mueva pesadamente como un oso, de cuatro patas; un cangrejo, de lado a lado en cuatro patas, una tortuga, arrastrándose; una víbora, deslizándose, una lombriz, al estirarse horizontalmente y jalar las rodillas hacia el pecho; un avestruz, tocándose los tobillos; un pato, en cuclillas; una rana, en cuclillas y saltando; un canguro o conejito, saltando; un perro cojo, con una pata "lastimada"; un gorila, doblando sus rodillas; un caballo, galopando.

Juegos Infantiles—Recuerde Simón Dice, Matarile Rile Ron, El Hockey-Pockey, Este Puente se Cayó, Maggie la Mosca, y Abuelita ¿Cuántos pasos doy?

Adentro-Afuera—Enséñele al niño a ponerse y quitarse la ropa, a entrar y salir por la puerta de enfrente y la del coche. Con poca ayuda, el niño puede desempeñar estas tareas de manera independiente, ¡aun si se toma mucho tiempo!

COORDINACIÓN BILATERAL

Atrapar el Balón—Aviéntele una pelota de playa al niño, suavemente y a corta distancia. Conforme se va haciendo más competente, utilice un balón más pequeño y retírese más.

Pegarle a la Pelota—Haga que el niño agarre un bate de béisbol con ambas manos, un rodillo, escoba, libro, tubo de cartón, o una regla. Recuérdele mantener los pies firmes. Aviéntele un balón grande. Al pegarle con el bate, su cuerpo va a girar al mismo tiempo que cruza la línea media con sus brazos.

Tetherball (pelota colgante) a Dos Manos—Ponga un balón de esponja al nivel de los ojos del niño que esté colgando de una cuerda sujeta al bastidor de la puerta, que esté ancho. Permítale al niño escoger diferentes "bates". Haga que cuente cuántas veces le pega al balón sin que se le pase uno. Intente jugar tetherball a cuatro manos, en el cual usted también juega.

Diversión con Globos—Usando ambas manos, el niño rebota o avienta el globo y lo atrapa. Puede mantenerlo a flote pegándole con las manos abiertas o bateándolo continuamente con las manos entrelazadas en un "puño" grande.

Diversión con el Rodillo—Dele un bloque cilíndrico al niño o un rodillo sin agarraderas para que pueda presionar con las manos abiertas. Haga que estire masa de verdad, plastilina, galletas saladas, barro –o ¡lodo!

Ritmos Corporales—Mientras usted tararea o canta, aplauda y dese golpecitos en diferentes partes del cuerpo y haga que su hijo imite sus movimientos. Mueva la cabeza de lado a lado, agite sus brazos arriba de la cabeza, sacúdase el asqueroso y pegajoso pegamento de sus manos, golpee su pecho, dese palmaditas en la cadera, agáchese de lado a lado, encorve y relaje sus hombros, golpee el piso con sus pies y brinque de un pie al otro. Use ambas manos juntas o alternativamente.

Diversión con el Batidor de Huevos—Dele un batidor de huevos a su hijo para batir espumas o para revolver un tazón de alpiste, o de frijoles crudos y arroz.

Pintar con Canicas—Cubra una charola o una lámina para hornear galletas con papel. Ponga unas cuantas gotas de pintura para manos en el centro del papel. Provea una canica para que se ruede en la pintura y hacer un diseño. ¡Es un excelente papel para envolver!

Baile con Listones—Amarre listones, serpentinas, o bufandas en los extremos de una espiga de madera. Al sostener la espiga con ambas manos, el niño les da vueltas a los listones arriba de la cabeza, de lado a lado, arriba y abajo. (¿No tiene espigas? Dele un listón para cada mano). Esta actividad también mejora la coordinación visuo-motriz.

Actividades Dobles—Anime al niño a brincar la cuerda, a nadar, andar en bicicleta, hacer senderismo, remar, chapotear, y hacer ejercicios de calistenia en la mañana.

Sugerencias para Desarrollar Destrezas de Autoayuda

Las destrezas de autoayuda mejoran junto con el procesamiento sensorial. Las siguientes sugerencias pueden hacer más fácil la vida de su niño—y ¡la de usted también!

VESTIRSE

- Compre o haga una "pizarra para vestirse" con una variedad de broches, cierres, botones y ojales, ganchos y presillas, hebillas y cordones para zapatos.

- Proporciónele cosas que no sean su propia ropa para que el niño se suba el cierre, cierre los botones y se abroche, como bolsas para dormir, mochilas, bolsas de mano, monederos, loncheras, ropa de muñeca, maletas y estuches para cosméticos.

- Proporciónele ropa que le atraiga para disfrazarse que tenga cierres, botones, hebillas y broches. La ropa extra grande es más fácil de ponerse y quitarse.

- Elimine las opciones que no son necesarias en la cómoda y el armario. La ropa que no es adecuada para la temporada y que atora los cajones es una fuente de frustración.

- Ponga ganchos grandes adentro de las puertas del armario al nivel de los ojos del niño para que pueda colgar el abrigo y la pijama por sí mismo. (Adhiera presillas a los abrigos y pijamas en la parte de afuera para que no le irriten la piel).

- Provea bolsas de celofán para que el niño se las ponga en los pies antes de ponerse las botas. El celofán previene que los zapatos se atoren y hace que el trabajo sea mucho más fácil.

- Permita que su hijo escoja lo que se va a poner. Si le da calor fácilmente, permítale salir usando varias capas de ropa suelta en vez de un abrigo. Si se queja de que la ropa nueva está tiesa o le da comezón, déjelo usar ropa suave, usada, aun si está fuera de moda.
- Lo que importa es la comodidad.
- Arregle la ropa del día de mañana la noche antes.

Motive al niño para que se vista solo. Dé tiempo adicional y esté disponible para ayudarlo. Si es necesario, ayúdelo a ponerse la ropa, pero deje que él le dé el toque final: empiece a abrochar el cierre del abrigo, pero déjelo subirlo hasta arriba, o abroche todos los botones excepto uno.

Mantenga un taburete a la mano para que el niño se pueda ver en el espejo del baño. Mantenga en el lavabo un cepillo para niños y un cepillo de dientes al alcance de la mano. Aun si se resiste a cepillarse los dientes o el cabello, sea firme. Algunas cosas en la vida no son negociables.

HORA DEL REFRIGERIO O DE COMIDA

Proporciónele una silla que le permita al niño tener sus codos a la altura de la mesa y sus pies firmes en el piso. Un taburete o una almohada le pueden ayudar. (Los niños son menos inquietos cuando se sienten seguros).

Ofrézcale una variedad de maneras para comerse la comida, ejem., comer pudín con una cuchara, o recogerlo con los dedos; usar una cuchara o un tenedor para comer el elote suelto, o usar las dos manos para masticar la mazorca de maíz; y comer el caldo de pollo con cuchara, o llevarse el tazón a la boca.

Ofrézcale una variedad de comidas con texturas diferentes: llena de grumos, sin grumos, crujiente, con sensación gomosa. Elija porciones pequeñas, especialmente cuando sea un nuevo alimento.

Deje que el niño se sirva jugo o leche en una taza. Una taza que no se voltea ayudaría a no tener accidentes. El niño que se estira demás o derrama el jugo necesita practicar mucho.

Anime al niño a que se encargue de los objetos a la hora del refrigerio o de comer. Abrir paquetes de galletas saladas, untar crema de maní (cacahuate), y comer con utensilios es bueno para la propiocepción, la coordinación bilateral y las destrezas motoras finas.

TAREAS

Juntos, hagan una lista de las tareas que él puede hacer para ayudar en la casa: tender su cama, caminar al perro, vaciar las papeleras, tirar la basura, sacar la hierba, rastrillar, mover con pala, barrer, aspirar, doblar la ropa, desocupar la lavadora de trastes, poner y limpiar la mesa. Hágale saber que lo necesita y lo aprecia. Haga una rutina y sígala al pie de la letra. Si el niño es olvidadizo, haga una tabla y póngala en el refrigerador. Cuando termine una tarea, déjelo pegar una estrella en la tabla. Recompénselo con un privilegio especial o un paseo cuando acumule varias estrellas. Divida las tareas en pequeños pasos. Permítale recoger la mesa un plato a la vez. (No tiene que recoger todos los trastes).

BAÑARSE

Permita que el niño regule la temperatura del agua. Proporcione una variedad de juguetes para el baño, jabones y estropajos. Frote al niño dándole golpecitos firmes y hacia abajo. Provéalo con una toalla grande para envolverlo apretadamente.

DORMIR

Avísele a su niño: "¡Media hora para irse a dormir!" o "Puedes dibujar cinco minutos más".

Mantenga una rutina para irse a dormir. Incluya cuentos y canciones, vean una colección de calcomanías, charlen de los eventos del día de hoy o de los planes de mañana, frótele la espalda y acurrúquelo de manera apretada.

Los niños con hiper-responsividad táctil son muy particulares con la ropa, así que dele pijamas cómodas. A algunos les gustan flojas y a otros apretadas; a algunos le gustan sedosas, a algunos no le gustan para nada. A nadie le gusta que se sientan duras, ásperas, con encaje, o que tengan elástico en el puño.

Utilice sábanas de poliester o de seda para tener una cama suave y sin bultos.

Permita que su hijo duerma con almohadas y sábanas extra, en una bolsa de dormir o en una tienda de campaña, o en una cama de agua.

La vida en el hogar puede mejorar con un estilo de vida sensorial y poniendo atención a las necesidades especiales de su hijo, la vida en la escuela también puede mejorar.

Capítulo Diez

Su Niño en la Escuela

Convertirse en una defensora a favor de su niño, comunicarse con el personal de la escuela, encontrar una buena escuela que sea apta para su niño, y compartir ideas con los maestros, todo esto puede promover el éxito de su niño en la escuela.

¡Qué Gran Diferencia Hace la Comunicación!

El año pasado, Nicolás odiaba el cuarto año escolar. La Sra. Castro, su maestra, era mala. Siempre lo regañaba cuando era lento, desorganizado, o inquieto. Le decía: "me gustaría que le pusieras más ganas". Él lo estaba intentando.

Este año, a Nicolás le encanta el quinto año. La Srita. Guzmán es agradable. Se asegura de que él entienda los trabajos y le muestra como dividirlos en partes para que sean más manejables. Le consiguió una silla que no estuviera floja y lápices gruesos que no se quebraran. Lo nombró capitán del Equipo de Matemáticas Aces del Vuelo. Nunca lo hace perder el receso. A ella le cae bien él.

¡Que gran diferencia hace una maestra! ¡Y que gran diferencia es un padre de familia cuando ve por los intereses de su niño!

Nicolás está en un salón de clases que cubre sus necesidades porque su madre puso manos a la obra. Después de años de buscar cómo evitar el estigma y las etiquetas, decidió informarle a la escuela acerca de los problemas de procesamiento sensorial y acerca de los beneficios de la terapia y un estilo de vida sensorial. Si Nicolás podía funcionar más tranquilo en el hogar, sin duda obtendría más confianza y ser más competente en la escuela.

Durante el verano, la madre de Nicolás se reunió con el director y la Srita. Guzmán, se sintió aliviada al verlos que estaban ansiosos por recibir información. Querían entender los puntos fuertes y las debilidades de Nicolás, para poder impulsarlo a tener éxito en la escuela. Le dijeron que les explicarían sus necesidades a los maestros de arte, ciencias y educación física, que harían arreglos para proveer servicios especiales en la escuela. La llamarían si tenían preguntas y sus llamadas serían bien recibidas.

¡Qué gran diferencia hace la comunicación!

SI TAN SÓLO LA ESCUELA FUERA COMO CASA

El niño con TPS con frecuencia tiene enormes dificultades en el salón de clases. Su problema no es la falta de inteligencia o la voluntad para aprender. Su problema puede ser la dispraxia, la cual representa un obstáculo para saber qué hacer y cómo hacerlo.

Un niño en preescolar que tiene dificultad para hilar pedrería a menudo se convierte en el niño de edad escolar que no puede organizar las partes de un proyecto de investigación. Quiere relacionarse bien con el mundo a su alrededor, pero no puede adaptar su conducta fácilmente para cumplir con las exigencias que son cada vez más complejas.

El niño desincronizado puede tener dificultades para sentarse a trabajar. Todo puede ser un distractor—la proximidad con un compañero de clase, el sonido al sacudir un papel, el movimiento de los niños jugando a través de la ventana, la etiqueta rasposa dentro del cuello de la camisa y hasta los muebles del salón. Podría ser desorganizado con sus propios movimientos, respuestas verbales, e interacciones con compañeros de clase y maestros.

Por muchas razones, la escuela podría ser extenuante.

1) La escuela pone presión en los niños para que funcionen y se ajusten. Mientras que el niño promedio se ajusta para cumplir con las expectativas, el niño desincronizado se ajusta bajo presión.

2) El entorno escolar es siempre cambiante. Las transiciones abruptas de la hora de formar un círculo a la de proyectos de arte, de matemáticas a leer, o de la cafetería al gimnasio podrían abrumar al niño que hace cambios lentamente.

3) El estímulo sensorial podría ser excesivo. Las personas circulan alrededor. Las luces, sonidos y los aromas abundan. El niño fácilmente se puede sentir sobrecargado.

4) El estímulo sensorial podría ser insuficiente. Sentarse por un periodo largo de tiempo podría presentar problemas para el niño quien regularmente necesita estrecharse un poco para organizar su cuerpo. Una lección verbal o escrita, dirigida a personas que aprenden visual y auditivamente, podría no ser captada por el que aprende de manera quinestésica y táctil.

5) Los administradores escolares y los maestros con frecuencia malinterpretan el TPS. Podrían estar verdaderamente interesados en ayudar al niño, pero no pueden acomodar su estilo único de aprendizaje si no saben por dónde empezar.

6) La escuela no es como la casa, para muchos niños, la escuela es impredecible y riesgosa, mientras que la casa es segura y familiar. (Por otro lado, a veces la escuela está en orden y es predecible, mientras que la casa es estresante y caótica). La conducta del niño difiere porque el medio ambiente difiere. La escuela se puede convertir más como si fuera la casa cuando los padres comparten información de sus niños con los adultos que pueden cambiar la situación para que el niño tenga éxito.

Hace años, antes de convertirnos en expertos acerca del procesamiento sensorial, el director de St. Columba y yo nos reunimos con la madre de Alano para informarnos de cómo podríamos ayudar a su hijo. En el preescolar, apenas hablaba, apenas se movía. Se postraba en la esquina del cajón de arena, detrás de una barricada de camiones.

No tenía aptitudes para ayudarse a sí mismo, ni compañeros de juego, ni afecto. Describíamos a un solitario triste, asustado, e indefenso.

Su madre estaba asombrada. "¡Pero él no es así, en lo absoluto!" dijo ella. Su descripción era 180 grados diferente a la nuestra. En casa, era un parlanchín. Era avivado y divertido. Brincaba arriba de los muebles, escarbaba en el jardín, y jugaba con los niños de los vecinos. Cierto, los niños con los que jugaba eran todos menores que él. Cierto, tenía problemas para vestirse. Cierto, definitivamente sabía lo que le gustaba y no le gustaba en cuanto a alimentos y actividades. Pero no era un problema en casa. "Si tan sólo la escuela fuera más como la casa" decía ella, suspirando.

La conferencia fue reveladora para todos. Su madre se dio cuenta de que Alano funcionaba bien en casa porque ella cumplía con su necesidad de tener rutinas constantes, la estimulación justa, la seguridad física, y los constantes recordatorios de amor. Nosotros, los maestros, nos dimos cuenta de que podríamos cubrir algunas de esas necesidades en la escuela ahora que entendíamos cuales eran.

Entramos en una sociedad de casa-y-escuela para ayudar a Alano a salir adelante. Los maestros eran más sensibles a su conducta cautelosa y aprendieron a guiarlo cuidadosamente a las actividades preescolares. Le proporcionaron más estructura y lo protegieron de la sobre estimulación. Muchos cambios pequeños tuvieron un efecto enorme y positivo en su conducta.

Mientras tanto, su madre adaptó el entorno familiar de la casa de Alano para cubrir sus necesidades especiales. Compró equipo sensomotriz, como un trampolín, un túnel para meterse gateando, una balón terapéutico, un tapete de gimnasio, un asiento de tela con bolas de hule espuma, un columpio para uso interior, y convirtió el subterráneo en un mini gimnasio. También se enteró de su obligación de compartir sus observaciones, selectivamente, con la escuela y maestros.

Decidir a Quién Decirle

El niño que no está en sincronía necesita un defensor que se exprese elocuentemente. Generalmente, depende de un padre de familia informar a los maestros o personas que cuidan al niño sobre las necesidades de este.

El sólo pensar en revelar las dificultades de su hijo pone a muchos padres ansiosos. Se preocupan de que su niño pudiese ser estigmatizado y etiquetado, de que podrían ser culpados por la conducta del niño, o que el personal insensible de la escuela podría cometer una indiscreción, o podrían usar la información de manera equivocada. Aparte, es doloroso hablar sobre las deficiencias de su hijo. Aun así, por el bienestar del niño, la comunicación es esencial.

¿Por qué es necesario proporcionar información? Los adultos que trabajan con niños, como los escultores que trabajan con barro, deben de tener una idea del material al que le dan forma. Con cierta comprensión del Trastorno del Procesamiento Sensorial, pueden estar más en sintonía con las destrezas que son disonantes en el niño. Por otra parte, sin información no se puede esperar que cambien el medio ambiente en su salón de clases, su estilo de enseñanza, o reorienten su manera de pensar.

¿Quién necesita saber? Los maestros del salón de clases deberían de ser informados. El director, los maestros de arte, ciencias, música y educación física; los especialistas de comunicación y computación quizá también necesitarían saber. Los choferes de los autobuses y los que transportan a un grupo, maestros de las clases de religión, líderes de los niños exploradores, entrenadores y niñeras quizá también sean más considerados cuando se les informa.

¿Cuál información deberíamos de compartir? Brevemente, decirle a la maestra cual es el problema del niño. (Evitar la terminología como "hipo-responsividad o él no reacciona lo suficiente a sensaciones vestibulares", sólo que estén presionados para dar los pormenores). Luego, darle sugerencias específicas acerca de lo que funciona en casa, para que la maestra pueda considerar hacer lo mismo en la escuela.

Ejemplos: "Mi hija es muy sensible cuando la tocan o empujan. En casa, hemos notado que está mejor cuando no se siente amontonada. ¿Puede usted recordar y tomar en cuenta su necesidad de espacio cuando planifique la manera en la que se van a sentar?" O, "Mi hijo tiene dificultad con la coordinación motora. Está recibiendo terapia para ayudarle a moverse más fácilmente. En casa, nos damos cuenta de que los descansos frecuentes para moverse y estirarse le ayudan a organizarse".

Cuando vea que la maestra está dispuesta a escuchar, también usted puede decidir si quiere compartir su propia información documentada, las evaluaciones de los terapeutas, las sugerencias de alimentación sensorial, y consejos para los maestros, todo esto está incluido al final de este capítulo.

¿Cómo se debería de compartir la información? Formule la información positivamente: "Él se concentra maravillosamente si...," o "La coordinación de su sistema motriz mejora cuando..." Enfatice las aptitudes del niño: "Le encantan los proyectos de arte", o "Tiene un gran sentido del humor". Gánese la buena voluntad de la maestra: "Espero que podamos trabajar juntas. ¡Por favor manténgame informada!"

¿Dónde debería compartirse la información? Haga su cita con anticipación para reunirse, así usted y la maestra podrán hablar sin interrupciones. Consulten en el salón de clases antes y después del horario escolar, en el área de descanso de la maestra durante la hora del almuerzo, o por teléfono en la noche.

¿Cuándo se debería de compartir información? Antes de que inicie el año escolar, anticipe cuales serían las dificultades de su niño y comuníquese con aquellas personas que necesitan saber. Cuando se presenten los problemas, ayúdeles a ser proactivas, en vez de reactivas.

Una Buena Escuela Compatible con el Niño

La comunicación frecuente con el personal de la escuela debería de hacer un cambio positivo en su niño. Algunas veces, sin embargo, la maestra se resistirá a tomar en cuenta sugerencias y hacer los ajustes necesarios en el salón de clases, aun si su niño legalmente tiene derecho a estos. (Vea el Capítulo Seis). Entonces usted tendrá que decidir si interfiere o no.

Por ejemplo, una madre sabía que masticar chicle le ayudaba a su hijo a organizarse mientras leía y escribía. Le preguntó a la maestra si se permitiría masticar chicle. La maestra se reusó: "Él no puede tener privilegios especiales, nada más porque tiene necesidades especiales". Aunque la madre estaba renuente a ir más allá de la autoridad de la maestra y hacer un escándalo, decidió quejarse con el director. El director intervino, la maestra cedió y se le permitió al niño que masticara chicle (pero que no lo tronara). Su rendimiento mejoró, y algunos meses después, la maestra se disculpó.

Algunas veces, la maestra está dispuesta a hacer ajustes, pero la escuela se rehúsa. El niño podría beneficiarse de un asiento de balón terapéutico en vez de una silla, o de un escritorio individual en vez de compartir una mesa, de un casillero que pueda abrirse fácilmente, mientras que la escuela insiste en el inmobiliario permitido. En dichos casos, escoja las batallas que valgan la pena—y siga luchando.

Si la escuela no tiene la bondad para hacer ajustes, tiene varias opciones:

- Pida que cambien al niño al salón de otra maestra.

- Investigue sobre programas de educación especial. Las clases de educación especial son más pequeñas y con menos distracciones que los salones regulares. Los maestros de educación especial están capacitados para encargarse de las diferentes capacidades de los niños. Con un Programa de Educación Individualizado (IEP por sus siglas en inglés), el niño que no está sincronizado podría florecer.

- Trasferir al niño de una escuela pública a otra. La ventaja de la educación pública es la disponibilidad de las instalaciones, incluyendo TO(s), los terapeutas del habla, y los especialistas de apoyo en la lectura. Si el niño cumple con los requisitos para recibir educación especial, estos servicios se proveen durante el día en la escuela sin ningún costo.

- Inscriba al niño en una escuela privada, donde las clases contienen menos alumnos y la atención es más individualizada. En una escuela privada un niño inmaduro puede repetir el año, si es necesario, mientras que en una escuela pública el niño no podría tener esta oportunidad de "hacer pausa" antes de ser promovido a un año escolar más desafiante.

- Educar a su hijo en casa. Muchos niños aprenden mejor en casa, donde pueden estudiar a su propio ritmo sin tener distracciones. Su hijo aún tiene el derecho de participar en las actividades extraescolares y también es buena idea fomentar las relaciones sociales con otros niños.

Cada año escolar abre de nuevo los canales de comunicación. Los maestros van y vienen, algunos sensibles, algunos no tan sensibles, y su apoyo continuo y su voz ayudaran a su niño a tener éxito.

A continuación usted encontrará algunas estrategias para implementar en el salón de clases que puede compartir con el maestro de su niño. Él o ella podrían aprender a través de estos lineamientos a cómo dar apoyo, a cómo detectar cuando propiciar algo y cuando dar un paso atrás; a cómo abstenerse para no sobrecargar al niño con estimulación excesiva y trabajo inmanejable; y a cómo controlar sus propias frustraciones al estar frente a un niño desincronizado.

Fomentando el Éxito de Su Niño en la Escuela

El niño con TPS necesita comprensión y apoyo si va a tener éxito en la escuela, sea privada o pública. Una maestra podría querer ayudar a un estudiante desincronizado, pero podría faltarle capacitación en las técnicas apropiadas. Si es así, la maestra podría desear probar algunas de las siguientes estrategias del salón de clase que ayudarían al niño que no está sincronizado. También le ayudan a otros niños.

¡Sí, a cada uno de los niños!

Todo niño se beneficia de un ambiente seguro, calmado y libre de distracciones. Todo niño necesita hacer pausas frecuentes en su trabajo para moverse y estirarse. Cada niño necesita saber que alguien le está poniendo atención a sus puntos fuertes y a sus puntos débiles, a lo que le gusta y no le gusta, a sus altibajos. A todo niño se le debe mostrar cómo encontrar soluciones a sus problemas. Todo niño necesita saber que está bien tener habilidades diferentes, de que él puede tener éxito, de que sus ideas tienen mérito, de que se valora su persona.

Cuando el niño desincronizado empiece a sentirse más en control, sus tareas escolares y habilidades sociales mejorarán. Cuando está menos distraído, distrae menos a los otros niños. ¡Entonces, cuando todos los estudiantes están trabajando dando lo mejor de sí, la maestra puede enseñar!

Estrategias en el Salón de Clases

CONTROL DEL MEDIO AMBIENTE

Reduzca la sobre carga sensorial. Quizá usted tenga que intuir que tipo de estimulación sensorial le está afectando al niño, porque él podría no saber decírselo. Recuerde que el estímulo que le molesta hoy podría no molestarle mañana, y viceversa. Si puede remover o disminuir la mayoría de las distracciones, aumentaría usted la capacidad del niño para poner atención al importante trabajo del aprendizaje. Ayude al niño a enfocarse en una idea a la vez minimizando el estímulo sensorial que no está relacionado. Simplifique, simplifique, simplifique.

Las distracciones táctiles pueden desviar la atención del niño. Si la proximidad de los compañeros de clase irrita al niño, ayúdele a encontrar un lugar donde se sienta seguro. Dirija al niño pequeño a que se siente en la cabecera de la mesa, o en la orilla del tapete, para minimizar la posibilidad de tener contacto con otros niños. Ponga el escritorio del niño más grande en una esquina del salón de clases, o enfrente, cerca de usted.

Permítale pasar al frente de la cola cuando la clase vaya de puntitas en una sola fila por el corredor para que nadie se tope por detrás con él. Proporciónele el espacio que necesita.

Las distracciones visuales podrían interferir con la concentración del niño. Elimine el desorden en los tableros de anuncios. Pegue los trabajos de arte, mapas, y gráficas en la pared para que no vibren. Cuelgue hojas con una tachuela sobre los libreros abiertos para cubrir los materiales de arte, juegos, y juguetes que pudiesen atraer la atención del niño. Remueva los móviles de las lámparas. Ajuste las persianas de las ventanas para evitar que los rayos del sol parpadeen a través de estas.

Los movimientos de otros niños también podrían ser una distracción visual. Siente al niño cerca de usted enfrente del salón, dando la espalda a sus compañeros de clase. Rodéelo de niños que permanecen sentados y calladitos, que ponen atención y que sean un buen ejemplo.

Cuando prepare las hojas de ejercicios para el niño de edad escolar, mantenga al mínimo las instrucciones para leer y los problemas de matemáticas a resolver. Un espacio en blanco alrededor de cada problema escrito le ayuda al niño a enfocarse en uno a la vez. Él podría funcionar mejor si encuadra cada problema con un plantilla de cartón.

Las distracciones auditivas para el niño con problemas de procesamiento auditivo podrían hacer que el salón pareciera una cámara con eco. Las superficies firmes del salón, como la superfi-

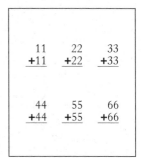
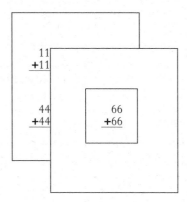

cie de los escritorios, los pisos vinílicos, y las paredes pintadas, reflejan el sonido. Cuando sea posible, cubra las superficies firmes con alfombra, tela, o paneles de corcho. Asegúrese de que el niño no esté sentado cerca del zumbido de la pecera, debajo del runrunear de un foco fluorescente o enseguida de la ventana donde pueda distraerse por las voces de los niños afuera.

Cuando los niños estén trabajando sentados en su escritorio, usted podría descubrir que tocar música clásica, como Bach y Mozart, suaviza el medio ambiente auditivo y le ayuda a todos a organizarse.

Las distracciones olfativas pueden incluir aromas provenientes del área de alimentos o de la jaula del gerbo (pequeño roedor). Si es posible ajustar el horario, organice sus lecciones para que los temas más difíciles para el niño no sean enseñados durante los momentos en que la fragancia de los sándwiches de queso derretido entra por la puerta. Mantenga los animales, productos de pintura, y otros materiales aromáticos alejados del escritorio del niño.

Proporcione muebles cómodos. Esta recomendación podría ser difícil de cumplir para la maestra quien debe de arreglárselas con las sillas y los escritorios del reglamento. Aun así, el niño que con frecuencia se cae de la silla por su consciencia corporal ineficiente, podría alinear su cuerpo y mantener una postura estable si tuviese los muebles adecuados.

Encuéntrele al niño una silla que no se tambalee, o estabilícela trabando las patas de la silla dentro de pelotas de tenis. La altura de la silla debe permitirle poner sus pies rectos en el piso. La altura del escritorio debe de estar al nivel de su cintura.

Para un niño mayor, de quien se espera se siente en un escritorio por períodos largos de tiempo, puede encontrar beneficioso un asiento texturizado que le ayude a mantenerse en el asiento.* Si los otros alumnos desean probar el sillón, permítales. Pronto se olvidaran de ello, y usted puede hacer mejor su trabajo mientras el niño que lo necesita se mantiene sentado.

A veces ayuda tener una silla especial. Si el niño en preescolar está inquieto durante la hora de sentarse en círculo, por ejemplo, sentarse en una pelota le ayudará a enfocar su atención. El diámetro de la pelota deberá de ser igual a la distancia entre su trasero y el piso cuando sus rodillas estén dobladas en el ángulo correcto y tenga sus pies rectos en el piso.

Mantenga limpio los pizarrones y las hojas de ejercicios. Las líneas borrosas presentan problemas para el niño con dificultades de procesamiento visual. Lo que más ayuda en un pizarrón obscuro son las líneas blancas y precisas, en papel blanco son las líneas oscuras y nítidas para que el niño pueda distinguir entre el trasfondo y las letras o números que usted quiere que entienda.

DIRIGIENDO EL SALÓN DE CLASES

Desarrolle una rutina consistente. El niño que no está sincronizado podría tener problemas organizándose para hacer lo necesario. Podría batallar para sobrepasar la sensación de caos, interna y externa. Por lo tanto, está más cómodo cuando las cosas son "precisas", exactamente como eran ayer y como serán mañana. Su rigidez es una manifestación de su necesidad de organizar su mundo.

Para este niño, un salón de clases que está visiblemente estructurado es preferible a comparación de uno donde las cosas son espontáneas. Ayúdele escribiendo las rutinas del salón de cla-

---

* Un adolescente, cuyos problemas sensoriales han pasado inadvertidos por años, pegó tachuelas—apuntando hacia ARRIBA—en el asiento de la silla del escritorio de su casa. ¡Las tachuelas, explica él, le recuerdan el momento en el que está a punto de resbalarse de la silla! Un cojín podría ser una alternativa preferible.

ses en el pizarrón, siga el horario, mantenga el salón arreglado de una manera predecible, y recuerde quien tiene el turno de líder en la fila o para jugar con el juego de imanes nuevo.

Planifique las transiciones tan cuidadosamente como las leccio-nes. Si enfocarse en una tarea es difícil, cambiar el enfoque es aún más difícil para el niño desincronizado.

Notifíquele a los estudiantes de las próximas transiciones: "En diez minutos, iremos al salón multiusos: o "Después del recreo, recibirán los libros nuevos de lectura". Deles pleno aviso cuando algo fuera-de-lo-ordinario va a ocurrir, como el día de excursión, una visita de un entrenador de reptiles, o un cambio de asientos.

Para facilitar las transiciones, indique que algo va a pasar en-seguida aplaudiendo o golpeando el tambor rítmicamente. Por ejemplo, dos aplausos alargados y enseguida tres cortos podrían señalar que es hora de guardar los libros de matemáticas y pararse para estirarse.

— — — — —
largo   largo   corto   corto   corto

Una secuencia de un aplauso largo seguido de cuatro aplau-sos cortos y al final un aplauso largo podría significar que es hora de regresar del área de juegos.

— — — — — —
largo   corto   corto   corto   corto   largo

Prepare material para cubrir los espacios de transición y convertirlos en momentos de aprendizaje. Recite poemas y haga actividades al cantar con mímicas de las canciones. Ofrezca acti-vidades para fortalecer el lenguaje y las aptitudes para un razo-namiento analítico, como pasar hojas laminadas de revistas para niños preguntando "¿Qué falta aquí?", o jugar a "¿Qué tal si...?" (¿Qué tal si tuviésemos alas?, ¿Qué tal si no hubiera electricidad?).

Compartan una lluvia de ideas. Escriba las sugerencias de cada uno para los juegos en la clase o para los proyectos científi-cos. Asegúrele a cada niño que su idea es válida.

Recurra a la votación. ¿Quién quiere una carita feliz en la ca-labaza, y quien quiere una cara maléfica? ¿Quién desearía que el partido Demócrata ganara, y quienes escogerían al partido Republicano? ¿Quién quiere estudiar la selva tropical y quien prefiere el desierto?

Planifique momentos para moverse entre y durante cada actividad. Proporcione maneras aceptables para que el niño inquieto se mueva. Incorpore el movimiento dentro de las rutinas, para que los niños se puedan parar y estirarse, o moverse al otro lado del salón, del centro de matemáticas al centro de ciencias, o marchar a ritmo del tambor. Pruebe con actividades como Simón Dice (donde nadie pierda). Seguir al Líder, Saltar abriendo y cerrando las piernas (saltos de payaso /jumping jacks), o carreras de relevos. Jueguen "Pasando la Pelota Rápido y en Silencio", donde los niños pasan la pelota rápidamente alrededor de un círculo sin echar un vistazo. El movimiento "carga la energía" y le ayuda a todo niño a poner atención, pensar, hablar y escribir.

Invente los planes para un equipo o club. Los equipos que lean más libros; resuelvan más problemas de matemáticas, o realicen proyectos de colaboración ganarán una recompensa en donde todos juntos decidirán que va a ser. Ganar puntos en equipo puede ser un fuerte incentivo para los estudiantes desincronizados, así como para compañeros de clase mejor organizados quienes podrían decidir no trabajar con ellos.

AYUDAR A LOS NIÑOS A ORGANIZARSE MEJOR

Apoye a los estudiantes para aprender activamente en vez de pasivamente. Todos los niños tienen un estímulo interno para aprender, aprenden mejor cuando se pueden mover y tocar. Recuerde que leer y escuchar no son la mejor vía de aprendizaje para cada niño. Por lo tanto, deles lecciones multisensoriales para que el aprendizaje les llegue por todas las rutas posibles.

Por ejemplo, el niño de preescolar con un procesamiento auditivo ineficiente podría aprender mejor por medio de experiencias táctiles y visuales. Por lo tanto, él podría aprender mejor acerca del ritmo y tono al tocar: "Tintineo de las Campanas" en el xilófono en vez de escucharlas en una grabación. Al niño más grande, que tiene problemas con el procesamiento visual y se le hace difícil completar hojas de ejercicios, podría aprender mejor en situaciones de "la vida real". Por lo tanto, podría asimilar conceptos matemáticos mientras hace las cuentas para una compra en la tienda de la escuela.

Muchos niños desincronizados tienen intereses limitados. Encuentre la afinidad del niño, y diríjalo a explorar el tema que le apasiona, por medio del camino sensorial de su preferencia. ¿Le interesan las arañas? ¿Los Planetas? ¿Los Nativos Americanos? Si él aprende táctilmente, déjelo dibujar una figura o construir un modelo. Si le gusta hablar, déjelo dar una corta presentación oral. Si le encanta moverse, déjelo demostrar danzas rituales. Desarrolle la fortaleza sensorial del niño. Entonces, dele libros para leer en el área donde tenga experiencia. Hasta los que aún no leen aprenden mejor cuando pueden investigar temas que consideran interesantes y relevantes.

Exhiba este proverbio Chino en su salón como un recordatorio constante:

> *Escucho, y olvido.*
> *Veo, y recuerdo.*
> *Hago, y entiendo.*

Dé tiempo a los niños. A nadie le gusta sentirse apresurado, particularmente el niño con TPS a quien podría tomarle más tiempo que a otros procesar información nueva. Este niño necesita tiempo para prepararse, así como tiempo para calmarse.

Dele a este niño la comodidad de tener el tiempo para aprender material nuevo.

1) Antes de presentar una lección, dígale a la clase qué es lo que usted les va a enseñar,

2) Enséñeles,

3) Dígales qué es lo que usted les ha enseñado, y luego:

4) Deles tiempo para absorber la lección o para practicarla. El ejercicio repetitivo es valioso para el niño que, al carecer de un sentido interno del orden, requiere repetición de las tareas académicas antes de alcanzar el objetivo.

Dele tiempo al niño para procesar una pregunta y la respuesta. El niño especial a menudo tiene el conocimiento, pero sólo se toma más tiempo para comprobarlo. Diez segundos no es mucho tiempo para esperar una respuesta que alguien más pueda dar en tres segundos.

Simplifique las instrucciones. Cuando usted dé instrucciones, si es posible, tenga contacto visual con el niño. (Los Niños con TPS o autismo con frecuencia se sienten incómodos cuando hay contacto visual y podrían poner más atención cuando no se les obliga a verlo a usted directo a los ojos). Dé una o dos instrucciones a la vez. Sea conciso y específico. Si es necesario repita las instrucciones. Al asignar la tarea diaria, dígalo con palabras y póngalo por escrito. Haga que el niño lo repita y lo escriba.

Las tareas cortas coinciden con la capacidad del niño para enfocar su atención en lapsos breves, le ayudaran a ver el final de la tarea, y esto le dará una serie de triunfos pequeños.

Divida las tareas grandes en partes pequeñas. Él podría ser un gran lector, sin embargo, batallar para planificar proyectos de investigación a largo plazo. Dele una agenda y sus expectativas claras. Por ejemplo,

Semana 1: Cada niño le dirá el tema que escogió.

Semana 2: Él entregará una lista provisional de sus lecturas.

Semana 3: Una guía.

Semana 4: Un borrador o bosquejo.

Semana 5: El reporte final.

Provea opciones de instrumentos para la escritura. Algunos niños hacen las cosas mejor con lápices regulares, otros con lápices gruesos; otros con colores de cera regulares, otros con colores de cera muy gruesos. A pesar de que las habilidades motrices finas generalmente se desarrollan más tarde en los niños a comparación de las niñas, estas aptitudes se retrasan aún más en el niño o niña con TPS. Ayúdele al niño a escoger el material de escritura que sea mejor para él o ella.

Respete las necesidades del niño. La necesidad principal que tiene un niño es sentirse seguro. Cuando se siente seguro, su cerebro está disponible para aprender.

Muchos buenos maestros, con las mejores intenciones, comúnmente cometen errores con los niños que no están sincronizados cuando intentan animarlos a salir de sus dificultades. Por ejemplo, una maestra podría decirle al niño táctil en preescolar que "a todos les gusta pintar con los dedos, así que toma tu turno", con la esperanza de cambiar su tendencia a retirarse para no tocar. El maestro de educación física de niños más grandes con hiper-responsividad vestibular podría intentar colocarlos de tal manera que se dieran una voltereta en la colchoneta para acrobacias. Esta manera de animar no va a "arreglar" la disfunción, sino más bien, podría causar una reacción adversa debido a que el niño se siente amenazado.

A menos de que usted sepa exactamente lo que está haciendo, es mejor respetar la defensividad sensorial del niño. Recuerde que la conducta del niño esta desalineada no porque él no haga las cosas bien, sino porque no puede. Es injusto forzar al niño a hacer cosas que no está listo para hacer.

Dele alternativas al niño. Anticipe los problemas y ayúdele a encontrar alternativas adecuadas para las situaciones que le causan problemas. Por ejemplo, el niño que no está coordinado podría evitar los juegos escandalosos durante el recreo. Diríjalo a otras actividades donde él pueda destacar, que le ayuden a reforzar sus habilidades motrices y no lo hagan sentirse como un espectador o un cobarde.

Para un preescolar, existe la posibilidad de pasar por una pista de obstáculos a su propio ritmo, aun después de que todos los demás ya lo hayan hecho. Si él se resiste a un obstáculo en particular, como a balancearse en la viga de equilibrio o el túnel, ¡déjelo! felicítelo por salir victorioso en los obstáculos que puede vencer.

Para el niño más grande, sus habilidades de pelota pueden mejorar después de jugar a la pelota colgante (tetherball), cuando juega con alguien uno a uno juegos de atrapar y lanzar, o con las actividades de esquivar (pelota) con la maestra o un compañerito.

En el salón de clases, el niño que se distrae fácilmente por tener muchas opciones puede parecer que no es capaz de escoger una. Podría decir que está aburrido, cuando realmente está confundido. Ayúdele a encontrar una actividad o proyecto que pueda hacer mientras socializa con uno o dos niños.

Si es posible, consulte con un terapeuta ocupacional sobre hacer modificaciones en el salón de clases, actividades pedagógicamente relevantes, y técnicas sensoriales motrices que usted pueda usar para satisfacer las necesidades especiales del niño durante el día en la escuela.

ADAPTANDO SU PROPIA CONDUCTA

Enfatice lo positivo. Dele a cada niño lo que el psicoterapeuta Carl R. Rogers llama "consideración positiva incondicional". El niño desincronizado necesita que le aseguren constantemente que sus esfuerzos son apreciados y valen la pena. ¡Podría no sentirse capaz, aunque sí lo sea! Recompense al niño por lo que logró, en vez de destacar lo que dejo sin concluir. El éxito genera éxito.

Mantenga su voz baja. El niño con un sistema auditivo super sensible puede sentirse muy incómodo cuando escucha una voz aguda o alta. Hasta podría malinterpretar su tono de voz y perturbarse.

Un día tuve que usar un tono de voz más fuerte de lo usual para dirigir a un grupo de preescolares durante una canción de Halloween/Día de Brujas en donde los diferentes ritmos de los instrumentos representaban brujas, esqueletos y calabazas. A media canción, elevé mi voz para que escucharan: "ahora, por favor bajen los panderos y levanten los cubos de madera".

En aquel entonces yo no lo entendía; pero ahora sí, porque un niño particularmente ansioso me dijo, ¡No me hable de esa manera! "¿Qué no sabe que no puedo hacer nada cuando me está hablando de esta manera?" Mis palabras no habían sido amenazantes; mis indicaciones no habían sido complicadas. Fue mi tono de voz más fuerte, más alto que lo hizo descomponerse. Lo más eficaz hubiera sido que yo murmurara, es la técnica que utilizo ahora, particularmente en un salón donde hay mucho ruido.

Proporcione retroalimentación física. Cuando usted quiera estar seguro de que el niño está poniendo atención, párese cerca de él. Si es posible, vea al niño a los ojos. Cuando le hable, ponga sus manos en los hombros del niño y presione hacia abajo firmemente. Estas técnicas podrían ayudar a que el niño se enfoque mejor en lo que usted está diciendo.

Mantenga expectativas realistas. Y ¿Qué si el niño no acaba la tarea o no lo hace de la manera que otros niños lo harían? Recuerde qué es lo más importante en el aprendizaje: procesar en vez de producir, y participación en vez de perfección.

Capítulo Once

Lidiando con las Emociones

de Su Niño

Para que el niño se regule más así mismo y para que las familias se enfrenten a los efectos colaterales del TPS, existen palabras positivas y cosas que se pueden hacer para mejorar las habilidades y el autoestima del niño, así como también para evitar dificultades.

Una Mañana Típicamente Espantosa

Margarita, la madre de dos niños, cuenta esta historia:

"Esta mañana, fue típicamente espantosa. Diego, mi hijo de ocho años, se levantó del lado izquierdo de la cama. De hecho, se cayó de la cama. Entonces, de camino al baño, se estrelló con Melissa y la tiró al suelo. Él le gritó: "¡Siempre te me atraviesas, tonta!" Ella bajó los escalones corriendo, llorando a gritos. Siempre es muy cruel con ella y sólo tiene tres años.

Mientras que yo la consolaba, escuché que Diego somataba al cerrar los cajones y gritaba. Finalmente, bajó los escalones con la camiseta puesta al revés. Dijo que así las etiquetas no lo lastimarían. Pensé que esa era una muy buena manera de resolver el problema, pero mi marido no estuvo de acuerdo. Antes de que yo pudiera decir algo, le ordenó a Diego que se cambiara. Diego se reúso. Mi marido estaba furioso. Le quitó la camiseta a Diego, la volteó al derecho y se la puso a fuerzas. Diego estaba realmente disgustado y se aguantaba las lágrimas.

Finalmente, se sentó y vació el jugo de naranja sobre su cereal. Cuando dije que eso no era una buena idea, empezó a llorar. Dijo, "¡Fue un accidente!" "¡No lo hice a propósito!" Luego vació el resto del jugo en la cabeza de Melissa. A propósito.

Está bien. Controlé mi enojo porque era hora de ir a esperar el autobús. Pero Diego no podía encontrar su libro de lectura. Le tomó diez minutos encontrarlo detrás del sillón. Como se le pasó el autobús, tuve que llevarlo a la escuela. Cuando llegamos ahí, vimos a una compañerita que salía de su automóvil. Traía consigo el modelo de un iglú hecho de cubos de azúcar. Entonces Diego de verdad que perdió el control. Había olvidado la tarea de "Casas alrededor del mundo". Me sentí terriblemente mal porque yo también lo había olvidado. Diego se agachó y rehusó a bajarse del automóvil.

La mamá de la niña me hizo señas y dijo: "¡Estos proyectos especiales me consumen mucho!" "¡Que mañana tan espantosa!"

"¡Si ella tan sólo supiera!"

¿Qué es lo que estamos viendo aquí? Coordinación motora deficiente. Reacción excesiva al sentido táctil o alta respuesta táctil. Rivalidad entre hermanos. Conflicto entre padres de familia. Enojo. Ira. Frustración. Pérdida de autonomía. Habilidades de autoayuda deficientes. Agresividad pasiva. Desorganización. Pérdida de autocontrol. Actitud desafiante. Impotencia. Desesperación. Culpabilidad. Inadecuación. Aislamiento.

Si usted tiene un niño que está fuera de sincronía, estos problemas podrían sonarle muy familiares. Los efectos del TPS pueden infiltrarse en su vida.

¿Es posible aprender a enfrentarse a esta secuela emocional? Si, si entiende a su niño, si tiene apoyo y comprensión y si se educa a sí mismo.

CONSEJOS DE OTROS EXPERTOS

He aquí las técnicas de los Doctores Ayres, Greenspan, Silver, y Turecki, así como de otros expertos de la niñez acerca de cómo educar a los hijos. Sus ideas podrían ayudarlo a desarrollar la capacidad de sobrellevar los problemas de manera consistente y positiva. (Vea la Bibliografía Selecta, pagina 335).

Póngale Atención a Su Hijo

Recuerde que el problema de su hijo es físico. Así como un niño con viruela no puede evitar rascarse, el niño desincronizado no puede evitar ser torpe o miedoso.

Sintonícese con los tipos de estímulos que su niño evita o desea.

Encuentre la manera más adecuada de conectarse con su hijo, a través de los canales sensoriales que él prefiera. Use diversas maneras para comunicarse (hablando, escribiendo, dibujando, haciendo gestos y demostrándolo). Mantenga sus mensajes simples.

Identifique el temperamento de su niño al ir analizando sus características, como su nivel de actividad, nivel de distracción, intensidad, regularidad, umbral sensorial, flexibilidad y estado de ánimo.

Conozca los puntos fuertes y las debilidades de su hijo. Si su niño ya tiene un diagnóstico, estudie las evaluaciones cuidadosamente. Lea todo lo que pueda. Consiga la información de los maestros y los especialistas que estén familiarizados con diferentes capacidades o estilos de aprendizaje.

Establezca el Método Floortime (tiempo de piso), el término no usado por Stanley Greenspan, el cual es un momento especial para jugar de manera no estructurada de por lo menos treinta minutos diarios. Siéntese en el piso y deje a su hijo escoger y dirigir la actividad. Sígale el juego, poniendo atención a lo que a él le interesa. Cuando usted se engancha con el niño bajo sus propios términos establece un vínculo cálido y de confianza, la base para toda relación en el futuro. (Vea www.icdl.com)

Anticipe Las Respuestas

Anticipe las crisis emocionales. Mucha estimulación en una fiesta de cumpleaños o en un centro comercial muy concurrido podría provocar una respuesta negativa. Esté listo para alejar al niño de las sensaciones que vayan a hacerlo sentirse abrumado, antes de que pierda el control.

Ayude al niño a que aprenda a reconocer si su intensidad aumenta y necesita espacio. Dele oportunidades para alejarse del lugar donde hay actividad y volverse a cargar estando solo.

Desarrolle estrategias con su hijo para combatir las emociones negativas antes de que estas ocurran. "Vamos a alistar la ropa hoy en la noche para que en la mañana no te sientas apresurado".

Prepárese para disipar sus reacciones fuertes proporcionándole actividades que lo tranquilicen, como un baño, contarle una historia, juegos imaginarios tranquilos, mecerse en la silla, sobarle la espalda, o un paseo al área de juegos.

Si es lento para reaccionar a los estímulos sensoriales, dele tiempo extra antes de responder.

Empatizar

Identifique y empatice con el punto de vista de su hijo, motivos y metas del niño para ayudarse usted a entender la conducta del niño, y así a usted le sea más fácil cambiarla.

Entienda los sentimientos del niño y refléjelos: "Es difícil dormir cuando se está preocupado porque hay un monstruo en el armario". La escucha reflexiva le ayuda a entender y a dominar sus emociones.

Tranquilícelo constantemente al decirle que usted entiende sus dificultades.

Comparta sus propias emociones similares a las de él para demostrarle que todos tenemos temores. "Yo también pienso que las montañas rusas son aterradoras" o "Los dos nos ponemos nerviosos en lugares muy concurridos".

Tómese tiempo para volver a evaluar las emociones de su hijo. Podría ser agresivo porque tiene miedo, no por estar enojado. Responda a la emoción principal en vez de responder a la conducta defensiva.

Provéale a su hijo la capacidad de sobrellevar los problemas y recuperar el control de sí mismo. Después de una tormenta emocional, ofrézcale un espacio silencioso, un abrazo firme, caminar, o las palabras o acciones que se puedan usar para restaurar la armonía. "¿Necesitas hacer algo para sentirte mejor por lo que pasó?"

Haga hincapié en lo positivo. Comente acerca de sus habilidades, intereses y buena conducta. Al reafirmar sus logros y la conciencia propia, que es cada vez mayor, está fortaleciendo la percepción de sí mismo.

Haga crecer sus puntos fuertes y ayúdelo a compensar por sus debilidades. Dele la bienvenida al mundo; no permita que ignore la vida.

Proporcione Estructura

Establezca rutinas y horarios consistentes. Explíquele los planes del día. Dé avisos de las actividades que están por venir. Evite sorpresas.

Limite las transiciones lo más que se pueda. Dé tiempo para terminar una actividad antes de pasar a la siguiente.

Tenga la expectativa de que el niño se va a tomar más tiempo a comparación de otros para adaptarse a las rutinas.

Ayúdele a su hijo a ser organizado con su propio trabajo. Juntos, fijen los horarios y gráficas de trabajo. Elimine las distracciones. Proporcione suficiente espacio, tiempo y asesoramiento para terminar proyectos y tareas, de modo que él tenga la satisfacción de hacer su trabajo independientemente.

Tenga Expectativas que Sean Realistas

A veces, su niño podría funcionar bien, y en otras ocasiones, podría resistirse a ir a la escuela, podría derramar la leche, y caerse. Tenga la expectativa de que va a haber inconsistencias. Cuando se tropiece, trate de entenderlo.

Divida los retos en pequeñas partes. Anímelo para que logre una meta a la vez para que así sienta la satisfacción de una serie de pequeños éxitos.

Recuerde que usted ha tenido años de experiencia para aprender a hacerle frente al mundo, el niño no.

Disciplina

Cuando el niño pierda el control, evite castigarlo. Perder el control de sí mismo es bastante intimidante; un castigo agrega culpabilidad y vergüenza.

Comente sobre la conducta negativa del niño, no acerca del niño: "Tus gritos me hacen enojar", en vez de "¡Tú me haces enfurecer!"

Ayúdele al niño a encontrar un espacio silencioso, retirado de la sobrecarga emocional, como una técnica para recuperar el autocontrol. Si es posible, déjelo decidir la cantidad de tiempo que va a estar aislado.

Establezca límites para hacer que el niño se sienta seguro. Escoja una batalla a la vez para ayudarlo a desarrollar el control de sí mismo y tener una conducta apropiada.

Sea firme con los límites que usted fije. Muéstrele que sus sentimientos no van a cambiar el resultado; las reglas son las reglas. "Yo sé que estás enojado porque quieres jugar con el cachorro, pero es hora de cenar".

Discipline consistentemente. Use gestos y empatía para explicar porque usted lo está disciplinando. (Disciplinar significa enseñar o instruir, no castigar). Después de que le dice lo que va a hacer, hágalo.

Determine las consecuencias apropiadas por mala conducta. Una consecuencia natural es mejor, porque es razonable, precisa, y usted no la impone: "Si no comes tu desayuno, te dará hambre". Una consecuencia lógica, donde el niño es responsable por el resultado de su conducta, una segunda alternativa: "Si tiras la comida, debes limpiar". Una consecuencia aplicada, en donde el castigo no exactamente se ajusta al crimen, es útil cuando nada más funciona: "Si le escupes al bebé, no podrás jugar con tus amiguitos", o "Si me pegas, no podrás ver televisión".

Recompense la conducta adecuada con aprobación.

Resolución de Problemas

Establezca tiempo para resolución de problemas, negociar diferencias, y llegar a soluciones con su hijo. Cuando usted amplia la capacidad del niño para resolver los problemas, le está ayudando a anticipar los retos, a aceptar responsabilidad, a manejar sus sentimientos, a pensar lógica y flexiblemente, y está aprendiendo a comprometerse. "Aparte de aventar tus juguetes, ¿qué más puedes hacer cuando estás enojado?" Puedes decir: "¡No me gusta eso!" y "¿ponerte a brincar?"

Pídale consejos acerca de cómo usted le puede ayudar.

Ayúdele a su hijo a encontrar las salidas apropiadas para sus emociones. Hágale saber cuándo puede gritar, dónde puede desahogarse, y qué es lo que puede golpear. Enséñele que algunas expresiones negativas son aceptables y seguras, al mismo tiempo que otras son inapropiadas.

Cuando las emociones intensas del niño le abruman a usted, primero tome control de sus propios sentimientos. Así usted demostrará que las emociones fuertes son parte de la vida; todos deben aprender a manejarlas, y él también, puede aprender a calmarse a sí mismo.

Diviértanse juntos. La vida no necesita ser algo serio todo el tiempo. Si es necesario, busque apoyo extra para ayudarse con el "efecto dominó" de su niño difícil-de-criar. Los profesionales pueden ayudarle a mejorar su vida familiar y las relaciones con los parientes, compañeros, y con otros que estén fuera del núcleo familiar.

Explore los grupos de apoyo que existen en el Internet para los padres de niños con TPS, para compartir sus inquietudes sobre la crianza de sus hijos y para conectarse con otros. (En inglés: www.SPDsupport.org y www.SPDFoundation.net)

Conviértase en el Defensor de su Niño

Eduque a los adultos que necesiten saber acerca de las destrezas de su niño. La gente puede olvidarse o no creer que un problema importante afecta a su niño debido a que el TPS es invisible. Su trabajo es informarles para que puedan ayudar a su niño a aprender.

Monitoree el salón de clases y las actividades en grupo de su niño. Si usted ve que una maestra o un entrenador son insensibles, no cooperan, o son muy exigentes, tome las medidas necesarias.

Intervenga cuando el niño no pueda manejar por si solo una situación estresante. Refuerce el mensaje de que pedir ayuda es una estrategia positiva para lidiar con el problema, no es admitir que ha fallado.

Qué Hacer y No Hacer Para
Hacerle Frente a las Situaciones

Aquí están mis sugerencias para manejar diariamente al niño desincronizado.

Por Favor, Haga Esto...

Reafirme los puntos fuertes de su niño: "¡Eres muy buen cocinero! Ayúdame a recordar que necesitamos para la receta del pastel de carne. Luego tú la puedes mezclar". O, "Tienes energía de sobra. ¿Podrías correr a la casa de Mrs. Johnson y recoger una revista que tiene para mí?" Piense en "Capacidad" no "Discapacidad".

Reafirme los intereses del niño: "Tu colección de piedras va aumentado rápidamente. Vamos a leer algunos libros sobre piedras. Podemos hacer una lista de los diferentes tipos de piedras que has encontrado". Su interés y apoyo animará al niño a aprender más y más.

Sugiera pequeñas metas alcanzables para fortalecer las habilidades de su niño: "¿Qué tal si caminas conmigo hasta donde está el buzón del correo? Puedes poner la carta ahí dentro. Al regreso yo te traigo en caballito durante todo el camino a casa." O, "Puedes levantar un plato a la vez para limpiar la mesa. No tenemos ninguna prisa."

Motive destrezas de autoayuda: Para evitar la "desesperanza aprendida", respalde la independencia de su niño. "Yo sé que es difícil abrocharte los zapatos, pero cada vez que tú mismo lo hagas, va a ser más fácil". Insista en demostrarle que tan capaz es y qué tanta fe tiene usted en él, para así fortalecer su autoestima y autonomía. Demuéstrele que usted tiene expectativas de que él puede ayudarse a sí mismo.

Permita que su niño participe en la autoterapia adecuada: Si su niño desea darse vueltas, déjelo darse vueltas en el columpio de llanta todo el tiempo que quiera. Si le gusta brincar en la cama, consiga un trampolín, o ponga un colchón en el piso. Si desea colgarse al revés, instale una barra en el marco de la puerta de su recamara. Si insiste en ponerse las botas todos los días, déjelo que se las ponga. Si con frecuencia se pone objetos no comestibles en la boca, dele chicle. Si no puede permanecer sentado, dele oportunidades para moverse y balancearse, como sentarse en una pelota de playa mientras que escucha música o lee una historia. Él buscará sensaciones que alimenten su cerebro hambriento de sensaciones, así que encuentre maneras seguras para que lo haga.

Ofrézcale nuevas experiencias sensoriales: "Este jabón de lavanda es agradable. ¿Quieres olerlo?" O, "Los nabos son crujientes como las manzanas, pero saben diferente. ¿Quieres una mordida?"

Toque a su niño de manera que él lo pueda tolerar y lo disfrute: "Te sobo la espalda con esta esponja. ¿Fuerte o suavemente?" O, "¿Sabes lo que quiere decir que te den tres apretones de mano, así? ¡Te-Quiero-Mucho!"

Anímelo a que se mueva: "Vamos a mover nuestros brazos al ritmo de esta música. Yo siempre me siento mejor cuando me estiro, ¿Y tú?" El movimiento siempre mejora el procesamiento sensorial.

Anime a su niño a que pruebe una nueva experiencia de movimiento: "Si te interesa ese columpio, te ayudo a subirte". Los niños con dispraxia pueden disfrutar nuevas experiencias con el movimiento, pero necesitan ayuda para ver la manera de como iniciarlas.

Ofrezca su apoyo físico y emocional: "Estoy interesado en ese columpio. ¿Quieres intentarlo conmigo? Tú te puedes sentar en mis piernas, y nos columpiamos juntos." El niño que tiene temor al movimiento podría estar de acuerdo en pasearse en el columpio del parque si tiene la seguridad de un regazo amoroso (Deje de hacerlo si él se resiste).

Permita que su hijo tenga la experiencia de lo que es la tristeza, frustración o enojo: "Güau, realmente duele cuando no te escogen para ser parte del equipo". Reconocer sus sentimientos le permite manejarlos, en cambio, si de inmediato usted se apresura a mejorar las cosas cada vez que este dolido, esto le impide aprender a lidiar con las emociones negativas.

Proporciónele salidas adecuadas para las emociones negativas: Haga posible que ventile los sentimientos de rabia contenida. Dele una pelota o un balde con esponjas mojadas para que las lance hacia el cerco. Designe un "lugar para gritar" (su recamara, el sótano, o la cochera) donde se pueda ir a golpear el pecho y gritar.

Reafirme lo bueno de los sentimientos y acciones de su hijo, aun cuando algo vaya mal: "No fue tu intención que el huevo cayera afuera del recipiente. Abrir huevos toma práctica. Me da gusto que quieras aprender. Inténtalo otra vez". Ayúdele a evaluar sus experiencias positivamente conversando a manera de reflexión que fue lo que hizo bien y qué es lo que podría hacer mejor la próxima vez. ¡Qué maravilloso es oír que un adulto comprende la situación en vez de juzgar!

Dele elogios: "Noté que le diste de comer y llevaste a caminar al perro. Gracias por ser tan responsable". Recompense al niño por su bondad, empatía, y por estar consciente de las necesidades de otros. "Eres un amigo fabuloso", o "Tú haces que los animales se sientan seguros".

Dele al niño la sensación de control: "Si decides irte a la cama ahora, tendremos tiempo para leer un cuento largo. Si quieres jugar más, no vamos a tener tiempo para leer un cuento. Tu decides". O, "Estoy lista para ir a la zapatería cuando estés listo. Dime cuando estés listo para irnos". Inculque en el niño que los demás no tienen que tomar todas las decisiones que le afecten a él.

Fije límites razonables: Para lograr ser civilizado, cada niño necesita límites. "Está bien estar enojado, pero no está bien lastimar a alguien. Nosotros no pellizcamos".

Recuerde cómo se portaba usted de niño: Tal vez su hijo es como usted era de niño (¡De tal palo, tal astilla!). Pregúntese qué es lo que a usted le hubiera gustado para hacer su niñez más fácil y más placentera. ¿Más idas al parque, tiempo libre o acurrucarse? ¿Menos exigencias?, ¿Menos expectativas? Intente decirlo, "Cuando yo era niño y las cosas se ponían difíciles, me gustaba treparme a los árboles. Y ¿a ti?"

Respete las necesidades de su hijo, aunque parezcan poco comunes: "¡Sí que te gusta que te meta a la cama apretadito!". Ahí está, ahora estas bien calientito". O, "Me voy a parar enfrente de ti cuando estemos en las escaleras eléctricas. No te dejare caer".

Respete los temores de su hijo, aunque parezca que no tienen sentido: "Veo que tu pelota rebotó cerca de esos niños grandes. Yo iré contigo. Tomémonos de las manos". La seguridad que usted le dé va a ayudarle a confiar en los demás.

Dígale "te amo": Asegúrele a su hijo que usted acepta y valora quien es él. Decir "¡te amo!" Nunca está demás.

Siga sus instintos: Sus instintos le dirán a usted que todos necesitamos tocar y ser tocados, mover y ser movidos. Si las respuestas de su niño no parecen ser las típicas, haga preguntas, consiga información, y dé seguimiento tomando la acción apropiada.

Escuchen cuando otros expresan preocupaciones: Cuando los maestros o los que proporcionan cuidados sugieren que la conducta de su niño no es normal, usted podría reaccionar con negación o enojo. Solamente recuerde que ellos ven a su hijo cuando no está en casa, entre varios otros niños. Vale la pena considerar su perspectiva.

Edúquese acerca del desarrollo típico de un niño: Lea. Tome clases de educación para padres. Aprenda acerca de las invariables etapas del desarrollo humano, así como también de los temperamentos cambiantes y los estilos de aprendizaje. Es alentador saber que una amplia variedad de conductas quedan dentro del rango normal. Entonces, será más fácil para usted diferenciar entre una conducta típica y una atípica. ¡A veces un puro sólo es un puro, y un niño de seis años es sólo un niño de seis años!

Busque ayuda profesional: El TPS es un problema del cual un niño no puede sobreponerse por sí solo. Los padres y maestros no pueden "curar" a un niño, así como un niño no se puede curar a sí mismo. La intervención temprana es crucial.

Mantenga la calma: Cuando su hijo lo vuelva loco, reflexione antes de responder, especialmente si usted está enojado, disgustado, o desagradablemente sorprendido. Un niño que esta fuera de control necesita la tranquilidad y el apoyo de alguien que esté en control. Necesita a un adulto.

Cuídese: Cuando esté teniendo un mal día, ¡tómese un descanso! Contrate a una niñera y váyase a caminar, lea un libro, dese un baño, salga a cenar, haga el amor. No se espera que alguien dé su completa atención a otra persona, y todavía le haga frente a la situación.

Favor de No...

No intente persuadir a su hijo de que con la edad superará estas dificultades: "¡Algún día escalarás el monte Everest!" Tener más edad no siempre quiere decir que crecerás más fuerte, o más ágil, o que serás más sociable. Para los niños con TPS, tener más edad a menudo significa inventar nuevas formas de evitar las experiencias de la vida diaria.

No le diga a su niño que está obligado a ser más fuerte, más organizado, o a estar más en control, si él se lo propone: "¡Vas a hacer mejor las cosas tan sólo si lo intentas!" El niño lo está intentando.

No bromee: "¿Por qué estás tan cansado? ¿Acabas de correr una milla en cuatro minutos, ja, ja, ja?" Estar cansado no es algo que le dé risa al niño. Las bromas lo hacen sentir que se están riendo de él, le provocan una ira contraproducente y lo hacen sentirse humillado.

No ruegue: "Hazlo por tu mami. Si me quisieras, te sentarías derecho como un buen muchachito". Su niño la quiere y anhela darle gusto, pero no puede. ¡Aparte, si pudiera se sentaría derechito, por su propio bien, aun si no la quisiera a usted!"

No lo avergüence: "Un niño grande como tu puede abrir la puerta por sí mismo". Puede que este grande pero aun así tiene poca fuerza.

No lo amenace: "Si no levantas los pies cuando caminas, vas a arruinar los zapatos y no tendrás nuevos". Amenazarlo poniéndole condiciones resulta contraproducente.

No hable de su niño de manera degradante enfrente de él: "¡Este chiquillo atontado es mi hijo! ¡Despiértate, holgazán, saluda a nuestro nuevo vecino!" Estos comentarios no son chistosos para quien los está escuchando.

No hable de su hijo de manera degradante a sus espaldas: "Mi chiquillo es un flojo bueno para nada. Simplemente no logro hacerlo entender la importancia de trabajar arduamente". ¿Qué es lo que usted quiere que su jefe, sus parientes, y sus amistades recuerden de su niño?

No compare, en voz alta, a un niño con otro: "Tu hermano manejó un vehículo de dos ruedas cuando tenía seis años. ¿Qué es lo que te pasa?" (Sin embargo, si dese cuenta de las destrezas que parecen faltarle a su hijo, comparado con otros de la misma edad).

No haga por su niño lo que él pueda hacer por sí mismo: "Yo le saco punta a tus lápices, mientras que tu alistas tu tarea". Si consciente a su hijo no llegarán rápido a ningún lado ninguno de los dos.

No espere consistencia: "Ayer pudiste colgar tu saco. ¿Por qué no lo haces hoy?" La inconsistencia es algo común en los niños que no están sincronizados. ¡Lo que funcionó ayer puede que no funcione hoy, y viceversa!

No obligue a su hijo a hacer cosas que lo angustien: "Tienes que meter la mano en esta pintura para hacer una huella para tu abuelito", o "Te encantará subir en el elevador del edificio (el más alto del país) Empire State Building". No puede hacerlo que disfrute experiencias táctiles o de movimiento hasta que su sistema neurológico esté listo.

No sobrecargue a su hijo con experiencias multisensoriales: "Vamos a comer picante, poner música de banda/caribeña, y a bailar rumba. Vamos a tener una noche de fiesta al estilo sur-de-la-frontera". ¡Cálmese! Está bien ofrecerle a su hijo una variedad de sensaciones, una a la vez; si le ofrece una variedad de sensaciones, todas al mismo tiempo, sólo le sobrecargará su sistema.

No tema "etiquetar" a su niño: Muchos padres de familia tienen miedo al estigma que viene con el TPS. No quieren que su hijo o hija sean etiquetados como niños con necesidades especiales. Ese temor es normal, pero esto no le ayuda a su niño. Piense que identificar el TPS es un beneficio, usted sabe que por el momento su hijo puede recibir ayuda antes de que el problema se convierta en una seria discapacidad de aprendizaje.

No se sienta indefenso: El mundo está lleno de niños con TPS, y con gente que los quiere. Usted y su niño no están solos. El apoyo está ahí afuera; está esperándolo, y usted lo puede encontrar.

Capítulo Doce

Viendo a Su Niño Desde

una Nueva Perspectiva

Epifanía de un Padre

Un padre escribe, "Cuando escuché por primera vez las palabras 'integración sensorial' y 'bajo tono muscular' esto en conexión con mi hija Juliana, no sabía que significaban esas dos cosas y también las descarté como otro ejemplo de la sobreprotección de mi esposa.

Estos términos fueron usados por Stanley Greenspan, MD– uno de los psiquiatras para niños más renombrados en la ciudad (y en el país) – con quien nosotros habíamos consultado acerca de los problemas de Juliana para dormir. Esta jerga técnica fue testimonio, en mi opinión, de una alianza no expresada que seguramente persistía entre los bien remunerados expertos en niños y las madres nerviosas.

"Es verdad, a los doce meses, Juliana se tambaleaba un poquito más de lo que yo hubiera esperado (aún no gateaba o se ponía de pie), y es verdad, no se acurrucaba como yo esperaba. Pero yo lo atribuí a que era un poquito quisquillosa y pensé que estaba bien, que así era ella. El caso es que, yo no había visto a suficientes niños (a comparación de los que mi esposa y el doctor habían visto) como para saber que su comportamiento estaba fuera de lo normal".

"Si bien yo me oponía o me mantenía al margen, mi esposa seguía insistiendo. Llevó a Juliana con un terapeuta ocupacional—también con buen sueldo y listo para estar de acuerdo con el diagnóstico—y puso a Juliana en un curso de terapia dos veces por semana. Yo seguía escéptico".

"El momento crucial se presentó cuando asistí a un taller llamado: 'Entendiendo la Integración Sensorial'. Mientras que la presentación inicialmente tuvo un impacto limitado en mí, estaba impresionado con la cantidad de padres que estaban ahí. 'Entonces, a lo mejor esta cosa sensorial era real', pensé yo, y 'nosotros no somos los únicos que estamos preocupados'.

"Más que la gran asistencia, los puestos de 'experiencia' que se encontraban atrás de la sala fueron fundamentales. Cuando intenté realizar tareas simples con algunos de mis sentidos afectados—caminar en línea recta mientras que veía a través de unos binoculares usando el extremo equivocado, por ejemplo—esto empezó a penetrar en mi cabeza dura, que Juliana podría de hecho haber entrado al mundo con algunas necesidades especiales, y tendría que competir con sus compañeros en una desventaja injusta mientras las tuviera".

"De pronto, finalmente empecé a entender el sentido de todo esto—y empecé a ver a mi hija desde otro ángulo".

"De ahí en adelante empecé a apoyarla cada vez más en todo lo que fuese necesario para así ampliar los horizontes motrices gruesos y sensoriales de Juliana. Me acuerdo la alegría que nos dio cuando Juliana empezó a aplastar la comida con sus manos. Ahora estoy espantado de que, por ignorancia y fanfarronería, probablemente le hubiera negado la ayuda a Juliana en un momento crítico de su vida, cuando tenía la mejor oportunidad para evitar que las deficiencias sensoriales se convirtieran en cicatrices profundas y duraderas. Aplaudo a mi esposa quien tuvo que luchar con dos frentes—las deficiencias de mi hija y mi resistencia–para permitirle a Juliana superar sus deficiencias antes de que ella misma supiera que las tenía".

EMPEZANDO A COMPRENDER

Cuando empiece a comprender lo qué es el Trastorno de Procesamiento Sensorial, también empezará a ver a su hijo de manera diferente. Reconocer que él está luchando para dominar las tareas más simples de todos los días es el primer paso para ayudarlo mientras todavía es pequeño.

No es fácil aceptar las limitaciones de su hijo. Es natural querer negar que las dificultades de su niño son fuera de lo común. Es natural sentirse triste cuando usted entiende lo mucho que su hijo debe esforzarse. Es natural sentirse culpable por las veces que lo regañó o fue impaciente por su comportamiento.

Se toma tiempo para adquirir consciencia. Se tomará energía psíquica y física para empezar la travesía de hacerlo sentirse mejor consigo mismo y de lo que puede lograr. Si está leyendo esto, usted ya va en camino, hágalo de corazón. Las cosas van a mejorar.

Su hijo no puede, no es que no esté dispuesto a llevar a cabo las tareas rutinarias. Probablemente con frecuencia dice "esto es muy cansado". Quizá se sienta en la mesa del comedor con postura desgarbada en vez de sentarse erguido, o no tenga la energía para girar la perilla de la puerta, aunque parezca que está alimentándose y duerme lo suficiente.

Cambie usted su manera de pensar: Cuando él dice que está cansado, lo dice en serio. Realmente no puede—no es que esté poco dispuesto a—llevar a cabo las tareas rutinarias. No importa qué tan animado quiera estar o qué tan independiente quiera ser, los problemas de procesamiento sensorial entorpecen su capacidad motriz. Inconscientemente, él sabe que su fortaleza es limitada. Ha caído en la cuenta de cómo reservarla para los trabajos que sabe que tiene que hacer, los cuales podrían ser masticar, subirse y bajarse del automóvil, o agacharse para recoger el guante que se le cayó.

Su hijo no es flojo; en realidad está usando una energía enorme nada más para pasar el día.

Su hijo ha desarrollado algunas destrezas compensatorias ingeniosas. Cuando no está en casa, podría parecer que su hijo no es tan listo como usted sabe que lo es. Podría no hablar mucho, dando la impresión de que tiene poco de que hablar. Por otro lado, podría hablar sin parar, pero ser un mal conversador.

Podría parecer enormemente tímido frente a los adultos y otros niños que no conozca. Podría escoger los juegos y juguetes de siempre, como si le faltará curiosidad y sentido de aventura intelectual.

Cambie usted su manera de pensar: el TPS afecta a todos los niños, incluyendo a aquellos que son extremadamente inteligentes. Dele crédito a su niño por ser tan brillante que ha entendido la manera de evitar hacer el ridículo cuando sabe que no puede cumplir con las expectativas de los demás.

Digamos que su hijo tiene pensamientos elevados, pero no los puede expresar bien a causa de una discapacidad en el lenguaje que a veces está asociada con la disfunción vestibular. O, él podría ser hábil verbalmente con un repertorio de excusas para evadir el movimiento que no tolera o las experiencias táctiles: "no puedo pintar hoy porque traigo puesta mi camisa nueva y no la puedo ensuciar".

Digamos que ha aprendido a que si usted lo ve escarbando en el cajón de arena, lo va a dejar en paz. Si está ocupado, posiblemente usted no estará insistiendo en que se suba al columpio, es una actividad que le hace sentir que se está cayendo del planeta tierra. Podría notar que voltea a verlo con frecuencia, buscando su aprobación, en vez de concentrarse en escarbar sin parar.

Tal vez, si no puede subir las escaleras fácilmente, ya encontró la manera para hacer que usted lo cargue. Cuando un hijo estira sus dos bracitos para que lo levante y dice: "Abrázame mientras subimos las escaleras", ¿Cuál padre creería que esa disfunción neurológica es un problema?

Su niño ha desarrollado destrezas compensatorias que le permiten idear métodos aceptables para evitar las áreas que sabe que le darán problemas.

Su hijo es valiente. Digamos que su niño se resiste a bajar por el resbaladero en el parque, no le gusta ir a jugar a casa de otros niños, evita probar nuevos alimentos, o se pone muy ansioso antes de visitar al médico para su chequeo anual. Usted puede sentirse exasperado por lo que ve como un temor excesivo e inapropiado.

Cambie su manera de pensar: Las personas necesitan sentir temor; el temor nos alerta del peligro. La aprensividad de su niño podría parecer excesiva, pero es apropiada para él porque su mundo parece peligroso. Todos los días tiene que enfrentar las mismas situaciones que lo asustan, como el temor de perder su balance o a que lo toquen. Con razón tiene cuidado con las situaciones nuevas, las cuales le provocan más temor porque son impredecibles.

Además, se necesita valor para resistirse a tener experiencias placenteras, resistirse al cambio, o resistirse a uno de los padres. El castigo por decepcionar a un adulto importante para él es la desaprobación. Nadie busca la desaprobación. Pero la desaprobación es preferible a proceder con una actividad que el niño percibe como una amenaza contra su vida.

Su hijo es valiente, no un cobarde.

Su hijo tiene un corazón noble. Podría ser que su niño tiene reputación de "chico malo". Se comporta agresivamente, confronta al mundo con palo en mano, aporrea al compañero de juegos cuando lo roza al pasar, y le grita: "¡Te odio!" "¡Esto es aburrido!" "¡Eres un estúpido!" "¡Retírate o te mato!". Estas respuestas antagonistas podrían hacer que su niño sea percibido como una persona no placentera, aunque usted sepa que dentro de ese bravucón existe un corazón noble.

Cambie su manera de pensar: Quizá su hijo no puede diferenciar entre las experiencias táctiles inofensivas y las que son hostiles. Por instinto escoge "pelear" en vez de "huir", para protegerse a sí mismo de las situaciones que percibe como peligrosas. Pone una cara de "no te metas conmigo", no porque él sea misantrópico, sino porque está asustado.

El niño que está a la defensiva introspectivamente, con frecuencia está a la ofensiva en su exterior. Un aire de arrogancia o una imagen de chico bravucón son comunes entre las personas (también en adultos) que no están seguras de sus habilidades y de su autovalía.

Usted sabe que tan amoroso puede ser su hijo en casa, en su entorno familiar. Si se sintiera más cómodo en el mundo, también sería tierno fuera del círculo familiar.

Su hijo tiene muchas habilidades. Su niño podría no ser diestro en la lectura, al correr, o al poner atención. Sus deficiencias podrían hacer que usted se sintiera decepcionado.

Cambie su manera de pensar: Él podría mostrar una empatía y compasión extraordinaria hacia otros seres vivos. Podría tener un talento único para pensar creativamente y ser artístico, musical, o poeta. Podría ser observador cuando los demás están distraídos. Podría tener un sentido del humor maravilloso. Su sensibilidad especial podría ser una tremenda ventaja. Piense en habilidades, no discapacidades.

Su hijo tiene una necesidad especial de que lo quieran y lo acepten. Podría ser que usted piense que es muy posesivo. Agarra todos los juguetes, quizá no juegue con ellos; sólo quiere tenerlos. Exige que usted le dé todo su tiempo, pero cuando se lo da, no está satisfecho. Cuando pierde un ciclo del Juego Territorio de Caramelos ("*Candyland*"), llora y se lamenta. Lo quiere todo.

Cambie su manera de pensar: Él requiere cosas y atención para fortalecer su pequeña reserva de autoestima. Tiene que ser el ganador porque generalmente siente que siempre pierde. Parece ser codicioso como consecuencia de que está necesitado.

Más que nada, su niño tiene la particular necesidad de ser querido y apreciado.

Lo "cabeza dura" de su hijo es un medio de supervivencia. Digamos que dice cosas, como: "Soy mi propio jefe. No puedes decirme que hacer". A lo mejor es rígido, siempre quiere vestirse con la misma ropa y comer el mismo cereal en el mismo tazón. A lo mejor insiste en tener minuciosos rituales para bañarse o irse a dormir.

Cambie su manera de pensar: Nadie se despierta por la mañana pensando: "Hoy me voy a resistir a todo". Los seres humanos, al ser flexibles, aprenden a lidiar con los cambios del medio ambiente. Su pequeñito parece ser terco, sin embargo; su vida está llena de incertidumbres y obstáculos debido a que no manda a su propio cuerpo y no tiene el control.

Un sistema táctil ineficiente, acompañado continuamente con remilgos por la ropa, podría ser la razón del porque quiere ponerse pantalones cortos cuando está nevando. Podría insistir en comer el mismo tipo de cereal todos los días debido a que el interior de su boca podría ser demasiado sensible a la textura de los alimentos.

Hacer siempre lo mismo y los rituales son herramientas que le ayudan con las tareas básicas, como vestirse o prepararse para meterse a la cama. Su aparente terquedad está atada a su necesidad de sobrevivir.

No es terco por su propia voluntad; es terco porque tiene problemas para adaptar su conducta y cumplir con las demandas cambiantes, así que se aferra a lo que sabe que funciona. *Su hijo realmente requiere que usted le ponga atención y que esta sea adaptada a sus necesidades.* Vamos a suponer que usted viste a su pequeñito en las mañanas, porque él se toma mucho tiempo haciéndolo y lloriquea frustrado porque usted le deja esa responsabilidad. Entonces, vamos a suponer que su maestra de preescolar menciona cuanto tiempo extra necesita para encargarse de las necesidades que él tiene. Ella le sugiere que lo inste a ser más independiente con la cuestión de vestirse. Aunque usted, más que ella, sabe de los problemas que causa el TPS, puede sentirse como si sus habilidades de mamá fueran inadecuadas.

Cambie su manera de pensar: Esta bien prestarle atención al niño cuando la necesite y cuando las cosas se deban hacer rápidamente. Especialmente cuando su familia tenga una agenda apretada, usted hará lo que sea para que todos se desplacen del Punto A al Punto B.

Los padres que no comprender, ignoran a sus hijos. Los padres que si comprenden, hacen lo que pueden para que la vida de su niño sea placentera y segura.

Su hijo puede funcionar mejor—con ayuda. Si su hijo tiene dificultades sensoriales hoy, sus problemas van a aumentar junto con él. Por supuesto puede llegar a desarrollar estrategias para evitar o compensar las experiencias sensoriales estresantes. Por supuesto que podría desarrollar talentos que no dependan de su sentido de balance inestable, o de su hiperrespuesta al tacto. Sin embargo, siempre tendrá que trabajar muy, muy arduamente para funcionar sin problemas.

Cambie su manera de pensar: el TPS es como una indigestión en el cerebro. Así como un antiácido puede calmar un malestar estomacal, de la misma manera la terapia ocupacional junto con un estilo de vida sensorial podrían suavizar las conexiones neurológicas.

Más que nada, su amor y empatía de todos los días estimulará la seguridad emocional de su niño. Todos necesitamos saber que alguien está ahí para apoyarnos, particularmente durante los momentos críticos. Necesitamos saber que alguien celebra nuestros puntos fuertes, entiende nuestras debilidades y respeta nuestra individualidad. Con su ayuda, su hijo o hija puede estar en sincronía con el mundo.

Las Palabras de Aliento de un Padre

Una madre escribe:

"Si tan sólo hubiéramos sabido. Si tan sólo hubiera habido un libro como este para leerlo. Si tan sólo la larga y ansiosa espera de nuestro hijo hubiera sido 'normal'.

"Al principio, pensamos que sí era. Tuvo un muy buen resultado en el "Apgar" [medida de la condición de un recién nacido] y la lista de su desarrollo iba según lo previsto. Claro que, no tenía anormalidades físicas que fueran obvias; era precioso. Además, estaba alerta, ¡aprendió a hablar a los seis meses! Cuando tenía dos años, todos los pediatras de la clínica dejaron lo que estaban haciendo para observar su asombrosa habilidad verbal. Estábamos tan orgullosos.

"Pero al mismo tiempo, sabíamos que algo no estaba bien. Algo no había estado bien durante todo este tiempo. En el área de recién nacidos, lloraba tan fuerte que mantenía despiertos a todos los otros bebés. Luego fue la traumática transición de amamantarlo o alimentarlo con tetera. De hecho, cualquier clase de transición de una experiencia a otra era horrible".

"Era extremadamente sensible al tacto ligero y nuevas texturas. Era difícil vestirlo. Luego llegó Gymboree, con terror y gritando por las actividades físicas que a otros niños les encantaban. Tuve que enfrentar las miradas fijas de los instructores criticones y de los padres de familia que tenían niños que 'cooperaban' más. Con el tiempo, su conducta fue más y más problemática.

"¿Qué era lo que estaba mal con mi hijo? Mi niño precioso y divertido".

"Finalmente, me puse en contacto con el Programa de Tamizaje de primera infancia de la Escuela Pública, y nos fijaron una cita para hacernos una evaluación en grupo".

"Cuando llegamos al lugar y a la hora asignada, vimos a muchos niños con discapacidades visibles y una mesa de juegos para mantenerlos ocupados mientras llegaba su turno de pasar a cada una de las estaciones. Aquellos con retraso mental, soportes, y sin algunas extremidades pasaban sin contratiempos".

"Cuando fue nuestro turno, la transición de estar jugando a pasar a una actividad para evaluarlo resultó en un niño gritón y cojo que no podía ser controlado ni por todos los expertos ahí reunidos. Nos retiramos llorando. Nuestro hijo, el único niño sin ningún problema perceptible, ni siquiera pudo ser evaluado".

"En una evaluación posterior individualizada hecha por un equipo que incluía a un especialista en educación, un terapeuta ocupacional, un patólogo del habla, y un psicólogo, finalmente fuimos presentados al 'algo está mal'. Su nombre era Disfunción de Integración Sensorial [Trastorno de Procesamiento] Sensorial. Esto requería 'terapia ocupacional' y 'una buena guardería'".

"¿Por qué se había tomado tanto tiempo? ¿Por qué nadie tuvo conocimiento al respecto? ¿Por qué mi familia sufrió tanto?"

"Eso ahora ya no importaba. La guardería adecuada estaba a la mano".

"Tras la recomendación del equipo de evaluación, me comuniqué con St. Columba. Nunca olvidaré mi primera conversación con Carol Kranowitz. Fue el primer día en que mi temor empezó a disminuir. Ella era la maestra de Música y Movimiento, pero era mucho más que eso. Era la primera persona con la que había hablado que conocía a mi hijo sin ni siquiera haberlo visto. Eso fue porque tenía conocimiento del TPS y se había comprometido a informar y capacitar a otros empleados sobre las idiosincrasias de esta discapacidad y, aún más importante, a cómo manejarla".

"Estas personas en St. Columba no le tuvieron miedo a mi hijo. No lo veían como 'malo' o 'incontrolable'. Veían que estaba teniendo dificultades con problemas de procesamiento sensorial, y aunque él representaba ser un gran reto para ellos, nunca se rindieron".

"Empezamos a vencer los obstáculos con terapia ocupacional, como el miedo al movimiento y la aversión que le causan las texturas desconocidas. Conforme iba disminuyendo su temor por las cosas nuevas y el mundo pasaba a ser un lugar menos temible, las transiciones también fueron mejorando. Con la ayuda de un psicólogo, estructuramos su entorno y manejamos las respuestas conductuales (por ejemplo: berrinches) consistentemente.

"Gradualmente, nuestro hijo ha florecido y hemos aprendido a hacer algo que nunca pensé que sería posible. Aprendimos a disfrutarlo. Es nuestra compañía preferida".

"Cuando considero que se tomó dos años de TO y una guardería propicia, me estremece pensar en el desastre que hubiéramos sido sin ellos. Fueron nuestro sustento, nuestra esperanza".

"Les dejo esto de tarea: Si tienen inquietudes acerca de su hijo o de otro niño, no importa que tan confusas les parezcan, o que tanto sientan que no son capaces de decirlo, ocúpense de esto. Un niño puede tener problemas menos serios que los míos, pero aun así necesita ayuda. Y en su búsqueda, continúen hasta que encuentren una esperanza. Al estar haciendo esto, podrían liberar a otros maravillosos y agradables pequeñitos que están presos en los problemas de procesamiento sensorial. Son muy pequeños y tienen miedo como para liberarse a sí mismos"

Apéndice A: La Máquina

de Procesamiento Sensorial

A continuación, una breve lección de anatomía del sistema nervioso central, y una explicación de cómo el proceso sensorial ocurre dentro del mismo. Este resumen podría ayudarle a apreciar la maravillosa conexión del cerebro y el cuerpo.

El Sistema Nervioso Sincronizado

Todos los animales responden a las sensaciones táctiles, movimiento, gravedad y la posición del cuerpo. Por consiguiente, los animales humanos comparten sentidos escondidos con los pececitos carpa dorada, los chivos, falcones, ranas, orugas y almejas. A través de eones de evolución, los seres humanos refinaron estos sentidos para poder sobrevivir en un mundo peligroso.

Conforme las formas de vida fueron surgiendo del mar a la tierra y luego a las copas de los árboles, tuvieron que adaptarse a distintos entornos y se fueron desarrollando con el paso del tiempo. Usaron las manos para arrancar bayas, las extremidades para apearse de los árboles, los ojos para ver objetos en movimiento así como los que están fijos, y los oídos para detectar animales de rapiña y depredadores.

Junto con estas habilidades surgieron sensaciones cada vez más complejas. El cerebro humano evolucionó para procesar estas sensaciones, para que las manos recogieran una baya en vez de una espina, para colgarse de las ramas usando las extremidades, para que los ojos distinguieran a un tigre inmóvil en posición de ataque, y para que el oído escuchara los golpes de cascos a lo lejos.

Con el cerebro más complejo en el mundo animal, los humanos tienen el sistema nervioso más complejo. Su tarea principal es procesar las sensaciones.

El sistema nervioso tiene tres partes principales que funcionan en armonía. Una es el sistema nervioso periférico, va por todos los órganos y músculos, como los ojos, oídos, y extremidades. La segunda parte es el sistema nervioso autónomo que controla las funciones involuntarias del ritmo cardiaco, respiración, digestión y reproducción. La tercera parte es el sistema nervioso central (SNC), consiste en innumerables neuronas, una médula espinal, y un cerebro.

Tres Componentes del Sistema Nervioso Central

A. Las Neuronas

Las neuronas, o células nerviosas, son las unidades estructurales y funcionales del sistema nervioso. Las neuronas nos dicen qué es lo que está pasando dentro y fuera de nuestro cuerpo. El cerebro tiene aproximadamente cien billones de neuronas. Cada neurona tiene:

- Un cuerpo celular, con su núcleo dentro.

- Muchas dendritas cortas (Del griego, para "ramas pequeñas") que contactan a otras neuronas para recibir mensajes, o impulsos, y llevarlos al cuerpo de la célula.

- Un axón largo, como un tallo con raíces, el cual manda impulsos del cuerpo de la célula a las dendritas de otras neuronas.

Dos clases de neuronas conectan al cerebro y la médula espinal al resto del cuerpo; sensorial y motriz. Las neuronas sensoriales reciben impulsos de los receptores sensoriales en nuestros ojos, oídos, piel, músculos, articulaciones, y órganos.

Una Neurona

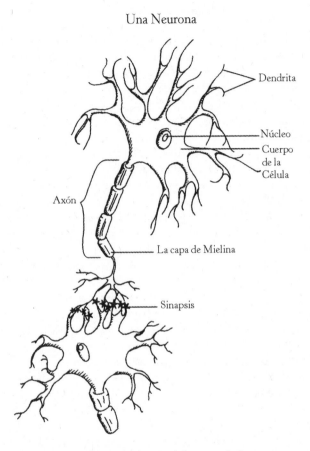

Dendrita

Núcleo

Cuerpo
de la
Célula

Axón

La capa de Mielina

Sinapsis

Los impulsos viajan a lo largo del axón de la neurona sensorial y comunican mensajes a otras neuronas en puntos de contacto
llamados sinapsis (Del griego para "punto de unión"). Cada neurona hace miles de conexiones sinápticas cada vez que se dispara.
La neurona que dispara el mensaje se llama presináptica; la neurona que recibe el mensaje se llama postsináptica.

En el nanosegundo que el mensaje es lanzado, los neurotransmisores son liberados, causando una respuesta electroquímica.
Cuando los neurotransmisores activan los receptores de las neuronas postsinápticas, estas son llamadas excitatorias. Cuando no
activan los receptores, son llamadas inhibidoras. (El proceso de

balancear los mensajes excitatorios e inhibitorios se llama modulación. (ver p. 64)

Las neuronas postsinápticas podrían ser otras neuronas sensoriales, o podrían ser neuronas motrices, la segunda clase de neuronas en nuestro SNC. Al recibir la información, las neuronas motrices dan instrucciones a los músculos para moverse, a las glándulas para sudar, a los pulmones para respirar, a los intestinos para digerir, y a otras partes del cuerpo para responder apropiadamente.

En el feto en crecimiento, las neuronas y las conexiones sinápticas se multiplican rápidamente. Un bebé nace con billones de neuronas y trillones de sinapsis. Las sensaciones del olfato, tacto y del hambre activan las conexiones sinápticas para ayudar al bebé a sobrevivir. Por ejemplo, las conexiones sinápticas le ayudan a responder al contacto con un pezón para que empiece a succionar.

Para ayudarle al bebé a responder eficientemente a esta habilidad prematura de succionar, así como también a habilidades más complejas, ocurre un proceso llamado mielinización. La mielina es una substancia – algo como un aislante eléctrico – que recubre el axón de la neurona para protegerla, para suavizar el camino, y para acelerar las conexiones.

Como a los diez y ocho meses, el niño deja de desarrollar nuevas neuronas, debido a que su cerebro tiene todas las que necesita - ¡y su cráneo tiene todas las que van a caber! Sin embargo, nuevas sinapsis se siguen multiplicando conforme el niño va integrando nuevas sensaciones. Esto es, las sinapsis se multiplican si las conexiones sinápticas son útiles para el funcionamiento de la vida diaria y si son utilizadas repetidamente. De otra manera, se desvanecen.*

Como a los doce años, el niño perderá muchas sinapsis con las que nació, a través de un proceso normal necesario llamado poda. La poda elimina la sinapsis que el niño no necesita y estabiliza las que si necesita. Si es japonés, su cerebro recortara las sinapsis <u>necesarias para</u> pronunciar el sonido de la "r", porque la "r" no se

---

* Si una persona no participa en una gran variedad de experiencias sensoriales, se hace más difícil usar ciertas conexiones sinápticas. Por ejemplo, cuando los astronautas regresan al Planeta Tierra después de unos días, tienen problemas para reestablecer su sentido del balance, debido a que sus receptores de gravedad no fueron estimulados en el espacio.

utiliza en su lenguaje. Si él es francés, su cerebro fortalecerá esas sinapsis, para que puedan pronunciar la 'r' con fluidez.

Por lo general, cuando el niño va respondiendo activamente a las sensaciones, las conexiones sinápticas útiles incrementan. Entre más conexiones, más mielina; entre más mielina, más fuerte es la estructura neurológica; y entre más fuerte es la estructura

DOS EJEMPLOS DE LA FUNCIÓN DE LOS NEUROTRANSMISORES

Las Sensaciones en la Ciudad Pasan a Ser Rutina

Usted deja su tranquila casa de campo y visita la ciudad por primera vez. El sonido del tráfico, la presencia de las aglomeraciones, el olor de la contaminación, y el movimiento de las escaleras eléctricas bombardean sus sentidos. Billones de neuronas están disparando mensajes; una cantidad enorme de neurotransmisores están activando las respuestas de las neuronas. Su sistema nervioso está operando tiempo extra; ¡por eso usted está tan "nervioso"!

Después de unos cuantos días, usted empieza a acostumbrarse a las sensaciones de la ciudad. Usted ya no da un brinco cada vez que escucha el rechinido de los frenos o se sobresalta en el tren subterráneo. Los neurotransmisores ahora tienen menos efecto de estimulación y más efectos inhibitorios. Conforme su sistema nervioso se va adaptando al estímulo repetitivo, puede poner menos atención a cada una de las sensaciones – y aun así sobrevivir.

Las Pastillas para el Dolor Pasan a Surtir Menos Efecto

Usted tiene dolor crónico de espalda, entonces se toma una pastilla para el dolor. Al principio, el medicamento ayuda conforme los neurotransmisores van activando una respuesta. Después de un tiempo, se acaba el efecto medicinal porque las neuronas postsinápticas han aumentado su límite. En vez de que un sólo calmante lo haga sentirse a gusto, ahora usted requiere dos o tres.

neurológica, mejor equipado está el niño para aprender nuevas habilidades.

B. La Medula Espinal

Extendiéndose debajo del cerebro se encuentra la medula espinal, una estructura del tejido nervioso que es larga y gruesa. Recibe todas las sensaciones de los nervios periféricos en nuestra piel y los músculos, y pasa estos mensajes al cerebro. El cerebro entonces interpreta los mensajes sensoriales y manda mensajes motrices de vuelta hacia abajo de la medula espinal, la cual manda mensajes a los nervios periféricos a partes específicas del cuerpo.

C. El Cerebro

El cerebro humano ha evolucionado por más de 500 millones de años. El Dr. Paul D. MacLean, investigador del cerebro en el Instituto Nacional de Salud Mental, ha propuesto que cada ser humano nace con un "cerebro triuno". (Este modelo de desarrollo cerebral es uno de muchos. Para nuestro propósito, es el más simple).

Conforme fuimos evolucionando, agregamos capas de material al cerebro, cada una mejorando a las partes anteriores. La primera capa es el complejo reptiliano: "el cerebro primitivo". Es responsable de las funciones reflexivas e instintivas necesarias para la auto preservación y el apetito sexual.

La segunda capa es el sistema límbico (del latín "borde"). Es el "asiento de las emociones", que controla las hormonas que nos permiten sentirnos enojados, lujuriosos y celosos, así como complacidos y felices. Algunas veces se le llama "cerebro olfato", este sistema procesa el aroma y el gusto, el cual tiene un efecto poderoso en nuestras emociones.

El sistema límbico agrega sentidos a lo que de otra manera seria conducta instintiva. Por eso, cuando nos sentimos amenazados, peleamos o huimos—o nos cerramos. Cuando nos sentimos seguros, podemos jugar—y cuando jugamos, podemos aprender.

La tercera capa es la parte principal del cerebro: el "cerebro pensante". Es responsable de organizar la entrada sensorial más compleja. El procesamiento detallado de las sensaciones ocurre aquí, para así poder pensar, recordar, tomar decisiones, resolver problemas, planificar y llevar a cabo nuestras acciones, y comunicarnos por medio del lenguaje.

El Cerebro Triuno

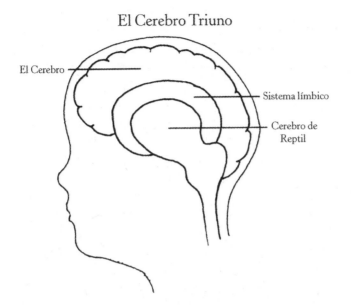

El Cerebro

Sistema límbico

Cerebro de
Reptil

Cuatro Partes del Cerebro Que Se Usan en el Procesamiento Sensorial

Cuatro estructuras importantes del cerebro son parte del procesamiento sensorial. Vamos a darles un vistazo y ver como encajan en el cerebro triuno.

1. El Tronco Encefálico

El tronco encefálico, parte del "cerebro primitivo", es una extensión de la medula espinal. El tronco encefálico tiene cuatro funciones claves.

- **Punto de cruces,** recibe los mensajes sensoriales, particularmente de la piel y los músculos de la cabeza y el cuello, y le comunica esta información al cerebro. A su vez, el cerebro manda mensajes para la coordinación motora.

- **Una puerta intercambiante,** es el sitio donde las sensaciones del lado izquierdo del cuerpo se entrecruzan hacia el lado derecho del hemisferio cerebral y viceversa. Es aquí donde las respuestas que van saliendo del hemisferio izquierdo le dan instrucciones al lado derecho del cuerpo acerca de lo que debe hacer, y viceversa.

- **Un centro de proceso de información,** este procesa las sensaciones vestibulares necesarias para oír, mantener nuestro balance, ver los objetos en movimiento, y enfocar nuestra atención a una cosa u otra.

Sección Transversal del Cerebro

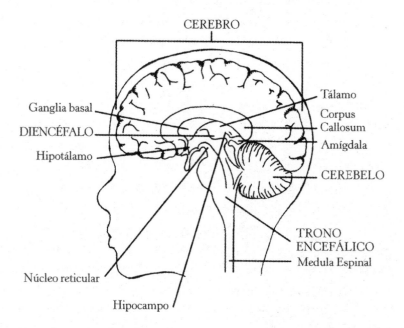

CEREBRO

Ganglia basal
DIENCÉFALO
Hipotálamo

Tálamo
Corpus Callosum
Amígdala
CEREBELO

TRONO ENCEFÁLICO
Medula Espinal

Núcleo reticular

Hipocampo

- **Un regulador,** este procesa las sensaciones de los órganos internos y controla la respiración, el ritmo cardiaco, y la digestión. Es el asiento del centro reticular, una red de neuronas que intercambian información con el sistema vestibular para guiar nuestro sentido del tiempo para despertar, quedarse dormido, emocionarse y calmarse.

2. El Cerebelo

Otra parte del cerebro primitivo es el cerebelo (Del latín para "cerebro pequeño"). Al procesar las sensaciones propioceptivas y vestibulares, este coordina el tono muscular, el balance, y todos los movimientos de nuestro cuerpo. Controla las habilidades del sistema motor fino, particularmente los movimientos repetitivos, como el tacto al mecanografiar y al practicar las escalas. Nos permite movernos fácilmente, con precisión, y en el momento adecuado. Un clavadista olímpico tiene un cerebelo afinado de manera excelente que le permite llevar a cabo un clavado sin que parezca que está haciendo un esfuerzo.

3. El Diencéfalo

El Diencéfalo (griego para "cerebro dividido"), a veces es llamado el "cerebro gemelo", se anida en el centro del cerebro. Una parte del sistema límbico, el diencéfalo está asociado con varias estructuras importantes.

Los ganglios basales del cerebro son grupos de nervios que coordinan las sensaciones vestibulares necesarias para el balance y el movimiento voluntario. Los ganglios mandan mensajes entre el oído interno, el cerebelo y el cerebro.

El hipocampo (griego para "caballito de mar", al cual se parece) compara los estímulos viejos y nuevos. Si recuerda una sensación, como cuando siente los zapatos cómodos, este manda neuronas inhibidoras para decirle a la corteza que no se exciten. Si la sensación es nueva, como la de unas botas apretadas, alerta a la corteza con neuronas para que se excite.

La amígdala (griego para "almendra") conecta los impulsos del sistema del olfato y de la corteza. Procesa la memoria emocional, como el aroma del perfume de un antiguo novio, e influencia la conducta emocional, particularmente el coraje.

El hipotálamo controla el sistema nervioso autónomo, regulando la temperatura, el metabolismo del agua, la reproducción, el hambre, la sed y nuestro estado de alerta. También tiene centros para las emociones: coraje, temor, dolor y placer.

El tálamo es la estación de retransmisión clave para procesar toda la información sensorial con excepción del olfato. "El Tálamo" quiere decir "sofá" en griego; es donde están sentados los hemisferios cerebrales. La mayoría de las sensaciones pasan por este mismo en ruta hacia nuestro gran regalo, el cerebro.

4. El Cerebro

La capa del cerebro trino desarrollada más recientemente es el cerebro (latín para "cerebro"). Su superficie arrugada es la corteza cerebral (latín para "Corteza"), a menudo se le denomina neocorteza debido a que es nueva, en términos evolutivos. El cerebro está compuesto de dos hemisferios cerebrales.

¿Por qué necesitamos dos hemisferios? Una teoría es que los hemisferios derecho e izquierdo se desarrollaron cuando los primeros humanoides vivían en los árboles y aprendieron a usar una mano independientemente de la otra. Esta fue una buena destreza de sobrevivencia: Mientras una mano podía agarrar frutos, la otra podía colgarse de una rama. El uso asimétrico de las manos y los hemisferios asimétricos del cerebro se desarrollaron juntos en un proceso llamado lateralización (latín para "lado").

Con la lateralización llegó la especialización. La especialización describe las diferentes funciones de los dos hemisferios. Con funciones específicas, el lado derecho e izquierdo de los hemisferios debe de trabajar en conjunto para que nosotros podamos funcionar a un alto nivel.

En general, el lado izquierdo del hemisferio es el lado cognitivo. Este dirige las tareas analíticas, lógicas y verbales, como hacer un problema de matemáticas y usar el lenguaje. Controla el lado derecho del cuerpo, el cual es usualmente el lado orientado a la acción.

Por lo general, el hemisferio derecho es el lado sensorial e intuitivo. Dirige las actividades no-verbales, como reconocer caras, visualizar la forma de una pirámide, y responde a la música. Controla el lado izquierdo del cuerpo.

El cuerpo calloso (latín para "cuerpo con piel dura"), un montón de billones de fibras nerviosas, conecta los hemisferios. Este camino neural lleva los mensajes de ida y vuelta, e integra la memoria, percepciones y respuestas que cada hemisferio procesa por separado. Por lo tanto, nuestro hemisferio derecho crea un tono o pensamiento original y nuestro hemisferio izquierdo nos permite ponerlo por escrito. Nuestros ojos, el derecho y el izquierdo ven a alguien y ven a la persona completa, no dos mitades separadas. Nuestra mano derecha sabe lo que está haciendo la mano izquierda.

LOS CUATRO LÓBULOS CORTICALES PRINCIPALES

Cada hemisferio tiene su propio set que consiste de cuatro lóbulos corticales principales. Cada lóbulo tiene un lado derecho y un lado izquierdo, ambos deben de trabajar juntos, transmitiendo mensajes neurales de un lado a otro para llevar a cabo la compleja labor de especialización. Los lóbulos tienen muchas tareas administrativas.

Los lóbulos occipitales son para la visión. Empiezan a procesar las imágenes visuales antes de mandarlas a los lóbulos parietales y temporales para una interpretación más a fondo.

Los lóbulos parietales son para el sentido del cuerpo. Procesan los mensajes propioceptivos para que nosotros sintamos la posición de nuestro cuerpo en el espacio, y los mensajes táctiles como el dolor, la temperatura, y la discriminación del tacto. Estos lóbulos interactúan con otras partes del cerebro para dar la "imagen completa". Por ejemplo, reciben mensajes visuales de los lóbulos occipitales y los integran con mensajes auditivos y táctiles, ayudando así a la visión y a la conciencia espacial.

Los lóbulos temporales son para oír, para interpretar la música y el lenguaje, para refinar las sensaciones vestibulares, y para la memoria.

El Hemisferio Izquierdo, Mostrando los Lóbulos Corticales, La corteza Sensorial y La Corteza Motriz

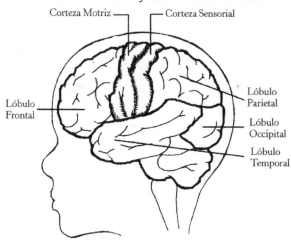

Los lóbulos frontales son para el pensamiento ejecutivo. Tienen un área motriz para organizar los movimientos voluntarios del cuerpo, y un área prefrontal encargada de los aspectos de personalidad—habla, razonamiento, memoria, autocontrol, solución de problemas y planificación a futuro.

LA CORTEZA SENSORIAL Y LA CORTEZA MOTRIZ

En la parte superior yacen unas tiras llamadas cortezas sensoriales y cortezas motrices. La corteza sensorial recibe las sensaciones táctiles y propioceptivas del cuerpo. La corteza motriz manda mensajes a los músculos por medio de los nervios periféricos.

El Mapa de Penfield

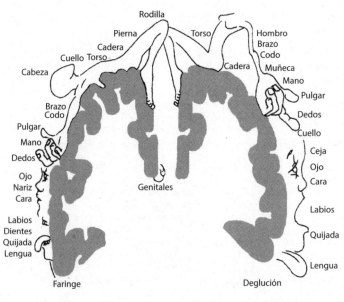

La Corteza Sensorial   La Corteza Motriz

Ilustra como la corteza sensorial y la corteza motriz asignan áreas específicas a las diferentes partes del cuerpo según su relativa importancia.

A principios del siglo veinte, un neurocirujano Canadiense Wilder Penfield, estudió estas áreas corticales para aprender acerca de las funciones neurales. Los "mapas" que están abajo, basados en su investigación, se ven cómicamente fuera de proporción. Sin embargo, su propósito es serio, son para ilustrar la importancia relativa entre las partes de nuestro cuerpo.

Grandes porciones de la corteza sensorial están destinadas a recibir los mensajes de la cabeza y de las manos,—más que del torso o del brazo, por ejemplo. La razón es que la función corporal es más importante que el tamaño del cuerpo; la cabeza y las manos tienen las funciones más complejas y por lo tanto producen la mayoría de las sensaciones. De manera similar, grandes porciones de la corteza motriz se dedican a enviar mensajes para dirigir las funciones de los dedos, manos, lengua y garganta.

LOS HEMISFERIOS CEREBRALES NOS HACEN HUMANOS

Los hemisferios de nuestro cerebro nos permiten aprender habilidades humanas, como mantenernos de pie, de este modo liberamos nuestras manos para manipular y cargar objetos. Nos permiten hablar, razonar y usar símbolos, haciendo posible así que la humanidad desarrolle la cultura. Nos permiten recordar el pasado y hacer planes para el futuro, por ende, nuestras oportunidades para sobrevivir incrementan. Nos dan las herramientas mentales no tan sólo para reaccionar, sino para "actuar proactivamente", esto es, para anticipar lo que sucederá después y preparar una respuesta adecuada. El locus de nuestros movimientos más finos y nuestros pensamientos más elaborados, nos hace humanos.

TRES EJEMPLOS DE CÓMO EL SISTEMA NERVIOSO CENTRAL PROCESA LAS SENSACIONES

Una Cortada con Papel

Al trabajar en la copiadora, usted se corta el dedo con un papel. Los receptores táctiles en su piel mandan el mensaje por medio de las neuronas sensoriales mielinizadas a través del sistema nervioso periférico hacia el cerebro: arriba en su brazo, por medio de la medula espinal hacia el tronco cere-

---

bral, a su tálamo, a la corteza sensorial. La corteza sensorial analiza el mensaje y le dice a los neurotransmisores que lancen impulsos excitatorios.

Inicialmente usted se da cuenta del sentido del tacto al sentir presión cuando lo tocan ligeramente; un milisegundo más tarde está consciente del dolor por el tejido dañado. Mientras tanto, las neuronas motrices le mandan impulsos a su dedo. Usted dice "¡Ay!" y retira su dedo del papel.

La Caída de la Escalera

Situado en una escalera, se estira para pintar el techo. Su cerebro trino está totalmente involucrado: el cerebro, cuando planifica el siguiente brochazo; el sistema límbico, al olfatear la pintura y recordar su primera experiencia pintando con su papá; y el complejo de reptil, al ir mejorando su "nido".

Levanta su barbilla un poquito más alto, y su oído interno manda mensajes a su tronco cerebral sobre el cambio de posición del cuello y la cabeza. El tronco cerebral manda información vestibular a su cerebelo, a los ganglios basales, tálamo y cerebro.

De pronto se siente mareado debido a que su cabeza está muy fuera de centro. Pierde el balance, deja caer el bote de pintura y cae al piso.

Su hipotálamo registra que usted está lastimado, con miedo y enojado. Alerta a su sistema nervioso autónomo para aumentar su ritmo cardiaco y para sudar.

Se queda inmóvil. No puede pensar acerca de la pintura desparramada; se siente en peligro, su cerebro se paraliza y el cerebro reptil toma el control. Su instinto es la supervivencia, entonces se espera hasta que su centro reticular se calma y lo calme. Al recuperar el control, se da cuenta de que tiene moretones, pero no hay fracturas. Se levanta y se pone a trabajar.

La Maniobra de la Puerta del Automóvil

Sus brazos cargan muchos paquetes y tiene que cerrar la puerta del automóvil. Sus lóbulos parietales y occipitales intercambian información para ayudarle a medir su relación espacial con el carro y a planificar y llevar a cabo la maniobra.

Las neuronas motrices mandan mensajes a los músculos de su pierna derecha por medio de su cerebelo y la médula espinal. Sus neuronas excitatorias activan los músculos de la parte posterior de su muslo, dándoles instrucciones para flexionar. Las neuronas inhibitorias activan los músculos en la parte frontal de su muslo, dándoles instrucciones de que se extiendan. La planificación motriz le permite a usted doblar su rodilla y levantar su pierna derecha.

Mientras tanto, lo opuesto sucede en su pierna izquierda, la cual se endereza. Usted estabiliza su cuerpo y mantiene el balance.

Los propioceptores en sus piernas le dicen a su cerebro que está pasando. Usted empuja su pie derecho contra la puerta del automóvil y le da el cerrón.

El Procesamiento de la Máquina Sensorial:

Resumen

Esta discusión del "la máquina de procesamiento sensorial" demuestra la interrelación esencial entre el sistema nervioso central y los sentidos. También muestra que todas las partes del sistema nervioso central deben de comunicarse entre sí para poder procesar los sentidos.

Es importante entender que no importa que tan avanzada sea la capacidad del cerebro de su hijo, la inteligencia por sí sola no es suficiente para organizar las funciones diarias si los sentidos básicos no están funcionando correctamente. El buen desarrollo de un niño depende de un buen procesamiento sensorial.

Apéndice B:

Los Cuatros Niveles

de Integración Sensorial

de la Dra. Ayres

En su libro de 1979, *Integración Sensorial y el Niño*, la Dra. Ayres describió el desarrollo de las habilidades funcionales como "Los Cuatro Niveles de Integración". Conforme vaya leyendo este resumen, favor de dirigirse a la ilustración de los cubos en la página 74.

Nivel Uno

(Los Sistema Sensoriales Primarios)

El pequeño se encuentra muy ocupado asimilando la información sensorial para establecer las bases de todo el aprendizaje a futuro. Mientras el sentido visual, auditivo y otros sentidos están operando, los "maestros" primarios son la piel (el sentido táctil), la gravedad y movimiento (el sentido vestibular), y los músculos (el sentido propioceptivo).

La estimulación del tacto se siente bien en su piel y alrededor de su boca (un receptor táctil extremadamente sensible). Succiona con gusto y disfruta que lo acurruquen y lo mezan. Se desarrolla un fuerte vínculo como resultado de las conexiones sensoriales entre la madre y el niño. El niño aprende que comer, acurrucarse, y ser amigable proporciona una reacción positiva.

Por medio de los sentidos vestibulares y propioceptivos, el bebé recibe información acerca de su movimiento. También empieza a regular el movimiento de sus ojos. Parpadea cuando una basurita se le acerca al ojo. Con este sentido visual que apenas comienza, puede ver de cerca objetos que no están en movimiento, así como a las personas y las cosas que se mueven a su alrededor. Se anticipa a las expresiones faciales de su madre y las imita. Aprende a depender de las personas que van y vienen cerca de él.

Los sentidos vestibulares y propioceptivos también afectan su postura y su tono muscular. Practica con movimientos nuevos, y después de hacer algo de esfuerzo, lo logra. Levanta la cabeza en contra de la gravedad, luego sus hombros, gira en su estómago y ve a su alrededor, arqueándose hacia arriba con su propio peso en las manos y el abdomen. Escucha a mami cantar su nombre y voltea a saludarle. Su movimiento como respuesta al medio ambiente es efectivo. Entre más se mueve, más confianza tiene en sí mismo.

Las sensaciones vestibulares que provienen de su oído interno acerca de la gravedad, le enseñan que está conectado con la tierra y le dan seguridad.

NIVEL DOS

(DESTREZAS SENSORIOMOTRICES)

Después de haber procesado los sentidos básicos en el Nivel Uno, el niño pequeño empieza a desarrollar conciencia corporal. Es una imagen mental sobre dónde se encuentran las partes de su cuerpo, cómo se interrelacionan y cómo se mueven. La respuesta visual aumenta la consciencia de sí mismo.

Junto con la consciencia corporal se presenta la integración bilateral (dos lados). Este es el proceso que le permite al niño utilizar ambos lados de su cuerpo simétricamente, de manera fluida, simultanea, y coordinada.

La integración bilateral, un proceso neurológico, es la base para la coordinación bilateral, una habilidad conductual. La coordinación bilateral es necesaria para la interesante labor de pasar la sonaja de un lado al otro, de una mano a otra. Una función de integración bilateral es la lateralización, es el proceso de establecer la preferencia de un lado del cerebro para dirigir con eficiencia el movimiento del lado opuesto del cuerpo. Conforme la lateralización va madurando, el niño empieza a demostrar cual mano prefiere usar, usa sus manos por separado y cruza el punto medio.

Las reacciones posturales mejoran. El niño puede adoptar y mantenerse en posiciones diferentes. Desarrolla la estabilidad del cuello y puede levantar la cabeza y el torso para ver alrededor.

La estabilidad del cuello le ayuda a mantener los ojos firmes para que observe cualquier cosa que le interese. A su vez, la estabilización de los ojos ayuda a mejorar el control motor del niño, entre más utiliza sus ojos para observar lo que está a su alrededor, más coordinación tiene en sus movimientos. El niño ve hacia dónde va y va hacia donde está viendo cuando desarrolla binocularidad o cuando sus ojos trabajan juntos.

Empieza a gatear y luego a deslizarse. Al ir alternando sus manos y piernas, usa ambos lados de su cerebro y estimula la coordinación bilateral.

La madurez de los sentidos táctiles, vestibulares y propioceptivos promueven la praxis o la planificación motriz. Puede encontrar la manera de cómo hacer algo que nunca ha hecho antes, y luego repetirlo otra vez. Rodarse, por ejemplo, necesita planificación motriz las primeras veces, hasta que el niño lo practique con tanta frecuencia que pueda hacerlo sin ningún esfuerzo.

Practicar las habilidades sensoriomotrices todo el día significa que el nivel de actividad del niño está mejor regulado. Su capacidad de atención y seguridad emocional aumentan ya que sus sensaciones se están organizando mejor. Puede sentarse en su asiento del automóvil para ir al supermercado. Puede manotear las teclas del piano por algunos minutos. Puede quedarse dormido pacíficamente al final de tan ajetreado día.

Nivel Tres

(Habilidades Perceptuales-Motoras)

A medida de que el niño va desarrollándose, también aumenta la comprensión cognitiva de la información que reciben sus sentidos. Al ir mejorando la discriminación sensorial, se amplía su capacidad para interactuar con el mundo externo. Oír (el sentido auditivo) se hace más refinado. Puede entender el lenguaje y comunicarse por medio del habla. La visión se hace más precisa. Puede interpretar información visual con más exactitud. Entiende las relaciones de espacio y puede discriminar donde están las personas, los objetos y dónde se encuentra él en relación a los mismos.

Se desarrolla la coordinación entre los ojos y las manos. Ahora el niño puede agarrar un color de cera, dibujar una imagen simple, agarrar una pelota, y servirse jugo. La coordinación de los ojos y las manos contribuye a la integración motriz visual necesaria para la tarea de ensamblar un collar de cuentas, o para poner una pieza del rompecabezas en su lugar.

De hecho, el niño puede formar un rompecabezas ahora—sólo por gusto—como una actividad determinada con la que puede jugar. Cuando agarra una pieza del rompecabezas, su desarrollo de procesamiento sensorial es el que le permite verla, agarrarla, entenderla, y ponerla justo en el lugar que le corresponde.

Como preescolar, el niño continúa desarrollando y reforzando sus habilidades básicas. Ahora está listo para la última fase—el producto final del procesamiento sensorial, en el Nivel Cuatro.

Nivel Cuatro

(Preparación Académica)

El producto final de la integración sensorial son las aptitudes académicas (incluyendo el pensamiento abstracto y el razonamiento), las habilidades motrices complejas, regulación de la atención, organización de la conducta, especialización de cada lado del cuerpo y del cerebro, visualización, autoestima y autocontrol.

313

Estas aptitudes pasan a ser cada vez más sofisticadas. En el Jardín de Niños o en el primer año, el cerebro del niño madura lo suficiente para especializarse. La especialización (el proceso donde una parte del cerebro se hace más eficiente en una función determinada) significa que el niño pasa a ser más eficiente y decidido en sus acciones. Sus ojos y oídos están preparados para tomar control como los "maestros" principales.

Él puede suprimir respuestas reflexivas a sensaciones táctiles inesperadas y su discriminación táctil mejora. En el exterior en un día invernal, puede ignorar la pequeña incomodidad de un gorro de lana que le causa comezón y concentrarse en hacer una bola de nieve. Puede distinguir la diferencia entre un toque amigable y un puñetazo agresivo.

Su sentido propioceptivo, junto con los sentidos vestibulares y táctiles, refuerzan su coordinación motora. Sus habilidades del sentido motor grueso funcionan correctamente: puede brincar, correr y jugar con sus compañeritos.

Sus habilidades del sentido del motriz fino son buenas: puede abotonarse, subirse el cierre, y darle vuelta a una tapadera. Prefiere usar continuamente una mano más que la otra para usar las herramientas. Controla un lápiz o un color de cera para hacer formas y símbolos reconocibles.

Puede visualizar situaciones del pasado y del futuro: el juego de pelota de ayer y el baño de hoy. Visualizar le ayuda a imaginarse cosas de mentiras e imágenes reales: monstruos simulados y la cara de mami que le da seguridad.

Es apto socialmente, puede compartir ideas y juguetes, ser flexible cuando las cosas no salen a su manera, simpatizar con otros cuando las cosas no salen de la manera que ellos quieren, jugar siguiendo las reglas, ser un amigo confiable.

El niño continuará procesando sensaciones durante toda su vida. Al ir topándose con diferentes situaciones y nuevos retos, aprende a adaptarse de manera coherente. Al sentirse bien consigo mismo, está listo para ir a la escuela y para enfrentar el gran mundo.

GLOSARIO

Actividad, nivel de: Nuestro nivel mental, emocional, o estado de excitación física. El nivel de actividad puede ser alto, bajo o entre alto y abajo.

Agudeza: La aguda percepción de una visión, sonido u otras sensaciones.

Ajustes posturales: Los movimientos automáticos del tronco y las extremidades que le permiten a una persona usar sólo los músculos necesarios para un movimiento en particular.

Alerta: El estado del sistema nervioso que va desde dormir a despertarse, de bajo a alto. El estado óptimo de alerta es el punto medio "perfecto" entre el aburrimiento y la ansiedad, donde nos sentimos alertas y en calma.

Amígdala: La estructura del cerebro que procesa las sensaciones del olfato y produce recuerdos con un componente emocional.

Apraxia oral: Es un problema motriz con base sensorial que afecta la capacidad de producir y secuenciar los sonidos necesarios para el habla.

Aprendizaje académico: El desarrollo de las habilidades conceptuales, como aprender a leer palabras, multiplicar números y aplicar lo que uno aprende hoy a lo que uno aprendió ayer.

Aprendizaje motor: El proceso de dominar las habilidades de movimiento simples esenciales para desarrollar habilidades de movimiento más complejas.

Articulación: La producción de los sonidos del habla.

Audición: La capacidad de recibir y capturar sonidos; escuchar.

Autismo, o Trastorno del Espectro Autista (TEA): Una discapacidad neurológica de toda la vida, generalmente se presenta durante los primeros tres años de vida, lo cual impide severamente el procesamiento sensorial de la persona, la comunicación verbal y no verbal, interacción social, imaginación, resolución de problemas y desarrollo.

Autoregulación: La capacidad de controlar el nivel de actividad y el estado de alerta de uno mismo, así como también nuestras respuestas a las sensaciones emocionales, mentales, o físicas; auto-organización.

Autoterapia: La participación activa y voluntaria en experiencias que promueven la autoregulación, como girar en círculos para estimular nuestro sistema vestibular.

Binocularidad (visión binocular; ojos trabajando en equipo): La habilidad motriz básica del ojo para formar una sola imagen visual de las imágenes que los ojos registran por separado.

Buscador de sensaciones o **Deseo sensorial**: Búsqueda constante de estimulación sensorial.

Cerebro: La parte del Sistema Nervioso Central (SNC) que recibe mensajes sensoriales: los integra, modula y organiza; envía esos mensajes para producir respuestas motrices, del lenguaje o emocionales.

Conciencia corporal / percepción corporal: Figura mental de las partes de nuestro cuerpo, dónde están, cómo se interrelacionan unas con otras y cómo estas se mueven.

Conducta: Cualquiera cosa que la persona hace, por medio de acciones, sentimientos, percepciones, pensamientos, palabras o movimientos en respuesta a la estimulación.

Conducta adaptativa: La habilidad de responder activamente y con determinación a circunstancias cambiantes y nuevas experiencias sensoriales.

Conducta estereotipada: Las acciones no productivas, repetitivas y habituales que con frecuencia son asociadas con el autismo.

Conexión cerebro-conducta: La relación de mensajes sensoriales de llegada y respuestas motrices, del lenguaje y emocionales que van saliendo.

Control del impulso: La dificultad para restringir acciones, palabras o emociones de uno mismo.

Control motor: La capacidad de regular y monitorear el movimiento de nuestros músculos para coordinar la movilidad.

Coordinación bilateral: La habilidad de usar ambos lados del cuerpo al mismo tiempo de manera eficaz y simultánea.

Coordinación motora: La capacidad de varios músculos o grupo de músculos para trabajar juntos armoniosamente para llevar a cabo movimientos.

Coordinación ojo-mano: La eficacia del trabajo en equipo de ojos y manos, necesaria para llevar a cabo actividades como jugar con juguetes, vestirse, y escribir.

Coordinación unilateral: El uso sin problemas e independiente de un lado del cuerpo, necesario para escribir y agarrar herramientas.

Cruzar la línea media: Usar una mano, pie u ojo en el lado opuesto del cuerpo.

Cuatro Niveles: El concepto de la Dra. Ayres sobre el desarrollo eficaz y en secuencia de la integración sensorial, desde la infancia hasta estar en edad de escuela primaria.

Defensividad oral: Reacciona demás o tiene hiper-responsividad en la boca hacia ciertas texturas y sabores de los alimentos.

Defensividad sensorial: La tendencia a responder a ciertas sensaciones no nocivas como si estas fueran peligrosas o dolorosas; **hiper-responsividad**.

Defensividad táctil: La tendencia a reaccionar negativa y emocionalmente a las sensaciones táctiles ligeras e inesperadas; un tipo común de disfunción de modulación sensorial.

Desesperanza aprendida: La tendencia de depender de otros para guiarse y tomar decisiones, la falta de habilidades de autoayuda, y ser un aprendiz pasivo; con frecuencia relacionado con bajo autoestima.

Destrezas de autoayuda: La capacidad de encargarse de las necesidades propias, como bañarse, vestirse, comer, arreglarse y estudiar.

Destrezas ocular-motoras: Movimientos de los músculos de los ojos.

Enfoque—Acomodar la visión eficazmente entre los objetos que están a corta o larga distancia.

Fijación—Atención fija hacia un objeto.

Movimientos lentos de persecución ocular (rastrear)—Seguir un objeto en movimiento o una línea impresa con los ojos.

Sacadas/movimiento sacádico—El movimiento eficiente de los ojos de un punto a otro.

Destrezas oral motoras: Los movimientos de los músculos de la boca, labios, lengua y quijada, incluyendo succionar, morder, triturar, masticar y lamer.

Discapacidad de aprendizaje: Una dificultad previamente identificada con la lectura, escritura, ortografía, computación y comunicación. (El TPS puede causar grandes problemas de aprendizaje que con frecuencia no son reconocidos ni identificados como discapacidades de aprendizaje).

Discriminación auditiva: La capacidad de recibir, identificar, diferenciar, entender y responder a los sonidos.

Asociación—Relacionar un sonido nuevo con un sonido con el que ya se está familiarizado.

Atención—Mantener el enfoque suficiente para escuchar voces y sonidos.

Cohesión—La unión de varias ideas en un todo coherente y sacar conclusiones de lo que se dijo.

Discriminación—Diferenciar entre los sonidos.

Figura-fondo—Distinguir entre los sonidos que provienen del primer plano y del trasfondo.

Localización—Identificar el origen del sonido.

Memoria—Recordar lo que se dijo.

Rastreo—denominado en ocasiones traqueo. Es seguir el sonido según se va moviendo.

Secuencia—Es poner en orden lo que se escuchó.

Discriminación táctil: La percepción de tocar o ser tocado por algo; la capacidad de distinguir las diferencias en las sensaciones de tacto; y la percepción de las atribuciones físicas de un objeto, como su tamaño, forma, temperatura, densidad, y textura.

Discriminación visual: La capacidad de percibir e interpretar la información sensorial recibida por medio de los ojos y del cuerpo conforme uno interactúa con el medio ambiente y mueve el cuerpo por el espacio.

Atención—El uso de los ojos, cerebro y cuerpo al mismo tiempo por un periodo suficientemente largo para quedarse haciendo una actividad.

Campo visual fijo (estable)—El discernimiento de cuáles objetos se mueven y cuáles están fijos.

Constancia de la forma—Reconocer la figura sin importar su tamaño, posición, o textura.

Discriminación—Discernir las semejanzas y diferencias en el tamaño, forma, patrón, figura, posición y color.

Figura-fondo—Diferenciar entre el trasfondo y el primer plano de los objetos.

Integración sensorial visual—Combinar lo que se ve con lo que se toca, con movimiento, y otros mensajes sensoriales.

Memoria—Reconocer, asociar, almacenar y recuperar detalles visuales.

Memoria en secuencia—La percepción de las palabras y dibujos en orden.

Percepción de profundidad—La capacidad de ver objetos en tres dimensiones y razonar distancias relativas entre los objetos, o entre nosotros y los objetos.

Posición en el espacio—Estar alerta de la orientación en el espacio de las letras, palabras, números, o dibujos en una página, o de un objeto en el medio ambiente.

Relaciones de espacio—Estar alerta de la dirección (que tan cerca están los objetos) y la lateralidad (derecha/izquierda, enfrente/atrás, arriba/abajo), y cómo moverse alrededor de los objetos.

Visión periférica—Estar consciente de las imágenes a través de ambos lados de los ojos.

Visualización—formar y manipular imágenes de objetos, personas o escenarios con nuestra imaginación.

Dislexia: Una dificultad severa para usar o entender el lenguaje mientras se está escuchando, hablando, leyendo, escribiendo, o deletreando.

Dispraxia: Dificultad en la conceptualización, planificación motriz, secuenciación, y para llevar a cabo de una manera hábil acciones con las que no se está familiarizado. (Vea **Praxis**).

Distracción: La incapacidad de fijar nuestra atención en el estímulo que fuere.

Educación especial: Instrucción académica individualizada para un niño que tiene dificultades de aprendizaje en la escuela.

Entrenamiento auditivo: Un método de estimulación por medio de sonido diseñado para mejorar las habilidades de una persona al escuchar y comunicarse, su capacidad de aprendizaje, coordinación motora, conciencia corporal y autoestima.

Enuresis: Un niño de cinco años o mayor se orina involuntariamente cuando no existe ninguna anormalidad física.

Especialización: El proceso por medio del cual una parte del cerebro se hace más eficiente en una función particular.

Estabilidad postural: La percepción de seguridad y la confianza en uno mismo cuando hay movimiento en el espacio, basado en nuestra conciencia corporal. El TPS puede causar **inseguridad en la postura**, la percepción de que nuestro cuerpo no está estable.

Estado: Nuestro nivel de atención, estado de ánimo, o la respuesta motriz a la estimulación sensorial.

Estilo de vida sensorial: Un programa de actividad sensoriomotrices desarrollado por un terapeuta ocupacional para satisfacer las necesidades específicas del sistema nervioso de un niño. El propósito del programa es ayudar al niño a estar mejor regulado y más enfocado, a ser más adaptable, y hábil.

Estímulo: Algo que activa un receptor sensorial y produce una respuesta.

Evaluación: El uso de herramientas para evaluar, como exámenes y observaciones, para medir el nivel de desarrollo de una persona y las aptitudes individuales, o para identificar alguna posible dificultad.

Excitación: El proceso neurológico de activar los receptores sensoriales entrantes para promover las conexiones entre el input sensorial y el rendimiento del comportamiento.

Extensión: Jalar los músculos para separarlos de la parte delantera del cuerpo; estirándolos o enderezándolos.

Extensión protectiva: extender una pierna o brazo para protegerse de un golpe al caer.

Exterocepción: Se refiere a los cinco sentidos externos.

Fijación: Presionar los codos juntos a los lados del cuerpo o en las rodillas para tener más estabilidad.

Flexión: Movimiento de los músculos alrededor de una articulación para jalar una parte del cuerpo hacia enfrente o hacia el centro de la misma; doblarse.

Floortime (tiempo de piso): El método de Stanley I. Greenspan que fomenta el desarrollo emocional sano mediante interacciones intensivas y personalizadas con adultos a nivel del niño.

Fuerza (vea **Graduación del movimiento**).

Graduación del movimiento (fuerza): La capacidad de flexionar y extender los músculos según la presión necesaria que haya que utilizar; una función de la propiocepción.

Habilidades sociales (destrezas sociales): La interacción y comunicación eficaz con otros, necesarias para desarrollar y mantener amistades.

Habilidades visuales básicas: Mecanismos inconscientes de la vista.

Habilidades visuo-motrices: Nuestros movimientos basados en la discriminación de la información visual.

Coordinación ojo-mano—La guía de los ojos para guiar las tareas motrices finas.

Coordinación ojo-pie—La guía de los ojos para las actividades motrices gruesas.

Coordinación ojos-oídos—La capacidad para ver una letra o palabra, y decirla o usarla.

Habituación: El proceso neurológico de dejar de prestar atención a las sensaciones con las que se está familiarizado.

Habla: Las acciones físicas para comunicar un mensaje verbal.

Hiperactividad: Moverse en exceso, función motriz, o actividad, como el golpeteo de los dedos impacientemente, brincar de su asiento, o mover alguna parte del cuerpo constantemente; "inquietud".

Hiper-responsividad (Reaccionar demás): Conducta visible que ocasiona una respuesta rápida o intensa a estímulos sensoriales que otros generalmente perciben como benignos; caracterizada por respuestas exageradas, negativas y emocionales (pelear-o-huir) o retirarse (huir o paralizarse).

Hipo-responsividad: Reaccionar menos de lo esperado o la baja sensibilidad a los estímulos sensoriales, caracterizada por una tendencia ya sea a desear sensaciones intensas o retirarse y hacerse difícil para entrar en contacto; un subnivel de desorden de modulación sensorial.

IDEA 2004: *La Ley de Individuos con Discapacidades Educativas, P.L. 99-457*, y sus enmiendas. Esta legislación requiere que los distritos escolares proporcionen terapia ocupacional como un servicio relacionado con los niños que lo necesitan para beneficiarse de la educación.

Ideación: Conceptualización de una acción no familiar y compleja que tiene varios pasos; el primer paso de la **Praxis**.

IEP (por sus siglas en inglés): Programa Individualizado de Educación, un documento legal especificando las necesidades de un niño identificado con una discapacidad donde se le provee una educación especial y servicios relacionados.

Inhibición: El proceso neurológico que revisa nuestra reacción excesiva a las sensaciones.

Inseguridad gravitacional: Un temor y ansiedad extremos de que uno se va a caer cuando la cabeza cambia de posición, o cuando se está movimiento por el espacio, que resultan de procesamientos vestibular y propioceptivo deficientes.

Integración: La combinación de muchas partes hacia una totalidad unificada, armoniosa.

Integración bilateral: El proceso neurológico de integrar las sensaciones de ambos lados del cuerpo; la fundación para la **Coordinación bilateral**.

Integración intersensorial: La convergencia de sensaciones de tacto, posición corporal, movimiento, vista, sonido y olfato.

Integración sensorial (IS): La parte del procesamiento sensorial dentro de la cual las sensaciones de uno o más sistemas sensoriales se conectan en el cerebro. Disfunción IS es otro término para referirse al TPS.

Integración sensorial, teoría de la: Un concepto basado en neurología, investigación, y conducta que explica la relación entre el cerebro y la conducta.

Integración sensorial, tratamiento de: Una técnica de terapia ocupacional, la cual proporciona actividades divertidas y constructivas para aumentar la recepción sensorial del individuo y conducirlo a un funcionamiento más adaptable en la vida diaria. El énfasis está en mejorar el procesamiento motriz sensorial en vez de la capacitación vocacional.

Interocepción: El sentido centrado en el cuerpo que tiene que ver con la percepción consciente y la regulación inconsciente de los procesos corporales del corazón, hígado, estómago y otros órganos internos.

Intervención temprana: Tratamiento o terapia que previene problemas o mejora la salud y el desarrollo de un niño pequeño, como lentes, o tubitos en los oídos para problemas médicos, y terapia del habla/lenguaje, o terapia ocupacional para problemas de desarrollo.

Intolerancia al movimiento: La alta reactividad para moverse o ser movido rápidamente, con frecuencia caracterizado por angustia extrema cuando gira o al evitar movimientos en un espacio.

Lateralización: Es el proceso de establecer la preferencia de un lado del cerebro para dirigir la destreza motora en el lado opuesto del cuerpo, mientras que el lado opuesto del cuerpo se usa para estabilización; es necesario para la preferencia de qué mano se va a usar y para cruzar la línea media.

Lenguaje: El uso organizado de las palabras y frases para interpretar lo que uno escucha o lee y para comunicar los pensamientos y sentimientos propios.

Lenguaje expresivo: Las palabras y frases habladas o escritas que produce una persona para comunicar sus sentimientos y pensamientos a los demás.

Lenguaje receptivo: La capacidad de entender como las palabras expresan ideas y sentimientos; el lenguaje que uno percibe al escuchar y leer.

Línea media: Una línea media que divide las dos mitades del cuerpo. (Vea **Cruzar la línea media**).

"Máquina de procesamiento sensorial": Es el término que utiliza la Dra. A. Jean Ayres para el cerebro.

"Meltdown" (crisis): El proceso, generalmente causado por estimulación sensorial excesiva, pasar a sentirse "deshecho" o "despegado", acompañado de gritos, contorsiones y sollozos profundos.

Modulación: La capacidad del cerebro para regular y organizar el grado, intensidad, y naturaleza de la respuesta de la persona a la aportación sensorial de manera graduada y adaptativa.

Motivación interna: La auto motivación de cada persona para participar activamente en las experiencias que promueven la integración sensorial.

Motor fino: Se refiere al movimiento de los pequeños músculos en los dedos de las manos, de los pies, ojos y lengua.

Motor grueso: Se refiere al movimiento de los músculos grandes en los brazos, piernas y tronco.

Movimiento linear: Un movimiento en el cual uno se desplaza en una línea, de enfrente hacia atrás, de lado a lado, o de arriba hacia abajo.

Movimiento pasivo: El acto de ser movido por algo o por alguien.

Movimiento rotativo: Darse vueltas o girar en círculos.

Mutismo selectivo: Un trastorno de ansiedad en la niñez caracterizado por la incapacidad de hablar y comunicarse cómodamente en ciertos escenarios sociales.

Neurología: La ciencia de los nervios y el sistema nervioso. Un neurólogo es un médico que diagnostica y trata enfermedades del cerebro y del sistema nervioso central, pero generalmente sin TPS.

Neuromuscular: Relativo a la relación de los nervios y los músculos.

Oído interno: El órgano que recibe las sensaciones de la atracción de la gravedad y de los cambios en el balance y la posición de la cabeza.

"Ojos internos": Consciencia corporal.

Optometrista u **Optometrista del desarrollo**: Es un especialista que examina los ojos, receta lentes, y proporciona terapia de la visión para prevenir o eliminar problemas visuales y aumenta el desarrollo visual de la persona.

Oscilación: Movimiento linear hacia arriba y hacia abajo, o hacia y desde (de vaivén), como mecerse, rebotar o brincar.

Percepción: El significado que el cerebro le da a la información sensorial.

Planificación motora: La habilidad de organizar y secuenciar los pasos de un movimiento corporal desconocido y complejo de una manera coordinada; una pieza de la praxis.

Plasticidad: La capacidad del cerebro de cambiar o ser cambiado como resultado de una actividad, especialmente como respondemos a las sensaciones.

Posición corporal: La ubicación de nuestra cabeza, extremidades y tronco. La propiocepción es el sentido de la posición corporal.

Praxis: Es la capacidad de interactuar satisfactoriamente con el entorno físico; idear, planificar, organizar, y llevar a cabo una secuencia de acciones desconocidas; y hacer lo que uno necesite y quiere hacer. **Praxis** (del griego: "hacer, acción, practicar") es un término amplio que denota una acción voluntaria y coordinada. **Planificación motora** frecuentemente es usada como sinónimo.

Preferencia del uso de las manos: Diestro o zurdo, se establece cuando la lateralización se desarrolla en el cerebro.

Presión al tacto: El estímulo táctil que causa que respondan los receptores en la piel. Presión profunda, como un abrazo, activa los receptores en el sistema discriminativo. Tocar ligeramente, como un beso, activa los receptores en el sistema de protección.

Problema de regulación del sueño: Un patrón irregular al dormir, como la dificultad de quedarse dormido o dormir durante toda la noche, o la necesidad de dormir demás.

Propiocepción/Sentido propioceptivo (sentido de posición): Estar alerta inconscientemente de las sensaciones provenientes de nuestros músculos y articulaciones las cuales proporcionan información acerca de cuándo y cómo los músculos se contraen o se estiran; cuándo y cómo las articulaciones se flexionan, extienden, o son jaladas; y dónde está cada parte del cuerpo y cómo se mueve.

Psicoterapia: Tratamiento por medios psicológicos para problemas mentales, emocionales, o problemas de conducta.

Quinestésica (kinestesia): La percepción consciente de la posición de las articulaciones y el movimiento corporal en el espacio, como saber donde poner los pies cuando se están subiendo los escalones, sin orientación visual.

Receptores: Células especiales que se encuentran por todo el cuerpo, las cuales reciben mensajes sensoriales específicos y los mandan por el procesamiento del SNC.

Reflejo: Una respuesta automática e innata a la estimulación sensorial.

Respuesta aversiva: Un sentimiento o sensación de asco y repugnancia hacia una sensación, acompañado de un deseo intenso de evitar o alejarse de la misma.

Respuesta de pelear-o-huir (o, **respuesta de pelear-huir-paralizarse-atemorizarse**): la reacción instintiva para defenderse a sí mismo del peligro real o percibido al hacerse agresivo, retirarse, o no poder moverse.

Respuesta fluctuante: Una combinación de hiper-responsividad y e hipo-responsividad conforme el cerebro del niño rápidamente pasa de un estado al otro.

Retraso del desarrollo: La adquisición de habilidades específicas después de la edad esperada.

Retraso mental: El funcionamiento e impedimento intelectual significativamente por debajo del promedio en la conducta adaptativa; causado por lesiones, enfermedad, o anormalidades antes de los diez y ocho años de edad.

Saciado: Sentirse lleno.

Secuenciación: Poner los movimientos, sonidos, sitios de interés, objetos, pensamientos, letras y números en orden consecutivo, de acuerdo con el tiempo y el espacio.

Seguridad emocional: Sentir que somos adorables y queridos, que otras personas son dignas de confianza, y que uno tiene la capacidad de funcionar eficazmente en la vida diaria.

Sensibilización: El proceso de interpretar los estímulos como algo importante, desconocido o dañino, aun si los estímulos no son importantes, conocidos y benignos.

Sensoriomotor: Pertinente al proceso de la conducta del cerebro para asimilar los mensajes sensoriales y reaccionar con una respuesta física.

Sentido del olfato: El sentido a distancia que percibe el olor; olfato.

Sentido gustativo: El sentido de percibir el sabor; gusto.

Sentido táctil (el sentido del tacto): El sistema sensorial que recibe sensaciones de presión, vibración, movimiento, temperatura y dolor, principalmente por medio de receptores en la piel y el bello. Los receptores de protección responden al toque ligero o inesperado y ayudan a la persona a evitar daño corporal; los receptores discriminativos proporcionan información acerca de las cualidades táctiles del objeto o la persona que es tocada.

Sentido vestibular (el sentido del balance y movimiento): El sistema sensorial que responde a la atracción de la gravedad, proporcionando información acerca de la posición de la cabeza en relación con la superficie de la tierra, y los movimientos de coordinación de los ojos, cabeza, y el cuerpo que afectan el equilibrio, tono muscular, visión, audición, y la seguridad emocional. Los receptores se encuentran adentro del oído interno.

Sentidos externos: Los sentidos del tacto, olfato, sabor, visión y oído; los sentidos del medio ambiente.

Sentidos internos: Los sentidos subconscientes que regulan las funciones corporales, como el ritmo cardiaco, el hambre, el estado de alerta, incluyendo los sentidos interoceptivos, vestibulares y propioceptivos, También llamados los sentidos ocultos, especiales, cercanos, o somato sensoriales.

Síndrome: Un grupo de características no relacionadas que varían en severidad de un individuo a otro, como la **dislexia**.

Síndrome de alcoholismo fetal: Una serie de síntomas, incluyendo retraso en el crecimiento, anormalidades faciales, retraso mental y retraso en el desarrollo, ocasionados por el alcoholismo crónico de la madre durante el embarazo.

Síndrome de Down: Un desorden congénito, causado por un cromosoma extra, que altera el desarrollo típico del cerebro y del cuerpo, causando retraso mental.

Síndrome de X Frágil: Una serie de síntomas, incluyendo el retraso mental, las anomalías faciales y los déficits en las habilidades de comunicación, conducta, ámbito social, y motrices; ocasionadas por una anormalidad del cromosoma X.

Sistema defensivo (o **protector**): El componente del sistema sensorial que nos alerta del peligro real o posible y causa una respuesta de auto protección. Este sistema es innato.

Sistema discriminativo: El componente del sistema sensorial que le permite a la persona distinguir las diferencias entre los estímulos. Este sistema no es innato, pero se desarrolla al paso del tiempo y con práctica.

Sistema nervioso autónomo: Uno de los tres componentes del sistema nervioso; controla las funciones corporales automáticas e inconscientes, como respirar, sudar, tener escalofríos, y la digestión.

Sistema nervioso central (SNC): Parte del sistema nervioso que consiste del cerebro, médula espinal y que coordina la actividad de todo el sistema nervioso.

Sistema nervioso periférico (SNP): Uno de los tres componentes del sistema nervioso. Por medio de la medula espinal, los nervios periféricos de la piel, ojos, oídos, músculos, y órganos mandan impulsos sensoriales al cerebro y reciben impulsos motrices provenientes del cerebro.

Somatosensorial: Se refiere a la discriminación propioceptiva táctil de las sensaciones del tacto y la posición del cuerpo; sensaciones corporales.

Tacto profundo y **Toque ligero** (vea **Presión al tocar**).

Tamizaje: Un procedimiento informal, rápido para la identificación temprana de problemas de la salud y de desarrollo del niño.

Terapia de la visión: El tratamiento para ayudarle a una persona a mejorar su capacidad visual y prevenir los problemas de aprendizaje relacionados con la visión; capacitación visual optometrista.

Terapia del habla y lenguaje: El tratamiento para ayudar a una persona a desarrollar o mejorar la articulación, la capacidad de comunicación y la capacidad oral-motriz.

Terapia física: Una profesión del campo de la salud dedicada a mejorar las aptitudes físicas del individuo por medio de actividades para fortalecer el control muscular y la coordinación motora, particularmente de los músculos grandes.

Terapia ocupacional (TO): El uso de actividades para maximizar la independencia y mantenimiento de la salud de una persona que tiene limitaciones por alguna lesión o enfermedad física, impedimentos cognitivos, disfunción psicosocial, enfermedad mental, discapacidad de desarrollo o aprendizaje, o una condición ambiental adversa. TO abarca: la evaluación, valoración, tratamiento y consulta. Un **terapeuta ocupacional** (también **TO**) es un profesional de la salud capacitado en las ciencias biológicas, físicas, médicas y de conducta, incluyendo neurología, anatomía, desarrollo, cinesiología, ortopedia, psiquiatría, y psicología.

Tocar activamente: Usar nuestras manos, pies y boca para recopilar información táctil acerca de objetos en el medio ambiente.

Tolerancia alta al movimiento: Hipo-responsividad a cantidades típicas de estimulación con movimiento, caracterizado típicamente por un intenso deseo de experiencias de movimiento como mecerse o tambalearse de adelante hacia atrás.

Tono bajo: Falta de tono que sirve de soporte, usualmente involucra alta movilidad de las articulaciones o hiper-flexibilidad de articulaciones. La persona con tono bajo luce floja o aguada muscularmente hablando.

Tono muscular: El grado de tensión que normalmente está presente cuando nuestros músculos están relajados, o en estado de reposo; una función del sistema vestibular, que le permite a la persona mantener la posición del cuerpo.

Toque ligero (vea **Presión al tocar**).

Toque pasivo: El acto de ser tocado por algo o alguien sin iniciar el contacto.

Trastorno bipolar: Una enfermedad que tiene que ver con los cambios súbitos de carácter, de lo más severo a lo menos grave que afecta las percepciones, emociones y conducta; probablemente esto es causado por elementos eléctricos y químicos que no funcionan adecuadamente en el cerebro.

Trastorno de discriminación sensorial: Problemas para discernir las características de los estímulos sensoriales y las diferencias entre los estímulos.

Trastorno de modulación sensorial: La incapacidad de regular y organizar el grado, intensidad y naturaleza de las respuestas de una manera medida y adaptable al aporte sensorial.

Trastorno de Procesamiento Sensorial (TPS): Es la dificultad en la manera en que el cerebro recibe, organiza y usa la información sensorial, causando que la persona tenga problemas para interactuar eficazmente en el entorno diario. La estimulación sensorial podría causar dificultad en nuestros movimientos, emociones, atención, relaciones o respuestas de adaptación.

Trastorno motor con base sensorial: Un problema con el movimiento, como **Desorden de Postura** y **Dispraxia** que resulta del procesamiento sensorial ineficiente.

Trastorno Obsesivo-Compulsivo (TOC): Un desorden de ansiedad marcado por pensamientos recurrentes, persistentes, é inapropiados y por conductas repetitivas como lavarse las manos con más frecuencia de los necesario.

Trastorno por Déficit de Atención con Hiperactividad (TDAH): Un término general para un problema que interfiere con nuestra capacidad de poner atención y mantenerse enfocado en las tareas importantes, controlar nuestros impulsos, y regular el nivel de actividad. Los síntomas principales de este trastorno con base neurológica son la hiperactividad, la falta de atención (distracciones) y/o la impulsividad.

Trastorno postural: Tener dificultad con el movimiento o estabilización del cuerpo para cumplir con las exigencias del medio ambiente o de algún movimiento motriz definido.

Trastorno regulatorio: Un problema para adaptarse al cambio de condiciones, como calmarse a sí mismo cuando está estresado; quedarse dormido y despertarse, comer, digerir y eliminar; poner atención; participación social; y procesar sensaciones.

Vestibular-proprioceptivo: Se refiere a sensaciones simultáneas de la cabeza y la posición del cuerpo cuando nos movemos.

Visión: El proceso de identificar lo que se ve, entendiendo lo que los ojos ven, y prepararse para una respuesta.

Visualización: La acción de formar imágenes mentales de los objetos, gente, o situaciones.

Recursos Seleccionados

(Busque en el Internet para obtener más recursos para ropa, pu-blicaciones, actividades, educación, discapacidades de desarrollo, terapias, derechos legales, y apoyo para padres).

Achievement Products for Children
   (800) 373-4699   www.achievement-products.com
      Los productos que hacen la vida más cómoda para niños con TPS.

American Occupational Therapy Association, Inc. (AOTA)
   (301) 652-AOTA   www.aota.org
      Materiales, talleres, y otros recursos para los TO.

Autism Speaks™
   (212) 252-8584   www.autismspeaks.org
      Investigación e información acerca de cuestiones tales como el TPS.

College of Optometrists in Vision Development (COVD)
   (330) 995-0718, (888) 268-3770   www.covd.org
      Información acerca de optometristas y terapeutas que proveen terapia de conducta y desarrollo de la visión.

Dye-namic Movement Products, Inc.
(425) 367-2528   www.dyenamicmovement.com
Equipo para el movimiento, terapia física y ejercicio, hecho de bandas de tejido elástico de la más alta calidad.

Howda Designz
(978) 462-6260, (800) 348-3884   www.howdahug.com
Los asientos de madera con rejillas HowdaHug® que se mecen y columpian, son especialmente beneficiosos para los niños con TPS.

Integrated Listening Systems (iLs)
(303) 741-4544   www.integratedlistening.com
Terapia multisensorial que combina la psicho acústica con actividades visuales y de balance para mejorar habilidades auditivas.

Pocket Full of Therapy
(732) 462-4474, (800) PFOT-124   www.pfot.com
Juguetes divertidos para motivar a los niños con discapacidades de desarrollo.

The Pocket OT
www.pocketot.com
Sitio web de Cara Koscinski, TO pediatra y madre de hijos con necesidades especiales. Sus blogs, publicaciones, productos, y cursos ayudan a niños y sus familias a prosperar.

Saint Columba's Nursery School, Washington, DC
(202) 742-1980   https://stcolumbasnurseryschool.org/
Modelo prescolar para integrar actividades sensoriomotrices y técnicas TO "detrás del mostrador" en la escuela durante las jornadas escolares. La escuela da la bienvenida a los visitantes.

School Specialty
US: (888) 388-3224; Worldwide: (419) 589-1425
www.abilitations.com
Línea de productos fáciles de usar para niños con diferencias de aprendizaje y sensoriales en varias configuraciones, con sugerencias escritas en el idioma de los educadores.

Sensory Edge

www.sensoryedge.com

Juguetes, muebles, y tapetes de calidad para usar con los niños en la escuela, consultorios pediátricos, centros de salud y clínicas de terapia.

Sensory Smarts

www.sensorysmarts.com

El sitio web todo incluido de Lindsey Biel, OTR/L, y Nancy Peske, autoras del libro *Raising a Sensory Smart Child*. La página de "Sitio web de utilidad" enlista recursos de: Productos para Terapias, Juguetes, y Equipo; Ropa y Materiales con Peso; Apoyo para los Padres; Intervención Temprana; Recursos para el Desarrollo; Aprendizaje Práctico; y Derechos Legales para Usted y su Niño.

The Sensory Spectrum: Your Online Sensory Community

www.thesensoryspectrum.com

Un sitio web comunitario que publica enlaces para la investigación, noticias, referencias de libros, productos, blogs, y otra información, "para los padres de niños con TPS".

Sensory World (una marca de Future Horizons)

(817) 303-1516, (800) 489-0727

www.sensoryworld.com www.fhautism.com)

Ayuda a los padres, maestros, y terapeutas a entender el TPS y apoya a aquellos que están afectados, a través de conferencias y publicaciones como, *In-Sync Activity Cards, The Goodenoughs Get in Sync, Sensory Issues in Learning & Behavior, A Teacher's Guide to SPD, Answers to Questions Teachers Ask About SI,* y *Preschool SENSE.*

www.SPDlife.org

Enlaces de innumerables sitios web sobre el TPS y sus causas, tratamientos, productos y actividades.

Special Needs Project

www.specialneeds.com

Un recurso para información relacionada con la discapacidad, incluye libros sobre el TPS, autismo, y discapacidades de aprendizaje, con varios traducidos al español.

The STAR Institute (for SPD)
(303) 221-STAR (7827) www.spdstar.org
El Instituto STAR, fundado por Lucy Jane Miller, PhD, OTR, FAOTA, es el centro líder en el tratamiento, investigación y educación para niños y adultos con TPS. El instituto enfatiza la educación de vanguardia sobre el TPS, empoderamiento de los padres, investigación rigurosa, tratamiento "explosivo" único e intensivo, y terapia personalizada.

Therapro
(800) 257-5376 www.therapro.com
Suministros y juguetes para terapia del habla y la ocupacional para los terapeutas, maestros, padres y otros para usarse en el cuidado preventivo, de desarrollo, y de rehabilitación, incluyendo kits únicos para la conciencia motriz sensorial y habilidades.

Therapy Shoppe,® Inc.
(800) 261-5590 www.TherapyShoppe.com
"Tienda" de especialidades para equipo sensomotriz incluyendo chalecos de presión, artículos con peso, juguetes y juegos terapéuticos, y los artículos favoritos que son difíciles de encontrar como argollas para actividades y bancos en forma de T.

Therapy Works, Inc.
(877) 897-3478 www.alertprogram.com
Capacitación, publicaciones, y productos relacionados a *The Alert Program for Self-Regulation*.

Zero to Three: National Center for Infants, Toddlers and Families
(202) 638-1144 www.zerotothree.org
Información, capacitación, y apoyo para ayudar a los profesionales y a los padres a mejorar la vida de los bebes y niños pequeños.

Bibliografía Selecta

Ayres, A. Jean, PhD (2003). *La Integración Sensorial y el Niño*. Editorial Trillas. www.casadellibro.com

—- (2005). *La Integración Sensorial en los Niños: Desafíos Sensoriales Ocultos*. www.casadellibro.com

Baker, Jed, PhD (2008). *No More Meltdowns: Positive Strategies for Managing and Preventing Out-of-Control Behavior*. Arlington, Texas: Future Horizons.

Bellefeuille, Isabelle Beaudry (2011). *Tengo Duendes en las Piernas: Cómo Abordar la Hiperactividad, el Défi cit de Atención y Otros Problemas Infantiles*. Ediciones Nobel.

Biel, Lindsey, & Nancy Peske (2018). *Raising a Sensory Smart Child: The Definitive Handbook for Helping Your Child with Sensory Processing Issues, 3rd ed.* New York: Penguin.

Dorfman, Kelly (2013). *Cure Your Child with Food: The Hidden Connection between Food and Childhood Ailments*. New York: Workman.

Grandin, T. (2011). Chapter 3, "Sensory issues." *The Way I See It: A Personal Look at Autism & Asperger's, revised.* Arlington, Texas: Future Horizons.

Greene, Ross W., PhD (2014). *The Explosive Child: A New Approach for Understanding and Parenting Easily Frustrated, Chronically Inflexible Children, revised.* New York: Harper Perennial.

Greenspan, Stanley I., MD, and Serena Weider, PhD (2006). *Engaging Autism: Helping Children Relate, Communicate and Think with the DIR Floortime Approach.* Cambridge, Massachusetts: Da Capo Lifelong Books.

Henry, Diana, et al. (2000). *Arca de Herramientas: Para Maestros, Padres y Estudiantes.* www.henryot.com

Kashman, Nancy, & Janet Mora (2005). *The Sensory Connection: An OT and SLP Team Approach.* Arlington, Texas: Sensory World.

Koscinski, Cara (2018). *Interoception—How I Feel: Sensing My World from the Inside Out.* www.PocketOT.com

Kranowitz, Carol (2016). *The Out-of-Sync Child Grows Up: Coping with Sensory Processing Disorder in the Adolescent and Young Adult Years.* New York: Tarcher/Perigee. (Ver también libros en "Acerca del Autor".)

Lemer, Patricia (2019). *Outsmarting Autism: Build Healthy Foundations for Communication, Socialization, and Behavior at All Ages, 2nd ed.* Berkeley, California: North Atlantic Books.

Maguire, Arlene (2019). *Gente Especial, Necesidades Especiales.* Arlington, Texas: Future Horizons.

Miller, Lucy Jane, PhD, with Doris A. Fuller (2014). *Sensational Kids: Hope and Help for Children with Sensory Processing Disorder, revised.* New York: Putnam.

Myers, Jennifer McIlwee (2014). *Growing Up with Sensory Issues: Insider Tips from a Woman with Autism.* Arlington, Texas: Sensory World.

Notbohm, Ellen (2019). *Diez Cosas Que Todo Niño Con Autismo Desería Que Supieras, 3ᵃ ed.* Arlington, Texas: Future Horizons.

Rapp, Doris, MD (1992). *Is This Your Child? Discovering and Treating Unrecognized Allergies.* New York: William Morrow.

Schneider, Rachel S. (2015). *Making Sense: A Guide to Sensory Issues.* Arlington, Texas: Sensory World.

Silver, Larry B., MD (2006). *The Misunderstood Child: Understanding and Coping with Your Child's Learning Disabilities, 4th ed.* New York: Three Rivers.

Turecki, Stanley, MD, with Leslie Tonner (2000). *The Difficult Child, 2nd ed.* New York: Bantam.

Voss, Angie (2015) *Conocer las Señales Sensoriales de su Hijo: Mantenerlo Real. Manteniéndolo Simple. Manteniéndolo Sensorial.* CreateSpace.

Whitney, Rondalyn V., PhD, & Varleisha Gibbs (2013). *Raising Kids with Sensory Processing Disorders: A Week-by-Week Guide to Solving Sensory Issues.* Waco, Texas: Prufrock.

Yack, Ellen, Shirley Sutton, & Paula Aquilla (2015). *Building Bridges through Sensory Integration, 3rd ed.* Arlington, Texas: Future Horizons.

ÍNDECE

Actividad, nivel de
  desarrollo de, 312
  en TDAH, 30-32
  y TPS, 8-9, 24, 28, 51
  tratamiento para, 234, 241, 274
Actividades sensoriomotrices
  activo v. pasivo, 6, 266
  para las destrezas de autoayuda, 251-
  253
  en la escuela, xxiii, 266
  en un estilo de vida sensorial, 238-252
  para las habilidades sensoriomotrices,
  248-251
  para el sentido propioceptivo, 239-240
  para el sentido auditivo, 247
  para el sentido del tacto, 241-243
  para el sentido vestibular, 243-245
  para el sentido visual, 248
  en terapia ocupacional, 230-231
  con trabajo pesado, 6, 24, 144, 149
Alergias, 21, 42
Alerta, nivel de, 23-24, 28, 32, 41, 77,
  145, 149
Anzalone, Marie, ScD, 1
Apego, 29, 105-106, 111, 311
Aprendizaje
  académico, xxv, 12, 30, 90, 104-105,
  254 ff., 313-314

activo v. pasivo, 266
discapacidad de, xiii-xvii, 21-22, 33-34,
  41, 46, 132, 167, 222, 284
y el sentido auditivo, 180, 183, 185,
  187, 194, 232, 267
y el sentido propioceptivo, 144
y el sentido táctil, 97, 104-105, 107
y el sentido vestibular, 121, 130, 132-
  134, 139
y el sentido visual, 161-162, 166-167,
  232, 267
y TPS, 17, 20, 203
tres tipos de, 11-13
Atención
  Déficit de / Trastorno de Hiperactividad (TDAH), 21-22, 30-33, 40, 46,
  202, 222
  problemas con, xxiv, 9, 21, 28, 30-31,
  52, 75-77, 80-82
  y procesamiento sensorial, 41, 62, 64-
  66, 68, 71, 74-75, 299, 302, 312-313
  y el sentido auditivo, 18, 184 ff.
  y el sentido propioceptivo, 7, 216-217
  y el sentido táctil, 5, 88-89, 91, 94-96,
  109, 163, 262
  y el sentido vestibular, 123, 128, 213,
  215

y el sentido visual, 159-160, 163-164,
166-168, 170, 172, 178, 262
tratamiento para, 228, 233, 244, 262,
264, 266, 268, 270
Autismo / Trastorno del Espectro Autista
(TEA)
y escuela, 222, 268
con TPS, 21-22, 30, 35-39, 127, 167-
168, 188
Autoayuda, destrezas de (bañarse, vestirse,
alimentarse, dormir, manejar objetos)
desarrollo de, 69, 314
detección para, 47, 52-53
mejoría, 23-24, 55-56, 228-231, 237 ff.,
279
y el sentido propioceptivo, 146-148,
154, 156
y el sentido táctil, 92-93, 101, 104-105,
110-111, 115, 206-207, 290-291
y el sentido vestibular, 133-134, 138
y el sentido visual, 166-167, 178
y TPS, xiv, 23-30, 203, 287-288
Autoestima
problemas con, xxvi, 30, 123, 135, 140,
179, 195, 204, 217
procesamiento sensorial para, 74, 183,
313
tratamiento para, 55, 191, 215, 219,
229, 232, 272, 279
Autoterapia, 122, 190, 214, 279
Ayres, A. Jean, PhD
investigación, xiv, 44
y el procesamiento sensorial, 62-63, 68,
90, 73-75, 310-314
teoría/conceptos de IS, ix, xiv, xxiii,
9-10, 119-121, 231
en TPS, xiv-xv, xxv, 45, 83, 84, 167,
225, 233
tratamiento para TPS, 231, 274

Balance
problemas con, 15, 17, 19, 55, 289, 299
y el procesamiento sensorial, 64, 68, 72,
298, 302-303, 308-309
y el sentido auditivo, 182, 186, 191
y el sentido propioceptivo, 7, 157
y el sentido vestibular, 27, 62, 85, 119-
122, 129-130, 134, 138, 212, 214-215
y el sentido visual, 163, 166, 179
tratamiento para, 228, 230-231, 233,
243-245, 279

Balzer-Martin, Lynn, PhD, xxv-xxvii
Berard, Guy, MD, 191, 232
Bundy, Anita, PhD, 70
Búsqueda sensorial
auditivo, 189
ejemplos de casos, 8-9
listas para, 15-17
propioceptivo, 150, 155-156
táctil, 94-95, 113
como Trastorno de Modulación Sensorial, 80
vestibular, 127-128, 137
visual, 170-171, 176

Carter, Alice S., PhD, 47
Causas de TPS, 43-44
Cermak, Sharon, EdD, 10, 47-48
Comer/alimentación. Ver también Destrezas de autoayuda
listas para, 17, 19-20, 52, 110, 115, 139,
155
mejoría, 232, 252
problemas con, 25-27, 41, 77, 79-80,
101, 148, 166, 206-210
y procesamiento sensorial, 59-60, 62,
65, 70, 311
Componentes defensivos/discriminativos,
66-67, 77-78
en el sentido auditivo, 74, 77, 183-191
en el sentido táctil, 77, 90-97, 108-111,
207, 225, 230
en el sentido vestibular, 121
en el sentido visual, 74, 163-172
tratamiento para, 225, 230, 269
Comunicación
con la escuela, 254-255, 258-259, 261
problemas con, 29, 35-36, 40, 78-79,
101, 105, 172, 186, 194
y procesamiento sensorial, 162
tratamiento para, 215-216, 221, 232,
247
Conciencia corporal / Percepción corporal
desarrollo de, 74, 311
y el sentido auditivo, 186
y el sentido propioceptivo, 73, 142 ff.
y el sentido táctil, 91, 98-99, 114
y el sentido vestibular, 133, 139
con Trastorno de Discriminación Sensorial, 17-18, 41, 82

Índece

Conducta
adaptativa, 30, 35, 41, 54, 69, 75, 80-81,
86
apego, 29, 105
y autismo, 35-37
conexión cerebro-conducta, 12-13, 63-
64, 295 ff.
respuesta de los adultos, 81, 270-271,
274-275
y el sentido auditivo, 180 ff.
y el sentido propioceptivo, 141 ff., 219
y el sentido táctil, 87 ff.
y el sentido vestibular, 116 ff.
y el sentido visual, 158 ff.
Control motor/Coordinación motriz
desarrollo de, 301
problemas con, xvi, 20, 33, 41, 273
y el sentido auditivo, 5, 182, 185-186,
191, 232-233
y el sentido propioceptivo, 145-146,
151-152, 156, 314
y el sentido táctil, 100-101, 115
y el sentido vestibular, 124, 129-130,
212
y el sentido visual, 163, 166-168, 172-
174, 178-179, 232, 251
tratamiento para, 230-233, 244, 249-
250
Control muscular/Tono muscular
desarrollo de, 68, 119, 130, 303, 311
problemas con, 15, 18-20, 26-27, 41,
68, 75, 82, 285
y el sentido auditivo, 186
y el sentido propioceptivo, 152, 155,
245
y el sentido vestibular, 85, 119, 130-
131, 138, 212-213
y el sentido visual, 163
tratamiento para, 228, 231, 233, 245
Coordinación bilateral
desarrollo de, 75, 312
y respuestas posturales, 18-19, 68, 83
y el sentido auditivo, 183, 191
y el sentido vestibular, 118, 131-133,
138-139
tratamiento para, 228, 230, 248-252
Coordinación ojo-mano
desarrollo de, 74, 166, 313
problemas con, 20, 115, 173-174, 178-
179
tratamiento para, 174, 232, 249

Cruzando la línea media, 19, 83, 132, 139,
250, 312
Cuestionario del Historial Sensoriomotor,
47-53

Diagnóstico, 199-226
advertencias, 84-85
Cuestionario del Historial Senso-
rio-Motriz, 47-53, 225
detección/evaluación, xvi, 47-53, 199-
200, 219-226
y documentación de los padres, 205,
236
emociones de los padres sobre, xxviii,
199-204, 285-286
equivocaciones ó, xxvi, 21, 40, 201-203
fuentes de información, 220-223
síntomas de TPS, xvi, xxvi, 13-22, 30,
32, 40, 45-46, 83-84
Diagnóstico de Clasificación de Salud
Mental y Trastornos de Desarrollo en
la Infancia y Niñez Temprana (DC:0-
5), 226
Disciplina, 277
Discriminación sensorial, 11, 17-18, 66-
67, 81-82
Digestión/Eliminación/Nutrición, 25-28,
62, 138, 234, 296, 302
Dislexia, 18, 34, 132
Dispraxia. Ver Praxis
Dorfman, Kelly, 26
Dormir, 23-25. Ver también Destrezas de
autoayuda
Dunn, Winnie, PhD, 47

Emociones, 272 ff.
y autismo, 36
desarrollo de, xxvii, 39, 300, 302-303,
312
listas para, 53, 108, 136, 140, 157
relacionados a el TPS, xxvi, 21, 29-30,
39-41, 43, 75
y el sentido propioceptivo, 145, 147,
154, 157
y el sentido táctil, 89-90, 92, 103, 105-
106, 108
y el sentido vestibular, 123, 125-129,
135-137, 140
y el sentido visual, 173

sugerencias para los padres, 239-240,
274 ff.
tratamiento para, 54-55, 221-222, 228-
229, 234
Escritura, 7, 33, 101, 203, 268
Escuela
estrategias en el salón de clases, 262-271
dificultades para el niño con TPS, 255-
257
enseñanza en el hogar, 260
asociación para la enseñanza en casa,
254-259
público v. privado, 260
educación especial, xiv-xv, 222-227,
260
Estilo de vida sensorial
actividades para, 38-39, 237 ff.
desarrollar habilidades, 23, 26, 33, 38,
56-57, 175, 220, 255, 291
Evaluación. Ver Diagnóstico

"Floortime" (tiempo de piso), 274
Frick, Sheila, 232
Función motora con base sensorial
actividades para promover el procesamiento sensorial, 241-253
como resultado final del procesamiento
sensorial, 67-69
cuestionario para, 47 ff.
respuestas posturales, 68
praxis, 69. Ver también Praxis
Trastorno Motor con Base Sensorial
clasificación, 11
definición de, 82-84
Dispraxia, 20, 84. Ver también Praxis
ejemplos de casos, 116-118
lista para, 18-20
Trastorno de Postura, 11, 18-19, 82-
83
tratamiento para, xxvii

Género, 41, 45
Graduación de movimiento, 13, 18, 152-
153, 156-157
Grandin, Temple, PhD, 37-38
Gravedad
y el procesamiento sensorial, 68, 73,
230, 295, 298, 310-311
y el sentido propioceptivo, 144, 219

y el sentido vestibular, 120-122, 125-
127, 130-131, 214-215
y Trastorno Postural, 82
Greenspan, Stanley, MD, 10, 274, 285

Habilidades perceptuales-motoras—74,
313
Habla/lenguaje
desarrollo de, 298-300, 304-307, 313
fomentando en casa y en la escuela, 215,
247, 265-266, 274
problemas asociados con el TPS, xiv,
16, 20-21, 30-31, 33-37, 39-42, 78-80,
287
y el sentido auditivo, 183-188, 190-191,
194-195
y el sentido propioceptivo, 185
y el sentido táctil, 90, 101, 103-104,
115, 185
y el sentido vestibular, 116, 118, 123,
185, 288
y el sentido visual, 166-167, 173
tratamiento para, xv, xxvii, 190-191,
221-224, 226, 231-233
Hiperactividad, xxvi, 21, 30-33, 41
Hiper-responsividad y Hipo-responsividad. Ver Modulación sensorial

Impulsividad, 28, 30-31, 33, 51, 95, 118
Individuos con Discapacidades Educativas
– Ley del 2004 (IDEA 2004), 33, 220,
222-223, 227
Inclusión, xxv
Infancia
y TPS, 4, 108, 126
típico, 67, 74, 86, 89-91, 105, 163, 298,
310
Inseguridad gravitacional
tratamiento para, 231, 243
e hiper-responsividad vestibular, 118,
123, 125-126, 136-137
Institucionalización, 43
Integración sensorial, ix, xxv, 9, 74, 310-
314
Integración intersensorial, 59
Interocepción, 27, 61-62
Intolerancia al movimiento, 118, 123-124,
136
Investigación, xiii, 32, 35, 44, 226, 300,
307

Koomar, Jane, PhD, 47, 70

Lane, Shelly, PhD, 10, 70
Lectura
   buenas habilidades de, 7, 202
   problemas con, xiii, 12, 19, 33-34, 123,
      170 ff., 195, 260
   y procesamiento sensorial, 166-167,
      186, 191
Lenguaje, discapacidad del, xiii-xvii. Ver
   también Habla/Lenguaje

MacLean, Paul, MD, 300
Manual de Diagnóstico y Estadística
   (DSM-5), 30, 35-36, 223, 226
Marco, Elysa, MD, 35
Miller, Lucy Jane, PhD, ix-xi, 10, 32, 45
Minson, Ron y Kate, 232-233
Modulación sensorial
   proceso, 64-66
   Trastorno de Modulación Sensorial
      auditivo, 187-189, 192-193
      búsqueda sensorial, 8-9, 15-17, 80
      clasificación, 11
      fluctuación, 80-81, 96
      hiper- y hipo-responsividad, 15-17,
         77-79
      inseguridad gravitacional, 125-126
      propioceptivo, 147-150, 155-156
      síntomas, 13-17
      táctil, 92-96, 108-113
      vestibular, 123-128, 136-137
      visual, 169-171, 176
Movimiento
   activo y pasivo, 6, 15, 147, 212, 229
   como base del aprendizaje, 162
   destrezas, desarrollo de, 11, 310 ff.
   problemas con
      dispraxia, 84, 99, 115, 118, 156, 255
      intolerancia a, 118, 136, 288, 293
      lineal y giratorio, 15, 119-122, 124,
         128, 137, 214, 243
      listas para, 15, 17-19, 49-50
      mayor tolerancia para, 118, 127-128,
         137, 211-212
      que no son por el TPS, 23, 27, 34, 37,
         39, 41, 46
      y el sentido auditivo, 180, 182, 190-
         192, 195

y el sentido propioceptivo, 62, 142 ff.,
   216-217, 245-246
y el sentido táctil, 89, 99-101, 111,
   113, 115
y el sentido vestibular, 5-6, 62, 118 ff.,
   212-215, 243-245
y el sentido visual, 83, 160 ff.
y TPS, xiv, 11, 55, 69, 75
y trastorno de discriminación sensorial, 17, 82
y trastorno de modulación sensorial,
   75-81
y trastorno postural, 82-83
y procesamiento sensorial, xxiii, 58-59,
   62-63, 68-71, 74, 295, 303, 306
en el salón de clases, 266
tratamiento para mejorar, 229-233, 240,
   266, 279, 293
Mutismo selectivo, 40

Necesidades especiales, xxiv-xxv, 253,
   257, 260, 270, 284
Neurólogo, 231
Nutrición, 21, 23, 25-26, 28, 234

Occupational Therapy Associates-The
   Koomar Center, 47
Oído. Ver el Sentido auditivo
Olor. Ver el Sentido del olfato
Optometría y terapia visual, 174, 224, 232
Osten, Beth, 10

Padres
   consejos para, 220, 222, 274-284
   defienda a su hijo, 255, 258-259, 278
   comentarios de, 199-201, 225, 257,
      272-273, 285-286, 292-294
   comuníquese con los maestros, 254-261
   entendiendo los efectos del TPS, 255-
      257, 285-292
Penfield, Wilder, 307
Planeamiento motriz. Ver Praxis
Posición corporal / Posición del cuerpo.
   Ver el Sentido propioceptiva
Postura / Control postural / Respuestas
   posturales
   como resultado final del procesamiento
      sensorial, 63, 68, 311-312
   y el sentido auditivo, 186

y el sentido vestibular, 119
y el sentido visual, 162-163, 166
Trastorno Postural, 82-83
  gráfico, 11
  listas para, 18-19, 138-139
  y problemas en el inodoro,
  27
  y el sentido auditivo, 191, 233
  y el sentido propioceptivo, 7, 147-148,
  153, 157, 218-219
  y el sentido vestibular, 118, 122, 129-
  131, 138, 212-213
  y el sentido visual, 83, 167-168, 174,
  179
  tratamiento para, 55, 225, 228, 230,
  233-234, 244, 264
Praxis, 19
  como habilidad motora con base sensorial, 19, 63, 69
  para el control motriz fino y grueso, 20,
  99-101, 146
  desarrollo de, 69, 75, 312
  Dispraxia, 20, 255, 280
  y problemas motrices orales, 20
  y el sentido auditivo, 186
  y el sentido propioceptivo, 7-8, 141-
  143, 146, 148, 153-154, 156, 217
  y el sentido táctil, 97-101, 104, 115
  y el sentido vestibular, 116-118, 133,
  139, 213
  y el sentido visual, 158-160, 166, 172-
  174
  como un Trastorno Motor con Base
  Sensorial, 11, 19-20, 84-85, 255
  tratamiento para, 228
  Planificación Motora, 37, 124, 228, 244,
  248
Predisposición genética, 43
Preferencia de cuál mano usar, 19, 74, 132,
  139, 312
Problemas motrices orales, 20, 25-26, 103,
  232, 239, 242
Procesamiento sensorial
  comparación al TPS, 86
  componentes de, 62-71
  defensividad y discriminación, 66-67
  definición de, 62
  desarrollo de, 73-75, 310-314
  externa/interna, 59-62
  integración, 63-64
  la máquina de procesamiento sensorial,
  295-309

modulación, 64-66
  recepción y detección, 63
Trastorno del Procesamiento Sensorial
  (TPS)
  con alergias, 42
  con autismo, 21-22, 35-39, 268
  categorías y subtipos, 11
  causas, 43
  definición/explicación de, ix, xxvi, 9,
  75 ff.
  diagnóstico de, 219-226
  con discapacidad de aprendizaje, 33-
  34
  con dislexia, 34-35
  ejemplos de casos, 4-9
  género, 45-46
  identificación de, xxiv, 3, 21, 47-53,
  84-86, 201-205
  intervención temprana de, xxv, 54,
  201-203. Ver también Terapia ocupacional (TO)
  investigación en, 32-33, 44, 202
  con mutismo selectivo, 40
  prevalencia de, 45
  con problemas de salud mental, 39-40
  con problemas de regulación, 23-30
  en el sentido auditivo, 186 ff.
  en el sentido propioceptivo, 146 ff.
  en el sentido táctil, 91 ff.
  en el sentido vestibular, 122 ff.
  en el sentido visual, 167 ff.
  síntomas comunes de, 13-20
  con síntomas genéticos, 41-42
  con TDAH, 21, 30-33
  con trastorno bipolar, 40
  con trastorno obsesivo-compulsivo, 40
Programa de Educación Individualizado
  (IEP por sus siglas en inglés), 222,
  226-227, 260
Psicoterapia, 234

Quinestésica/kinestesia, 35, 144, 256
Quiropráctico, 233

Rapp, Doris, MD, 42
Respuesta de pelear-o-huir, 59, 77-78, 289
  y el sentido auditiva, 187
  y el sentido táctil, 15, 92, 109
  y el sentido vestibular, 119, 125
  y el sentido visual, 168

Respuesta adaptativa. Ver también
    Conducta
Respuesta aversiva, 77
Retraso del desarrollo, 36, 41, 54, 220-222,
    225, 228
Rogers, Carl, PhD, 270

Sabor. Ver el Sentido gustativo
St. Columba's Nursery School, xxiii, xxv,
    56, 237, 256, 293
Salud mental, xv, xxvi, 39-40, 204, 226,
    229
Sección 504, Ley de Rehabilitación de
    1973, 223, 227
Sentido auditivo
    actividades sensoriomotrices para, 247
    desarrollo de, 182-186, 310-314
    trastorno de
        y autismo, 188
        búsqueda sensorial, 189, 193
        ejemplo de un caso, 180-182
        hiper-responsividad/ defensividad
            sensorial, 77-78, 187-188
        hipo-responsividad/no reacciona lo
            suficiente, 188-189
        listas para, 18, 51, 192-195
        problemas de discriminación, 18, 21,
            180-182, 190-191
        problemas del habla/lenguaje, 185-
            187, 190-191
        problemas de modulación, 187-189
        tratamiento para, 190-191, 222
    funciones de, 182-186
    habla y lenguaje, 185-186
    integración con el sentido vestibular y
        otros, 163, 183
Sentido gustativo
    problemas con, 17-18, 25-26, 51, 65
    y procesamiento sensorial, 60, 70, 72,
        163, 300
Sentido interoceptivo, 61-62
Sentido olfativo
    problemas con, 16, 18, 24-25, 29, 32,
        51, 80, 263
    y procesamiento sensorial, 59-60, 63,
        70-71, 161, 163, 298, 300, 303, 308
Sentido propioceptivo
    actividades sensoriomotrices para, 149,
        245-246
    desarrollo de, 310 ff.
    trastorno de

búsqueda sensorial, 150
    y conciencia corporal, 142, 149, 151
    y control motor, 151-152
    y digestión/eliminación, 27
    y discriminación, 18, 156-157
    documentación de los padres, ejemplo,
        216-219
    ejemplos de casos, 7-8, 141-143
    y estabilidad postural, 147-148, 153
    y graduación de movimiento, 152-153
    hiper-responsividad, 147-148
    hipo-responsividad, 148-149
    listas para, 15, 17, 155-157
    y posición corporal, 15, 18, 27, 68, 82,
        146
    y praxis/dispraxia, 84, 143, 146, 148,
        153-154
    y procesamiento visual, 162-163
    y seguridad emocional, 154
funciones de, 61-62, 73, 143-146
integración con otros sentidos, 58, 71,
    98, 100, 144-145, 162, 185
Sentido táctil
    actividades sensoriomotrices para, 241-
        243
    componentes defensivos/discriminati-
        vos, 90-97
    desarrollo de, 90, 310 ff.
    trastorno de
        búsqueda sensorial, 94-96
        y aprendizaje académico, 104-105
        y comer, 25
        y conciencia corporal, 98-99
        y control motor fino/grueso, 100-101
        y destrezas sociales, 107-108
        y digestión/eliminación, 27
        y discriminación, 17, 96-97
        documentación de los padres, ejemplo,
            205-210
        ejemplos de casos, 4-5, 8, 89
        hiper-responsividad (defensividad
            táctil), 25, 77, 92-94
        hipo-responsividad, 27, 94-95
        y el inodoro, 27
        y lenguaje, 103-104
        listas para, 15, 17, 48-49, 108-115
        y praxis y dispraxia, 99-101, 104
        y seguridad emocional, 105-106
        y visión, 102
    funciones de, 73, 89-91
    integración con otros sentidos, 98, 100,
        102, 144, 163, 185

Sentido vestibular
  actividades sensoriomotrices para, 243-245
  desarrollo de, 120-122, 310 ff.
  trastorno de
    antojo sensorial/mayor tolerancia para el movimiento, 127-128
    y atención y conducta, 123-124, 128
    y coordinación bilateral, 131-133
    y discriminación, 17
    documentación de los padres, ejemplo, 211-215
    ejemplos de casos, 5-7, 116-118
    hiper-responsividad/reaccionar demás, 123-126
    hipo-responsividad, 126-127
    e inseguridad gravitacional, 125-126
    intolerancia al movimiento, 123-124
    y lenguaje, 123, 190-191
    listas para, 15, 17, 49-50, 136-140
    y movimiento y balance, 122-130
    y praxis (planificación motora) y dispraxia, 118, 133
    y procesamiento auditivo, 190-192
    y procesamiento visual, 122-123, 162-163
    y respuestas posturales, 118, 122
    y seguridad emocional, 135
    y tono muscular, 130-131
  funciones de, 62, 73, 119-122
  integración con otros sentidos, 144-145, 183, 185
Sentido visual
  actividades sensoriomotrices para, 248
  binocularidad, 83, 164, 168, 312
  desarrollo de, 60, 70, 74, 121, 304-305, 310 ff.
  destrezas visuales, 164-167, 172-173
  trastorno de
    antojo sensorial, 170-171
    y autismo, 37-38, 167
    y destrezas visuales, 160, 165, 172-174
    y discriminación, 18, 21, 82, 90, 102, 167-169, 171-172
    ejemplos de casos, 158-160, 212-213
    hiper-responsividad/defensividad visual, 160, 169-171
    hipo-responsividad, 160, 170
    listas para, 16, 18, 50, 175-179
    y la dispraxia y las respuestas posturales, 83, 160

  y el sentido auditivo, 163, 182, 184, 191, 193
  y el sentido propioceptivo, 145-146
  y el sentido táctil, 102, 162-163, 114-115
  y el sentido vestibular, 122-123, 132, 136, 212-213
  tratamiento para, 165, 225, 228, 231-232, 262, 264, 267-268
  funciones de, 161-168
  hechos interesantes acerca de, 162
  integración con otros sentidos, 34, 102, 145, 162-163
  movimiento de los ojos/control ocular, 83, 162-164, 213, 225, 231-232, 311-313
  la visión v. la vista, 161-162
Sentidos externos y internos, 59-62
Silver, Larry B., MD, xiii-xvii, 234
Síndromes genético, 41-42, 169
Sistema motor fino y Sistema motor grueso
  actividades sensoriales para, 228, 230, 248-249, 252, 268
  desarrollo de, 303, 314
  y dispraxia, xiv, 20, 115
  y el sentido propioceptivo, 146, 151
  y el sentido táctil, 100-101, 115
  y el sentido vestibular, 139
  y el sentido visual, 166-167, 178
Sistema nervioso / Sistema nervioso central (SNC)
  y alergias, 42
  y cerebro, xiv, 10, 12, 295-307
  plasticidad en, 54
  y problemas alimentarios, 26
  procesamiento auditivo en, 182
  procesamiento propioceptivo en, 144, 146
  y procesamiento sensorial, 62 ff., 86, 295 ff.
  procesamiento táctil en, 90-91, 95-96, 99, 105
  procesamiento vestibular en, 119, 121, 129, 133-134
  procesamiento visual en, 161-162
  y TPS, xxv-xxvi, 10, 28-29, 75-77, 80-81, 86
  tratamiento para, 54, 201, 229-231, 238-240, 242
Sociales, destrezas. Ver también Emociones

y autismo, 35-37
detección y tratamiento para, 53, 55,
    221, 229
interacción con otros, 29-30, 39-41, 43,
    82, 202, 261, 314
y el sentido auditivo, 183, 187, 191, 195
y el sentido propioceptivo, 18
y el sentido táctil, 90, 107-108, 111
y el sentido vestibular, 126, 212
y el sentido visual, 18, 161, 166, 172

Tomatis, Alfred, MD, 191, 232
Trastorno obsesivo compulsivo, 40
Trastorno bipolar, 40
Trastornos de regulación, 23-30
Tratamientos/Terapias
    apoyo para, 220-223
    artes marciales, 234
    capacitación auditiva, 190-191, 232-233
    documentación de los padres, 235-236
    equinoterapia, 233
    habla/lenguaje, 191, 231-232
    intervención temprana, xxvii-xxviii,
        54-56, 201, 220-221, 227, 282
    nutricional, 234
    pago por, 226-227
    para TDAH v. tratamiento para el TPS,
        32
    psicoterapia, 234
    quiropráctico, 233
    terapia craniosacral, 233
    terapia física, xxvii, 34, 42, 221, 226,
        231
    Terapia Ocupacional (TO)
        actividades en, 229-231, 238-240
        cobertura de seguro, 10, 226, 228
        en la escuela, 34, 226, 260
        evaluación del TPS, 47, 223-229
        investigación, 44
        para el TPS, ix-x, 9, 32, 45-46, 54-56,
            228-231, 234-235
        para los sentidos vestibular y auditivo,
            190-191
        para el sentido visual, 174
        técnicas de integración sensorial
        (TO-IS), ix-x, xv, 24-26, 32, 41, 54,
            228-231
    terapia de la visión, 232
Traumatismo al nacer, 43
Turecki, Stanley, MD, 274

Upledger, John, DO, 233

Whitney, Rondalyn V., PhD, 45

Acerca del Autor

Foto de Doug Bolst

Carol Stock Kranowitz, MA., observó a muchos niños con Trastorno de Procesamiento Sensorial (TPS) y autismo leve durante su carrera de 25 años como maestra de prescolar. Estudió proceso sensorial e integración sensorial (S.I.) para ayudarles a ser más competentes en su trabajo y al jugar. Aprendió a ayudar a identificar las necesidades de sus estudiantes jóvenes y dirigirlos hacia una intervención temprana. Hoy en día, da pláticas internacionalmente sobre el efecto del TPS en el aprendizaje y conducta de los niños y cómo las familias, maestros, terapeutas y otros profesionales pueden apoyar a los niños conforme van creciendo.

Desde su publicación en 1998, el primer libro de su serie "Sync", *El Niño Desincronizado*, ha sido uno de los libros más populares sobre el TPS y las discapacidades relacionadas. Se han vendido un millón de copias.

Graduada de la Universidad de Barnard, Carol posee una Maestría en educación y desarrollo humano de la Universidad de George Washington. Es miembro de la mesa directiva del Instituto STAR para Trastornos de Procesamiento Sensorial. Vive en Maryland, toca el violonchelo, y adora a cinco fantásticos nietos.

Los materiales de Carol, publicados por Tarcher/Perigee y Sensory World, incluyen:

The Out-of-Sync Child: Recognizing and Coping with Sensory Processing Disorder

The Out-of-Sync Child Has Fun: Activities for Kids with SPD

The Out-of-Sync Child Grows Up: Coping with Sensory Processing Disorder in the Adolescent and Young Adult Years

Growing an In-Sync Child: Simple, Fun Activities to Help Every Child Develop, Learn and Grow, with Joye Newman

In-Sync Activity Cards: 50 Simple, New Activities to Help Children Develop, Learn, and Grow, with Joye Newman

The Goodenoughs Get in Sync: 5 Family Members Overcome their Special Sensory Issues

Absolutely No Dogs Allowed! Alphabet book by Asher Kranowitz, with Carol's guidelines about discussing senses and emotions

101 Activities for Kids in Tight Spaces

Balzer-Martin Preschool Screening Program Manual, with Lynn Balzer-Martin, PhD

Preschool SENsory Scan for Educators, or Preschool SENSE (screening manual)

Answers to Questions Teachers Ask about Sensory Integration, 3rd ed., with Jane Koomar, PhD, *et al.*

Sensory Issues in Learning & Behavior (DVD)

Getting Kids in Sync: Sensory-Motor Activities to Help Children Integrate Their Senses (DVD)

A Teacher's Guide to Sensory Processing Disorder (CD), with Stacey Szklut

Para más información, visite

www.CarolStockKranowitz.com